U0678868

羅振玉　著

羅繼祖　主編

王同策　副主編

羅繼祖　張中澍　叢文俊　黄中業　陳維禮　王同策　整理

羅振玉學術論著集

第十二集

第十二集目次

雪堂剩墨

附録三種

雪堂剩墨目次

序(一首)

金文編序

予冠歲受小學，篤好金壇段氏注。顧疑當時吉金文字之學已昌盛，而段君於許書所載古籀文未嘗援據吉金款識爲之考訂，以爲美猶有憾。稍長，得吳愙齋中丞《說文古籀補》，竊喜足補段君之闕遺。意謂許書得此二家爲之羽翼，殆盡美且善矣。及(北)[壯]游四方，頗收集吉金文字墨本，學力亦稍進，始知中丞之書尚不免千慮之一失。舉其概要，約得五端。中丞既采古禮器文字，復益以古貨幣、古匋、鉨，然稽其時代，雖均屬先秦，而論其書體，則因所施而各異，文多省變，可識者寥寥。今考證古籀，宜專採之彝器，貨幣、匋、鉨宜爲別録。此取捨之待商者，一也。中丞書例，可識之字列入正編，疑不能決及不可識者别爲附録，體例至善。然正編中如□之釋藺，□之釋咨，□之釋吒，□之釋逋，□之釋境，□之釋釁，□、□之釋舒，□之釋爵，□之釋貟，□、□、□之釋質，□之釋賣，□之釋窒，□之釋顛，□、□之釋涻，□之釋眲，□之釋錯，皆有未安，宜入附録。而附録中，如□疑丞，

□疑獻，□疑叡，□疑躋，□、□疑求，□疑農，□疑御，□疑孝，□疑割，□疑祀，□疑馭，咸疑所不必疑，宜改列正編。此疑信之倒置宜改正者，二也；又正編中□、□二字，均釋干。殷虛文字「畢」字作□、□。今雲南人所用掩兔之畢，其形尚如此，知此亦「畢」字，非「干」字也。□、□均「拲」字，而釋奉，□下□即「左」字。予藏馬銜，其銘亦有□字，其字从□，與从□之□不同。古文雖左右向往往任意，而□、□字則未嘗或亂。殷虛文字右亦作□，許書差之籀文作□，从二，知古左右字或从二，或从口，一也。乃釋距末之□作佑，宋公戈之□爲佐，其實均是「差」字，非佐、佑也。□釋敢。案：此字見《□白達敢》，其蓋藏予家，其文曰：「□白達作寶敢，其萬年。」蓋文作□，器文作□，均即「其」字，非「敢」字也。□釋亭，殷虛文字「亳」作□，與此略同，此亦「亳」，非「亭」也。□釋鬻，其文从示从又持肉，是「祭」字，非「鬻」也。□釋帥，附録中之□又釋師，考古文帥皆从□，無从□者。□、□，殷虛文字作□、□，即師所止爲次之次字，後世假次字爲之，非帥亦非師也。□釋然，其字从舟、从□、从火。《盂鼎》朕作□，此朕下加火，乃滕國之滕。古从火，今从水，非然也。□釋鼅。其字與《不娸敢》之□同，即「束」字，象束矢形，非「鼅」也。□、□、□、□等字釋七，古七字作十，無作□者，此「九」字，非「七」也。□釋申，其文象兩手奉杵形與小篆之□同，非「申」也。此誤釋之當正者，三也；至附録中諸字有確可辨識者，如□即農，《諆田鼎》作□，史農觶作□，均从田、晨，而趨田曰農，會意字也。□象人逆入形，乃「逆」字。□从龍从耳，乃「龔」字。□从屰从欠乃欮字。□从牛从剛省，殷虛文字作，乃「犉犅」之「犅」。即禹字，與小篆不殊，中丞乃誤以爲古「肸」字。舊釋，案：即「蘇」字。古己姓之國，古金文皆作穌，从木，不从禾。近出土有蘇公之孫鼎，字作「蘇」，雖加艸，亦从木，可證「穌」即「蘇」字。即賁，象木下有火，∴爲火焰狀。殷虛文字作、，正與此同。注疑古利字，不从刀。考許書利之古文正作，與此同。，注从四从攴。《說文》無此字，考从四即目，下从攴，乃許書部首之旻。，上象人形，與同，下象尾字，許君所謂：「古人或飾系尾，西、南夷亦然者」是也。、，注疑古「耶」字。考其文从弓从耳，乃「弭」字，非「耶」也。丰：注象三玉相連形。三玉曰丰，考「丰」即「玉」字，《說文》玉象三玉之連，丨其貫也，非別有三玉相連之「丰」字。即「弘吉」二字合文。殷虛文字亦有之，作、，正與此同。此附録中確然可識當改入正編者，四也。又有説解之誤，如説爲象人戴簍數形，奚隸之役也。考奚於文作，象手牽索以繫人，奚爲俘奴，殷虛文字作、，古俘奴殆男女並有之故，或从女。象索非象戴物也。，注：从彳从㐁从心，古「相」字。相心爲德，、，注：古「相」字，从，十目所視也，案：相从目从木。許君引《易》曰：「地可觀者莫可觀於木。」以釋从木之義，故殷虛文字作，與篆文同，亦作，古金文从、，乃木之省。如「杞」字，殷虛文字作，亦作，其證也。與十之作丨不同。德从，無从者，不可混合爲一也。、，注：象燕處巢見其首，小篆从日、女，形相近而古義亡。考此文正是从日、从女，乃「匽安」之「匽」。古人日入而處内，乃强指从日爲象燕首形，近乎向壁之談。此説解之誤，當更正者，五也。以上所舉當待來學之修正。予往在光宣之間，曾與亡友吴縣蔣伯斧學部黼約分任校理並補以後出諸器，乃事未逾半，伯斧遽歸道山，予亦携家浮海，舊稿棄置，不可復理，意當世之士必有爲之者，而久無所遇。乃歲在壬戌，有東莞容君庚者，叩關請見，出所著書曰《金文編》者爲贄，啟觀數紙，則重訂吴中丞之書也，爲之驚喜。留齋頭數日，知其體例一仍吴氏之舊，而删去貨幣、匋、鉨文字，而益以後出之器，説解亦謹飭，不穿鑿。勸授之梓。君言生於南服，所見墨本苦少，尚思輯補，期無遺闕。予乃盡出所藏墨本佽助之。逾年而書成，視以前之稿尤完善。中丞未盡之緒，予與蔣君營之數年未潰於成者，今乃成之容君，讀之而喜可知也。容君年尚少，山川之寶，又日出不窮，候之一二十年，必且又有增益可知也。容君屬爲之序，因評騭中丞書之得失以見今日之拾遺補闕之不可以已者，以告海内小學家，且以示予之期望於容君者，且日進未有艾也。　癸亥十二月。

繼祖按：此序載於一九二五年最初版《金文編》之首。後其書一再版，均因政治關係削去此序，而《松翁近稿》、《丙寅稿》中亦失載。茲補録收入《雪堂剩墨》中。

跋（二十七首）

略出籯金（敦煌石室佚書之一）

《略出籯金》第一、二兩卷，李若立撰。其自序言：「合成百篇，分爲七卷，先録其事，後叙交名。」（交名義不可曉，殆有譌字。）今存者爲目三十，而第三十篇《父母》篇標題之後，僅「肇牽車牛遠服賈用」八字，後有餘紙，而遽止於是，細審此八字，亦非《父母》篇之文，蓋是卷寫録示竟棄置無用者也。序言「前事後文」，今觀第一至第十二篇，有文無事，第十三至十七及第二十七篇，又有事無文，其事文具者，十一篇耳。此書僅五卷，百篇，經緯事文，已至簡略，又加節略，苟率益甚。書寫草率，譌字滿紙。又引書不著所自出者，十恒七八。然如《大夫》篇引張景陽《詠史詩》「賢哉二大夫，揮金〔一〕樂當年」，今本《文選》乃作「賢哉此丈夫」，揆之義理，茲爲勝矣。此兔園册之類耳，且有益於校勘，可見古寫本之可珍貴。而今世儒者，翫其所習，蔽所希聞，僅知重宋槧元鈔，可謂固矣。

此卷合卷一卷二蟬聯書之，已失古人稱卷之舊。卷一之末有「宗人張球寫，時年七十五」款一行，稱宗人者殆張義潮之族也。是書寫於大中咸通之世，時義潮歸義入唐，塞下清晏，白頭族子，從容寫書，當日義潮保土養民之功，於茲可以想見。今披覽此卷，慨念遺烈，有餘慕焉。

繼祖按：此跋載原書後，而《雪堂校刊羣書叙録》中失載，蓋當日輯録時不能無遺珠之憾也。爲補録於此。

商三句兵

句兵三，近年出保定之南郊。三器共記祖名二十，皆以日名，第一始太祖，第二始祖曰己，蓋承第一書之，第三始大兄，則承第二書之。文皆左行，商人之例也。古兵多字者少，矧三器蟬聯記祖名二十，爲名六十有五言，豈非天壤間無偶之至寶耶。予往歲既得洹曲殷虚書契，今復得此，與殷賢似有夙緣。爰手拓此紙寄贈禮堂先生，先生善説殷禮，幸有以啟我。　丁巳七月。

繼祖按：此録自《王静安先生遺書》卷首，静安人知號觀堂，此實作禮堂，静安先號禮堂，後改觀堂，人罕有知之者。

父丁尊

父丁尊在古禮器中極罕見，初不能定其名。俗稱虎頭匜，蓋因其器形似沃盥之匜，而蓋有獸首也。往在吳中，見吳清卿中丞家藏一器，日本住友氏亦藏一器，皆視此尊大幾倍。亡友王忠慤公定此器爲酒器，謂當爲兕觥，蓋上獸首乃兕而非虎也。其言極有理而苦無確證。今此器有「父丁尊」三字，可據以證明忠慤之説，洵考古學中至快之事。至此器花紋色澤，均至精美，尚其餘事。又吳氏及住友二器蓋上但有獸首而無鸞形，此鸞形尤精巧，四五十年來僅見此一品，豈非古器中之至寶也哉。

繼祖按： 此據長白榮厚手録本過録，榮注爲丙子秋所獲。其器後歸日本松尾氏。

漢雍庫鑰

漢雍庫鑰，宣統丁巳見之北京琉璃廠肆。内弟范恒齋爲予購致。古鑰未見傳世者，此雖不完具，仍不失爲重寶也。　戊午正月二十三日燈下。

繼祖按： 此録自原器匣蓋上手題，器今不知歸何所？

漢龜兹將軍劉平國治城誦

漢龜兹將軍劉平國治烏累關城誦，吾鄉張勤果公平定關隴時始傳人間。往歲吳興施均甫太守以墨本贈，乃佐勤果戎幕時所拓，苦不精緻。十餘年始有精拓，而字已有殘損，此初本之精者。惜

「京兆長安淳于□作此誦」款已失，至爲可惜耳。壬戌紀歲冬，彭秋尊兄出此本見示，屬題記於後，以存鴻爪。　商遺羅振玉書於津門寓居之貞松堂。

此後來精拓，然與初出土本固無殊異。第二行「淳于伯」下一字不可識，初拓本亦然。　雪翁又記於津門庽居。

繼祖按：此録自《文獻》一九八一年第八輯《古代石刻叙録》二，原本藏北京圖書館金石組。

吴賀齊墓誌

吴賀齊墓誌，不知何時出土。三國時書刻傳世甚稀，楷書尤少。玉嘗論葛祚碑字寬博淳厚，與鍾太傅相近，爲楷書之鼻祖，此誌亦然。可見楷法實啟於三國時代，爲王內史、顔太師淵源所自出。阮文達公以右軍書之傳世者去隸遠而去楷近，遂疑傳摹右軍書皆贋迹，殆所見之未廣也。　甲辰臘月江東稽夫羅振玉記。

又

蔣黼

桓桓賀將軍，威名震百越。佳城鬱千載，弔古得幽碣。銘字何寥寥，簡質無年月。詳書山宇界，不述秉麾鉞。今人争諛墓，下筆無休歇。遥遥數華胄，剌剌叙勳閥。徒令讀碑者，目眯意恍惚。曷弗師古人？功高而不伐。

繼祖按：此據《蒿里遺文三種》集册録，餘詳後。蔣伯斧太世丈爲公早年至交，現該册皆有其題詞，不忍割棄，皆附録於後。

齊天保上官長孫氏玉冢記

「千秋⿱穴户」之「⿱穴户」字，字書所無。《説文解字》：「⿱穴皿，北方謂地空，因以土穴爲⿱穴皿户。」《廣雅》：「穴窟也。」此作「⿱穴户」，殆「⿱穴皿」之別字，乃合「⿱穴皿户」而省爲一字也。六朝鄙別字，有非知古誼者不能知，此類是也。　乙卯六月二日仇亭老民記於大雲書庫。

繼祖按：此據《蒿里遺文三種》集册手迹録。

代張壬⿰亻口銅造像

大代太和八年歲次甲子八月辛
丑朔十四日甲寅清信士張壬⿰亻口
爲亡父乾歸亡母□□并亡兄

赤奴造金像一軀願亡者等上
生天上值御彌勒下生人中王侯
長者□□□□□着速得
解脱願家口大小一年以上百年以下
受命延長□心中所願無不□

以上釋文，文末尚有未完，中間亦有字不可辨。「值御」即「值遇」，「受命」即「壽命」。此像，壬戌春見於都門，爲海東估人所得，從索墨本而像未拓。頃檢笥得之，取付裝池，異日當補入《海外貞珉録》。　癸亥五月。

繼祖按：此據拓本題記手迹録，造像已流出國外。

魏崔敬邕墓誌

此誌，國初已佚，傳拓至少。光緒戊戌三月，予始於吾鄉陶君心雲許見影照本，其原本乃李香巖廉訪所藏，心雲言李氏此本，潘文勤公托其友百計求之不能得。一日乃面詰李曰：「此誌吾求之三十年不能得也。」香巖曰：「公所藏永陽王妃誌，吾求之亦三十年矣。」文勤知不可奪，乃一笑而罷，又浭陽端忠敏公聞丹徒劉氏藏此誌，以厚價乞讓，卒不可得。後得兩殘本，輳合成之。此均斯誌故實也。

予此本，去年春得之廬江劉氏，楮墨精善，確爲最初拓本，使文勤、忠敏見之，不知其歆羡奚似也。噫，以篤好强力如二公者，且不易得，而予一寒士乃得有二公之所不能有，古人所謂文字因緣有不能强求者，顧不信歟。 癸丑四月。

繼祖按：此據日本博文堂影印本後手迹録。

新羅真興王巡狩碑

新羅真興太王巡狩碑，一在高麗北漢山，一在黄草嶺。劉燕庭先生但著録北漢山一刻，而黄草嶺碑未著録。光緒丙申，予始録入《唐風樓碑録》。後在海東，於内藤湖南博士許見所藏金正喜《禮堂金石過眼録》，曾據最舊拓整張本著録，補今本缺字凡五十有二，予就以增入往歲所録而側書其文以示别。第二行「世道永真旨化不敷」。「永」訛作「秉」，「旨」訛作「玄」。第二行「兢身自植」，「植」訛作「慎」。第六行「盡節有功之徒」，「盡節」訛作「益篤」，第八行「喙部服冬知」，「冬」訛作「未」。第九行「大舍里内」，「里」訛作「哀」。第十一行，「喙部分知吉之里公欣平之」，「里」訛作「哀」，「平」訛作「本」。第十二行「喙部非知助人」，「助」訛作「男」。則當據予所録爲之是正者。又碑之下角七行，原有損缺，後得殘石，竟補十二字，所缺者僅四字耳。金氏所據初拓整本亦無此十二字，知下角之缺，固已久矣。予復據後拓增入。此刻先後凡數十年，歷更數人之手乃完善可讀，豈非藝林之快事耶？予爰録釋文於此本之後并記考釋之顛末，時辛酉十二月。

繼祖按：此據拓本題記手迹録，該碑拓本上有「鬱華閣金石文字記」及「伯義得來」兩朱文小印，乃盛昱藏本，題簽出劉鶚手筆，惟已殘損。

周行鄧州司法參軍事袁承嘉墓誌

承嘉誌與其父公瑜誌同刻於久視元年十月，近年同出洛陽。此誌不書撰人名，公瑜誌則出狄梁公書撰，驗其文字確出一手。梁公書迹未見他刻，其《文集》亦不傳，則此二誌者，洵唐誌中至可珍者矣。丙子夏。

繼祖按：此據榮氏手録本過録，不知爲誰作。

兩罍軒舊藏十七帖

晉人正行書皆從分隸出，雖右軍變法出新意，然仍多存隸筆。至宋王侍書摹秘閣帖，一以圓熾出之，非復晉人本來面目。傳世《十七帖》不一本，此爲吴平齋兩罍軒舊藏，鋒稜具在，與姜西溟本同出一源，山陰真面於此尚可窺見，他本不能及也。　己卯秋羅振玉觀並題記於扶桑町寓居之七經堪，命孫繼祖書。

繼祖按：此據日本《書論》一九八一年第十九號影印中山氏文華堂藏《十七帖》題記録。

東坡書黄州寒食詩卷

先師張文襄公嗜東坡書。光緒壬寅，公建節武昌，客有持此卷往謁，公賞翫不置，謂平生所見蘇書以此卷及内府所藏《檻木詩》爲第一。客喜甚，言將奉獻，微露請求意。公曰：「時已仲春，貂裘適可付質庫，若以價相讓，當留之，否則不敢受也。」客大失望，因求公題識。時方向夕，公乃張宴邀端忠敏、梁文忠、馬季立孝廉與予同賞之，且謂衆曰：「如此劇跡不可不一見，明日物主人將此北歸矣。」時物主方在坐，喻公意，乃亟請曰：「若許加題，當遲行程一二日。」公曰：「山谷老人謂此書兼魯公、少師、李西臺之長，某意則得法於北海與魯公，然前人所言，烏可立異。且文節爲公老友，某安敢竊議其後。」卒不允。主人因請坐中諸人，亦無敢下筆者。客乃惘惘挾此卷北歸，故今卷中無公一字。

文襄事功昭昭在人耳目，而持躬嚴正不可干以私，即此一事可見一斑。此事予在武昌官寺所親見。今重覩此卷，追憶往事，爰書之卷後，以記公之清風亮節。當日與諸公並几展觀，情況宛在目前，公與忠敏、文忠先後騎箕天上，季立亦委化，惟白頭門生尚在人世耳。瓌寶重逢，曷勝忻慨。

甲子仲夏。

繼祖按：此據日本博文堂影印本題記手迹録。

戴琬花鳥册

此册乃恭邸故物。癸丑春，都中友人爲予得之。筆墨精妙，盡寫生能事。其賦色古艷深厚，亦非北宋以後人所能爲。天水初年寫生皆宗蜀中黄氏，後乃改師徐熙，此全用黄法，知出北宋中葉以前。前人簽題謂是戴琬，全出臆定，譬如先施毛嫱，何必知其姓名而後知其美耶？　戊午九月。

繼祖按：此據日本影印本題記手迹録

宋克書急就章殘本

《急就章》予平生所見以易州磚本第一章及西陲所出木簡爲最先。至前賢寫本，於海東見弘法大師寫本，寒齋舊藏豐人叔坊、詹東圖景鳳兩寫本，甲子秋，奉命審定内府舊藏，見趙文敏寫本。諸本中，木簡用隸書，弘法大師本用草書外，其餘諸本大率出於葉石林所摹皇象本，故點畫筆勢多相同。松江郡庠石刻葉本中有奪佚，據宋仲温所書補之。

此本亦出仲温手，計第一自篇題訖第十凡十章，以諸本校之，間有異同，如第二章「京君明」，他本皆作「景君明」。「由廣國」，葉本作「田廣國」，他本均作「由」，與此本同，第五章又有「田細兒」，則作「田」者是也。「所不便」，諸本均作「所不侵」，惟趙本作「便」，與此同。第七章「豹首落莽兔雙鶴」，仲温補書松江石本作「豹首落落」，他本皆不重「落」字，與此本同。第九章「稻黍秫稷粟麻稉」，松江補書本脱「稉」字，顔本、弘法大師本、宋太宗本「稉」作「秔」，顔注「字或作稉」，而王伯厚補注本引碑本、趙書本并作「稉」，與此同。第十章「裳韓不借爲牧人」，補書石刻本作「尚章不借爲牧人」，此本「尚」作「裳」，與顔本、宋太宗本同，「韋」作「韓」，與宋太宗本同。「完堅耐事踰比倫」，補書石刻本作「愈比倫」，與王伯厚所引碑本同，此作「踰」則與顔本及宋太宗本同也。此均足資校勘者。往歲亡友海寧王忠慤公嘗校松江本爲《考異》，時予所藏豐氏、詹氏二本已在海東出以易米，予今得見此本又在公完大節一年後，頗以不得據校爲憾事也。戊辰七月，自青榭主人出此屬題，爰書其後。至仲温書法之精妙，識者皆能言之，不待予之喋喋矣。

繼祖按：此據民國十七年卓氏自青榭印本題記手迹録。

唐子畏山水卷

唐子畏此卷不署款，但有「唐居士」小印，但筆墨穎利，得李晞古神髓。戊午四月遊滬以百金得之。乙庵尚書謂平生所見唐畫，海日樓所藏一卷爲第一，此爲第二，予謂未可軒輊。明年，尚書藏卷爲有力者所得，因以他畫從予易此。予戲謂何爲乞第二流而舍第一？尚書曰：「第一第二以長短言，彼卷長於此至倍，焉得不稱第一，今彼卷既他屬，此卷自推第一。」因掀髯大笑。燈下命記此段故實以誌一時諧謔。　乙未六月，上虞羅振玉記於申江沈氏寓居之井天。同觀者海寧王國維及家弟振常。

繼祖按：此據照片録，原物今藏北京故宫博物院。按「井天」應作「井谷」，此當時筆誤。

王時敏山水册

昭代山水畫法啟于西廬翁，深厚典則，雖道咸以後末流之弊，未免孱弱，然無猛怪之習，皆先生準繩之正致之也。此册本六幀，爲隨軒故物，南中岳燹，遂失去一葉。冲和淳穆爲先生傑製。　戊午秋。

惲壽平山水册

南田翁山水傳世甚少，以讓石谷出一頭地，致專寫花鳥，其宅心之厚非人所能及。此册以本家法摹寫前賢，無一筆非古人，亦無一筆非自己。必能如此，乃可摹古。　戊午九月。

繼祖按：以上並據日本影印本題記手迹録。

王建章仲初仿宋元小景册

王仲初山水傳世甚少，故不見於書畫記録，惟《畫史彙傳》據《泉州府誌》，謂其善寫生而已。此册爲江南宫氏所藏，皆摹仿宋元人筆，深秀淵雅有士氣，在國朝諸家中亦推高手。惟工於摹寫，自運或不逮耳。予嘗愛高澹游小品，謂娟雅似漁洋山人詩，吾於仲初亦云然。　甲寅十二月中浣。

繼祖按：此據日本影印本後題記手迹録。建章字仲初，據畫迹知之，《畫史彙傳》、《泉州府誌》並失載。

京師大學堂藏敦煌石室遺書影本

甘肅敦煌縣之鳴沙山有石室千餘，均雕繪佛像，惟一窟藏書滿中，顧封以復壁，世莫知之。光緒庚子，寺僧治沙壁破而書見。英人斯坦因、法人伯希和先後載數十車以去。逮去年秋，見伯希和氏於都下，知其所得雖已寄彼都，而行篋尚携數十卷皆唐人手迹也。乃約同好往觀，則皆已佚之古籍，因與約影照十五種，計書卷五、雕本二、石刻三、壁畫五，其已携往巴黎及斯氏所得則不可得見矣。都下同好既醵資影印。幼雲先生複印一份存京師大學藏書樓，充學人之考鏡，命玉書其緣起於册端。　宣統三年七月。

繼祖按：　此據《北京大學五十週年紀念敦煌考古工作展覽紀要》録。按幼雲劉姓，名廷琛，時任京師大學堂總監督，敦煌藏卷解京時夥同盜竊之一人也。

匋齋舊藏四鉥印拓本

此鉥吾於寶華庵中見之，色頑如鐵，古鉥中之最大而奇古者。予之印本尚爲公所贈，片紙猶在，公則已爲天上人矣。

此鉥曩在寶華庵中見之，公謂是王鉥，予謂何不見王字？公曰：「□即王，其从力乃以勞定國之誼。」予曰：「使荆公見之，其説必如此。」公捧腹大笑。此幅之首公題，仍用前説，意是初得是鉥時所書耶？　癸丑十月望。

此印，忠敏據《宋誌》定爲吴製，頗近似，然魏晉官印大均不過方寸，吴何以獨大至是，則忠敏所云尚不能無疑，願與海内學者共定之。

繼祖按：　此據孫壯《觀古録》手稿過録，乃爲趙鶴舫題者。

吴興張氏藏泉墨影

鑒藏古泉貨至道咸間而極盛，如皖中之鮑，山左之李，皆蔚然大觀。其他若劉燕庭、楊幼雲、馮晏海、陳壽卿亦藏弆甚富，然其人皆北産也。吾浙僅一戴文節，而比之鮑李諸家，則邾鄶小邦而已。乃三十年來，地不愛寶，中州所出古貨布，朔方所出圜錢，多前賢所未見，而好古有力者，首推吾浙。北方則定海方氏，南中則適園張氏，儲藏之富，鑒別之精，不啻凌跨鮑李，若製爲譜録，當遠駕《泉匯》而上之。

此四幀中，珍品至多，拓墨人亦能出新意，即此付之影印，以爲譜録之先聲，豈非藝林勝事？昔六舟上人曾爲程木庵會拓所藏古泉百餘品爲長卷，錯落有致。二十年前曾寓目，當時未能與商影印，今不知流落何許？今觀此幀，棖觸舊懷。適園道兄並哲嗣均風雅好古，必能如鄙言，公之藝林也。　乙丑三月。

繼祖按：此據原本題記手迹録，現藏張氏後人張穎初手。吴振武同志録以貽我者。

弘治本鐵崖文集

壬子十一月，以二百金得之董授經京卿，即諸家目録所謂元槧本是也。此弘治序題尚未爲書賈割棄，可寶也。　記於海東京都田中村寓居。

繼祖按：此據書端題記手迹録，此書今藏吉林大學圖書館。

明本空同集

明二李集，《空同》尤罕遘。況此本爲明刻中之印本較先者。潛山先生一日中得二李集善本，此乃居長安數年不能致者。大官庖中一日之享足抵常人一歲之餐，可羡可羡！宣統紀元六月。

繼祖按：潛山爲田伏侯吴焸別號，其書現藏吉林大學圖書館，據書端手題録。

明本廣輿圖

羅念庵先生《廣輿圖》，傳本至稀。頃乃得之吴中故家。前有馬士英二印，乃伊衆故物。明季東南半壁斷送於其手而此圖至今尚存，嗚呼！仇亭老民記于都門。

繼祖按：此據福克司《廣輿圖版本考》中所附藏本題記手迹録，原書，故人聊城傅彬甫樂焕所藏也。

袁忠節公手札册

袁忠節公文章風節照耀寓内。當在横舍時，聞望已隆，釋褐後，官譯署最久，都下每傳其軼事以爲佳話。及觀察皖江，道出申浦，玉以年家子晉謁，公留談兩日夕，深相期許。欲邀主中江書院刊書事，因事不果往。歲餘，公復内擢，及庚子拳禍起都下，公遂罹國難矣。

此手札四通，蓋致韌庵尚書姻丈者。其前二通作於己亥冬，後二通作於庚子春，蓋去公致身時數月耳。札中言拳匪初起時事，其二月一札言將挾該團以圖制外人，幸未上封事，否則大碰無疑。是凶燄方張之日，公亦審顧利害，未敢輕身以試其鋒，乃廷對之日，卒以直言致禍，可知禍福之來非可趨避，士君子當危急存亡之秋，但有挺身以赴義而已。壬戌冬，篤文道兄出示此札，追思往昔相知之雅，潸然涕零。　癸亥六月。

繼祖按：此據上海商務印書館影印本後題記手迹録。

自臨漢甘陵相殘碑

此殘石已剖爲二，第一石高建初尺六尺二寸，廣九寸八分，存字五行，行存二十九字。第二石連額高七尺，廣尺有五分，存字六行，行三十字。兩石中間殆缺一行。又第二石中間有穿，故第二第五兩行每行二十九字，第三四兩行，每行二十七字。　癸亥八月，松翁借吴興徐氏本臨寫并題記於津沽寓居吉石庵。

篆題首行半字，在陵上者乃「甘」字。　松翁又記。

繼祖按：此臨本，今藏北京民族學院歷史系賈敬顔同志許。

〔校記〕

〔一〕揮金　原作「揮舍」，以《詠史詩》下文「多財爲累愚」之語，應「揮金」是，據《文選》改。

銘（一首）

藏龜之櫝銘

龜雖壽，三千歲；永不朽，在文字。

繼祖按：此據手校本《殷虚書契考釋》書衣手題録。末署「刖翁銘藏龜之櫝，乙卯二月廿五日春日凡中書」。乙卯爲民國四年（一九一五）。

詩（五首）

題陶齋所藏漢武孟子男靡嬰玉墓券拓本四首

依稀小字辨靡嬰，片玉居然紀姓名。想見當時妙雕斵，莫驚聲價比連城。

武昌官寺記摩挲（辛丑二月，陶齋尚書於武昌節署出以見示），並世鍾韋未許過。除卻官奴遺迹外，如斯瓌寶世無多。（黄縣丁氏藏建寧左駿廐官大奴孫成買地券，精妙與此券相埒。）

尚書精鑒世無儔，齊木唐銀一例收。（尚書藏齊比丘尼塔榻墨迹與雁塔唐代銀錠，並爲罕見。）

北地貞珉皆著録，東瀛片瓦更尋搜。（匋齋藏石目多至六七百種。玉在日本奈良得唐招提寺殘瓦，尚書移書索去。）

遠念忘機海上鷗，寄將翠墨慰幽憂。書生眠福偏遲暮，十日江船阻石尤。（尚書自武昌寄此拓本，十日始抵滬上。）

又

蔣黼

玉匣拋殘金椀碎。一寸寒瓊，猶辨東都字。黍米居然尋丈勢。秦權漢印差相類。因憶同時昆與弟。三萬金錢，共買稽山地。槌鑿巉巖刊冢記。千秋翠墨爭雄肆（會稽烏石山摩崖亦爲建初年所刻，字體在漢碑中爲最大）。（調寄《蝶戀花》）

題齊天保上官長孫氏玉冢記拓本

戊戌冬得此玉於揚州，今碎爲二，此尚是未碎時拓本

少婦千秋託寸珉，九原無復黛嚬新。鶴飛天上杳無迹（南漢馬氏地券有「鶴飛上天」語），留得珍珠小字勻。

又

蔣黼

河朔穹碑拓盡，搜到瑶華一寸，漢畫武梁祠，此肩隨。古冢楓根無主，金縷珠襦塵土，流落在天涯。（調寄《玉鈎斜》）

繼祖按：　右詩五首，據《蒿里遺文三種》集册自題手迹録。首頁篆書自署「蒿里遺文三種。壬寅秋付裝池，稼民篆題。」壬寅爲光緒二十八年（一九〇二），是年春公方歸自日本，返滬後即任上海南洋公學東文科分校監督，時《農學報》館未罷，故署端仍用「稼民」舊字。三種者，一爲漢武孟子男靡嬰玉冢記，二爲吴賀齊墓誌，三爲齊天保上官長孫氏玉冢記。

雜著（五種）

讀積古齋鐘鼎彝器款識札記（五十七則）

卷一

董武鐘

此篆奇古，是商初之器。

按：鐘文中恒有此體，古兵器若戈劍之類亦有之，乃列國時物，非商初也。

鹿　鐘

「鹿」字從王氏釋。

按：此象形，非文字。前人於象形文字之可識者，若戈、戉、斿、爵諸字，往往以爲物形，而確爲物形者，轉以爲文字。

立戈父癸鼎

[glyph]，立戈形。

按：此即「戈」字。

[glyph]，寶。

按：此字从車，絶非「寶」字。又，此器疑贗，鼎字作「[glyph]」狀，殊鄙俗。亦不見他器。

秉仲鼎

《説文》解「鼎」字云：「《易卦》，『巽木於下者爲鼎』，象析木以炊也。」明以目下爿片爲析木形矣。又解「片」字云：「判木也，从半木。」而無片部。「壯」、「牀」等字皆從爿聲，不應無此部。戴氏《六書故》云：「爿，在良切，李陽冰曰：『右爲片，左爲爿。』徐鍇曰：『《説文》無爿部，李妄也。』」按：唐本《説文》有爿部，張參《五經文字》亦有之，李氏未可厚非。」據此知《説文》「爿」字義與「片」同，合文爲「爿片」，「鼎」字从之，今本似有闕文矣。金壇段茂堂玉裁云：「著書者但當云反片爲爿，不得直云有闕文。」

按：「鼎」字古文作「[glyph]」，象器形，上象其耳，中象其腹，下象其足。鼎足三而兩之者，鼎兩足在前，一足在後（以銘識地位知之），在前者可見，在後者不可見也。許氏謂[glyph]「象析木以炊」，其説已非，李監謂「右爲片，左爲爿」，其説益妄。然此等之誤，許書已有之。如行字古文作

「□」，象四達之衢，或省作亍，「辵」字从之。許乃以行爲體之屬，析而爲二，於彳部外又立亍部，其失固與李監不異矣。

母乙鼎

闕里孔農部尚任所藏，據舊藏摹本編入。

按：文字鄙俗，決爲贋器。

□，見。

按：此「馬」字，非見也。

宥父辛鼎

宥非人名，古文「宥」作「侑」，見《儀禮》注。此廟中侑食之器。

按：此器明云宥作父辛尊彝，乃謂爲非人名，曲説未安。

臤朋鼎蓋

□□，董山臤朋。

按：□即董，□即臨。董伯鼎董作□，女□敦作□，並與此同。□，古文「火」字。臨，盂鼎作□，此二口省其一耳。阮誤二字爲四，乃曲爲之説，謂爲巫賢所作器，真可謂向壁之談矣。

□，著尊形。《禮・明堂位》云：「著尊，殷尊也。」注云：「著地無足。」此尊底無足，是著尊也。

按：古文「尊」字作□，象兩手奉尊形，或加阜作□。此□即「尊」字，不必定爲無足之著尊。

西官父甲尊

□，西官形倒文。

按：□殆象尊形，父己敦有□，从□，非倒「官」字。

刊官尊

□，刊。

按：□即「于」字，前人皆誤釋刊。

□，秉。

按：□乃「聿」字，秉从手持禾。

亞爵父丁彝

□，釋亞形，中爵形，矢形。

按：此象鳥在畢形。

子執旂彝

□，子執旂。

按：此字从㫃下人，當是「斿」字。亦有㫃下二人、三人者，則當是「旅」字。然□侯鼎「旅」

字亦作□，則此放或旅之省。

執刀父丁彝

□，手執刀形。

按：□當即「攴」字。

雙矢彝

□，雙矢在架形。

按：象爵形，有鋬，有兩柱，三足，疑是「斝」字。殷虛遺文有□、□，殆與此一字。

雕伯癸彝

□，雕伯。

按：「雕」字剥不可辨，絶非「雕」字。□乃祖字。

父乙卣

□，象卣形。

按：古金文「尊」字从□从□，此象尊形，即「酉」字。

丁琥卣

□，琥。

按：此因器文□，遂釋爲琥。實則此字象人兩手奉玉。蓋文从玉从丮，他器亦屢見，非从虎。

卷二

子癸父爵

□，子癸父者，子癸爲父作爵也。

按：「癸父」乃「父癸」二字逆讀，他器恒見之。

目父癸爵

□，子倒文。

按：□即「屰」字。

拱井父辛爵

□，兩手拱井形。

按：殷虚文字亦有□字，中从舟，象兩人相授受，殆即「與」字。

手執刀觚

□，手執刀。

按：□殆與□同，乃攴字，非手執刀。

象形父乙觶

[glyph]，觶形。

按：此字與觶形絶異，但可云象器形耳。

析父已觶

[glyph]、已。

按：[glyph]絶非「已」字，釋「已」無寧釋「乙」爲較安也。

孫祖己觶

[glyph]、孫。一釋子。器爲祖作，當釋作孫。

按：凡古器，於祖父名上每冠一字，義多不可曉，不得以下爲祖己，遂改釋子爲孫也。

父辛觶

[glyph]，二八相對形。

按：此即「行」字之初形，象四達之衢，後變作[glyph]，形已失矣。小篆作[glyph]，乃與初形迥判矣。

子孫角

此器如爵，有雙柱，無流，是角也。

按：角有流無柱。此有柱無流，不知何物？以文字觀之，恐非真品。

庚申父丁角

[illegible]，東門夕；[illegible]，十；[illegible]，手形。

按：[illegible]爲地名，乃一字，非三字。[illegible]乃在字，古文「十」字作[illegible]。[illegible]，即「又」字。

子商甗

[illegible]、羞。

按：[illegible]即「羊」字，非「羞」也。殷虛遺文亦作[illegible]，象以索牽之，索在後者，羊行居人先也。

丁子父甲盉

[illegible]、丁。

按：丁字古文作[illegible]，無作[illegible]者。

父辛匜

[illegible]，寶。

按：[illegible]絶非「寶」字。

藻盤

[illegible]、張弓形。

按：此即「射」字，殷虛遺文亦作[illegible]、[illegible]。

琱戈

，國。；，八寶平開。

按：此釋無一字較安。

子執斿句兵

，子執斿形，足跡形。

按：此字从斿从止，殆即「旅」字。古文「旅」字或省从爲人，或增止。

卷三

叔丁寶林鐘

、丁。；，愷；，寅。

按：漢陽葉氏藏器與此同文。作，乃「氏」字，此拓本漫漶誤釋。，葉氏器作「找」，下宗周鐘同从丰，並誤釋爲愷。，葉氏器作，吴中丞釋「廣」較釋「寅」爲妥。

郉叔鐘

，髀。；，乃。

按：此字作⿰畀頁，不應釋髀。，蛛公華鐘作，當釋「氒」字。釋乃誤，古文皆作。

宗周鐘

□，要；□，造；□，節；□，它。

按：□，孫氏詒讓釋華，□即逆，□即夷，□，吴中丞釋恩。

虢叔大林鐘

□□，□攸。

按：□當釋亡，□釋攸未安。

楚公鐘

□，已；□，㞷。

按：□似「申」字，□，孫氏釋「逆」，較安。

□，從。

按：□當釋□。

周公華鐘

□，周；□，錯；□，安；□，聽。

按：□即蛛，非周。□从金膚聲，非錯。□即宴，非安。□非聽。

周望公鐘

□，昔。

按：此鐘之蛛亦誤釋周，□當釋膚，與蛛公華鐘「鏞」字同。

卷四

木鼎

□，父考；□，孟。

按：□當釋妣戊，□非孟。

太祝鼎

此薦禽獸之鼎也。而曰禽鼎者，《周禮·庖人》注云：「凡鳥獸未孕曰禽。」《白虎通》曰：「禽者何？鳥獸之總名。」是散文相通也。鳥獸之肉入之臘人，則爲乾豆。此以新殺者薦之宗廟，故實之以鼎也。

按：此器文曰「太祝禽鼎」。太祝，官名；禽作器，人名，原釋太支離。又，「禽」字从□，即「畢」字，鳥羅謂之畢，以畢掩禽爲禽之本誼，乃擒獲之初字。

魯公鼎

鹵公作父王尊彝。

按：此及下亞形魯公鼎、乙公萬壽鼎皆贋物。

孟申鼎

[illegible]、申。

按：[illegible]象兩手持杵，即篆文之[illegible]。

魚冶妊鼎

[illegible]，魚冶；[illegible]，叔妃。

按：魼即蘇，[illegible]不可識，然絶非冶。[illegible]即虢己，己爲女性，蘇爲己姓國，蓋蘇女嫁虢而爲之媵器也。

戎都鼎

[illegible]，戎都。

按：[illegible]非戎，[illegible]即者，金文以爲「諸」字，此不知何據而釋「都」。

番君鼎

[illegible]，招，招字有缺筆。

按：古文「召」字作[illegible]，此不知何據而釋「招」。

⿸广夸父鼎

□，⿸广夸；□，連；□，永；□，遠。

按：但當如其文書作㢿，□釋連亦未安。至跋稱「胡連」之「連」亦作「輦」，輦，甗也。鼎作甗形爲甗，實敦；猶之鬲鼎、盂鼎，則尤紆繆無理。□以楷書書之，當作「違」，亦非「遠」字。

癸亥父己鬲鼎

□，吳，从口从大。

按：□非从口从大，亦不得釋「吳」。

正考父鼎

惟四月初吉，正考父作文王寶尊鼎。

按：此及下師旦鼎均恐宋代贋器。

仲偁父鼎

□，節。

按：□乃夷，下寷鼎同。

父己鬲鼎

陽識，據陳秋堂拓本摹入。

按：此器不可信，下君錫鼎文尤陋劣，均僞器。

伯船父鼎

□，船。

按：此字明明作嬰，非「船」也。

史伯碩父鼎

銘見薛氏款識，彼篆體甚大，當别是一器。

按：此鼎文字至劣，即據薛氏所録僞品。

康鼎

□，女。

按：此字原作□，乃「奴」字，此摹又失。又此行末爲□，乃「錫女」二字，此誤□爲又，脱女字。第五行第三字作□，乃「鋈」字，誤摹作□。行末□乃「拜」字，誤摹作□。第六行□，誤摹作□。行末□字，誤摹作□。休下用字失摹。八行□誤摹作□。末行□誤摹作□。

無專鼎

□，入門；□矢。

按：此「内門」二字合書，□非矢，吴中丞釋「沙」。

鬲攸从鼎

□，辟；□，計。

按：「⿰彳辟」殆「避」字，□當釋許。

曶鼎

□，所；□，龜；□，及；□，龙；□，曰。

按：□當釋匹；□釋束；□釋人；□釋求，□即「田」字，中竪畫爲銹所掩。

倗廬日札拾遺（三十九則）

羅繼祖輯録

近年都中貴人重石谷畫，其昂者，一幀或至六七百金。又喜購明人詩集，明人所刻者，價幾與宋版等。記之以見一時之風氣。

翰文齋送《法苑珠林述意》寫本來，計二卷，黑格明抄本，書口有「棐几齋」三字。有周公瑕手署一行，在李儼序後，曰：「嘉靖四十年春三月吴郡周天球採輯」，下有「周公瑕氏」白文印。卷末又有「嘉靖四十年春，六止居士周天球採輯」款識。卷後附馮時可撰《六止居士小傳》及諸書所載公瑕遺事五則，則後人所補。後有「陸準之印」、「萊仲」及「雲心石面」三印。

張憶娘《簪花圖卷》，今藏粤人辛仿蘇部郎處，曾借觀三日。亡友江建霞曾刻其題詠入《靈鶼閣叢書》中，然以圖卷校之，有未載者。金君鞏伯言：「都中某氏尚有一本。」疑賈人割一卷爲二也。金君言：「某氏之圖精於辛氏卷。」然以余觀之，辛本圖上姜鶴澗等跋確是真跡，絶非僞托，異日若得見某氏本，當可一證斯言。

兩峰《鬼趣圖卷》亦在辛君處。跋百餘則，朝野名流殆遍。其圖不過以竹連紙隨意寫之，筆墨未見精妙，而當時赫赫有名，殆文人好奇之過也。

耶律文正《送劉陽門詩卷》藏山西某氏，夏間展轉得借觀，紙本，書體方勁，頗近顔太師、黄山谷。其詩集中不載，後有宋景濂跋，則宋集有之。予當時托金君鞏伯影照，將寄滬上友人影印之。耶律書生平所未見，可寶也。

近得楊子鶴畫扇一面，爲《贈菊圖》。乃一妓小像，旁一侍女持菊，署「贈菊圖，虞山楊晉寫」。殆

《簪花圖》之類，但不知爲何人故實也。畫中人裝束與張憶娘《簪花圖》同，一面有題詩兩段。其一曰：「感郎情重賦閑情，慵向春蘩覓燕鶯。爲請小鬟憑持贈，期從寒圃共餐英。久甘淡素謝朱鉛，耐盡風霜黯自憐。揀得一枝才欲吐，當儂伴依畫窗前。幽抱輸君知不知，請君看取好花枝。吟餘醉醒邀相賞，勿負歲寒傾吐時。個是三秋冷艷花，採來合送與陶家。雕闌紫障能遮護，不怕霜棱似雪加。」署題「柳鶯贈菊小照，譙巖」（印曰「長康」）。其二曰：「脂粉蕭疏態轉妍，餐英却與早秋天。贈郎幾朵東籬秀，報答閑情賦一篇。何須九畹始爲真，林下清風不染塵。此物舊稱明目草，洗清眸子看佳人。」款署「題柳鶯贈菊圖，别峰老僧綺語」。譙巖與别峰不知何人，僅於款中知贈菊者姓氏爲「柳鶯」而已。曾聞常熟翁氏藏《柳鶯畫册》，有袁簡齋跋，鶯字石如，錢塘人，暇日當一考之。

葉氏平安館所藏，一毁於虎坊橋邸之火災，再散佚於英人入粤後。所藏書籍又捆載數十箱至廠肆售之，於是葉氏藏物垂盡矣。然聞後人尚薄有收藏，可想見當日蒐集之富。

頃見王雅宜書《莊子·内篇》，起《逍遥游》，迄《應帝王》，七篇卅頁。又楊大瓢跋一頁。三十頁中《德充符》及《應帝王》二篇中各有楊大瓢補書一頁。涿州李芝陔在銛所藏。前有繆文子印二、阮文達公印三、秦敦夫印二，後復有秦敦夫印三。每半頁十二行，行廿字，小楷至精，裝成書帙，索價八十金。爲節債所逼，力不能得，爲之長喟。

張力臣先生《符山堂圖卷》，款署「庚戌仲夏，朱玨」。玨字二王，號邗樵，臨清人，江都籍。著《寶翰堂詩集》（《江蘇詩徵》），工山水、人物、花卉（《畫法紀事》），氣韵疏逸，酷似無人，爲國初妙手。畫心上有北海周龍舒題，方炯、周斯盛詩。圖後有唐允甲、沈泌及王漁洋三跋，孫汧如《符山堂詩》。再後爲程穆倩、王百賞宜輔、程先貞跋，李源、趙其星二詩。此圖予得之劉樹君家。考丁儉卿所輯《張亟齋遺集》記曾見其《旅行圖》小照，當時名流題詠殆遍，而不知有此圖。《茶餘客話》記力臣晚年窮困流離，携子孫居京師；王漁洋、徐建庵并爲題詩其上。而此圖則世無知者。《亟齋遺集》，許珊林先生曾爲刊行，今傳本至罕，予插架有之，異日當謀重刊，并將此圖題識附入之。程先貞字正夫，德州人，明工部侍郎紹孫，以祖蔭，歷官工部員外郎，有聲復社。告病家居二十年。年六十七，豫置一棺，題曰「休息庵」。所著有《燕山游稿》、《蒽庵詩草》。《亭林詩集》中有《酬程工部先貞》、《哭程工部》及《送程工部葬》詩。《茶餘客話》：力臣與程正父工部交善。自京回南過德水，偶詣正夫，已病篤，力臣停舟，旦夕視疾，經紀其表。亭林哭正父詩「十載故人泉下别，交情多愧郎君章」，指力臣也。唐允甲，字祖命，宣城人。明末江左巨儒，充中書之選，閣臣高弘圖薦爲舍人，一時詞命多出其手。會權臣被剥善類，遂遯迹溪山。著詩文集數十卷。年老以書名海内，得之如獲拱璧。（《寧國府誌》）沈泌，字方鄴，宣城人。幼孤力學，博聞强記。康己未，當事以博學宏詞薦，爲忌者所阻，遂以諸生終。所著甚夥，惜没後爲人所竊，不傳。（《宛雅》）周斯盛，字屺公，鄞縣人。順治辛丑進士，官即墨知縣。著《證山堂集》八卷，見《四庫存目》。

汴僧智德者，將至印度習梵文，數年之後，將再爲譯經之舉，以昌其宗教。智德又言：常州天寧寺僧雅聞者，集資十萬金，擬於五年内盡刻大藏外未收諸經。彼教尚有人，吾儕愧死矣。

智公言：懷柔縣紅螺山資福寺藏經典最多。藏經之室二十餘間皆滿。僧徒尚能世守，遠勝於南方藏書家矣。

賀季真書，史稱其得二王之秘，然傳世甚少，吾郡《龍瑞官記》乃復本耳，且寥寥數十字，不足以見一斑。庚子冬，日本人安村君類當以賀監草書《孝經》見贈，雋快過於孫虔禮。首尾無賀名，惟末行有楷書「建隆二年冬十月，重粘表□賀監墨迹」款一行。乃其國内府所藏。予付海上友人影印，以詒同好。

劉韜墓碣在費屺懷家，慧影造像在顧鶴逸家，文安縣主墓誌在吴清卿家。

揚州人于嘯仙能于牙、竹上刻細字，至目不可見，以顯微觀之則曲折自在，古人所稱「方寸千言」不能專美。但僅能刻行書，不能作莊楷。其人目故短視，蓋其巧全在手而不在目也。此亦近日絶藝之一。于君近以知縣筮仕皖中，作吏以後，恐不復爲此矣。

馮已蒼《虞山妖亂誌》未付梓，皆清鈔本，近十餘年傳本益稀。聞常熟柄國時，以此書所載之翁太常，與已同籍同姓，故凡遇此書，皆購而摧燒之，其實翁傅並非太常裔也。後有擬印者，亦以翁傅而止。此書序妖孽之興由一人一家而馴至於天下，可洞見明末朝野之情態。全書頭緒繁複，而首尾如一篇文字，洵傑構也。

徐梧生言：濰縣高翰生藏唐人磚誌一，以漆書之而未刻。書撰年月日三行在磚側。出土時貯以石匣。渠不能舉其年月及墓中人姓氏矣。

文琳堂書肆送抄本梁克家《淳熙三山誌》來。計四十二卷，烏絲闌，白綿紙鈔，書口有「小草齋鈔本」五字。每卷首有「晉安謝氏家藏圖書」及「冶南何氏瑞室圖書」二長方朱文印，又有錢竹汀跋尾及楊用霖記。上有朱墨校勘，據楊跋，此爲謝在杭家抄本，而經徐興公、何郯海校勘，朱爲徐筆，墨爲何筆也。索百金，力不能得，還之。

匋齋尚書使歐美歸，出示歐洲人書迹。似絹又似樹膠所製之織物，色頗暗淡，四周殘損，似爲火所燒者，云二千年物也。

匋齋尚書言：正定大佛寺（即龍藏寺）棟上尚有隋人墨迹，書勢甚雄健。

沈雪廬言：宜昌某氏家藏宋大字本《東坡集》，前有翁蘇齋像，書眉有蘇齋細楷不少。王勝之視學湖北時，某氏乞售五百金，而許以四百金，後萬鏡濤中立以千元往，某氏遂居爲奇貨不肯售，今書尚在家云。

粵中長壽寺乃國初釋大汕所建。大汕有巧思，建築至巧，其寺至今尚在。岑雲階制軍任粵督時，以寺僧無行，拆以創學堂，中國人不尚美術，可嘆可慨。

廣東郭守敬所鑄銅漏，至今尚在省垣雙門底樓上。予曩在粤，曾摩挲數次，惜未遣拓工拓一本也。

穰卿言：黄秀伯藏明瓷器二，摩之，有沉檀香氣。香瓷，記載無所聞，亦異物也。

嘉興唐鷦庵收藏頗不少，近年其後人鬻售垂盡。今年在滬上得其寶祐銅牛符一及吴興《沈氏父子詩集》手稿數册，宋本《樂書》一部、元本《千家注杜詩》一部。唐氏所藏盡矣。

蔣敬臣丈言：吴江凌幼鹿家藏宋塗金剪刀，嵌慶曆某年造數字。此物甚奇，或尚方物耶？

香光所畫人物，傳世至稀。頃廠肆以所畫《蔡文姬小像》求售。絹本，圖上三人，一文姬，前有矮兒置楮墨；文姬手執不律，若構思狀，旁一侍女。文姬冠鋭冠，殆是胡裝，衣服則漢人之舊。前有一胡兒，佩刀胡服，上戴鋭冠，而略鈍於文姬。筆墨頗精妙。款二，一題「蔡文姬小像。董其昌」。一題「千載琵琶作胡語，分明怨恨曲中論，玄宰」。上有陳眉公跋三行云：「玄宰爲予作高士圖，仿吴道子，此幅臨馬和之，生平人物僅兩幅而已，真吉光片羽也。繼儒誌。」蓋爲眉公作者。

士可出示明刻《宣和遺事》二卷。每卷前有綉像(上卷六圖,下卷八圖),卷首有錢允治序,序後有墨識二行曰:「癸丑秋初,於運乘案頭借閲一過。如愚山人識於蘭瑞室。」下有朱印曰「靈均世胄」。卷上有「璜川吴氏收藏圖書」、「太原叔子珍藏」、「蓮涇王聞遠印」、「太原叔子藏書記」、「鵝湖華氏聚經書屋審定善本」六印。其書署題作《古本宣和遺事》,圖繪甚精。上卷圖後署「旌德郭卓然刻」。下卷於書口署「旌德饒元寀鐫」。

日本西京厶寺藏《過去現在因果經》,現陳列東京博物館。上層有畫像,下層佛經。東友田中君言書法極精,更佳於東魏陶仵虎寫經。

西京中宫寺(尼寺)藏絲綉《天壽國曼陀羅像》,今殘破已甚。云是六朝物。中宫寺尼皆皇室貴族,非得内務省特許,不得一見。

田中君言:中國所稱「足利本」經書,乃慶長中銅活字版本。彼國無「足利本」之稱。

田中君言:彼國舊刊仿宋書俗稱「五山版」,蓋西京五刹所刊,所仿宋本多至精,其紙如明代白棉紙。近中國刊大字本《黄山谷集》、《五燈會元》，皆「五山本」也。

田中君言：傳氏所刻《陶文》等二種，乃其國人名西村兼文所僞造，以舊麻紙製之。

又言彼國古刹中鰐口皆人家鑄送以資冥福者，德川氏以後音不佳，德川氏以前者音清越可聽。

見明刻本《秘傳經驗痘疹》一卷，無著書人名。繕刻至精。每半頁九行，十八字，目録題「秘傳痘疹」，書口題「小兒痘科」，計百十有八葉。書末題「秘傳小兒痘疹治法」，前有「安樂堂藏書」、「明善堂覽書畫」兩印記，乃怡邸舊藏。又有「宣城李氏瞿硎石室圖書」及「江城如畫樓」兩印。

萬柘坡先生《聞漁閣續集》、《瓠屋漫稿》各一册，柘坡先生手稿，塗乙頗多。册首有「光泰之印」、「小字蛟」二印。前有柘坡先生自叙云云。又有乾隆丙寅上巳後三日、田盤栖碧釋云序，卷首有「古杭董醇」、「醖卿」、「湯聘珍」三印。

田中君出示《聯燈會要》三十卷，每卷題「住泉州崇福禪寺嗣祖比丘悟明集」，有淳熙十年偃谿真懶子悟明自序，略言淳熙癸卯坐夏永嘉之〔山〕中，因閲傳燈，廣燈前輩，當代諸大老，採摭六百餘家提唱機緣，問答語句，拈提古今得其要妙者，各逐本人章次收録，離爲三十卷云云。又淳熙己酉三月淡齋李冰序，至元辛卯松江澱山比丘思忠序。卷末有「至元辛卯歲重刊於育王松庵」、「三山鄭子野刊」、「慶應己巳重刊於臨川寺」款三行。每頁十一行，廿字。

王捍鄭太守藏唐至相寺比丘法律造像八萬四千塔記，小楷至精。計七行，行七字，陽文有界格，文曰「大唐至相寺比」丘法沣(疑津字)从永徽元」年已來爲國及」師僧父母法界蒼」生敬造多寶佛塔」八萬四千部流通」供養永爲銘記矣」。字在塔之底，似範土所爲。

《東湖叢記》載：余澹心《江山集》，今所見者凡四種，一《平生蕭瑟詩》；又引《國朝詩綜》，云所著有《秋雪詞》一卷。又言見澹心手鈔《玉齋琴詞》，則未見刻本。蔣氏又謂：澹心著有《味外軒稿》、《板橋雜記》、《茶史》，曹倦圃《静惕堂文集》中有題《澹心雜録》序一首，則其所著不止此云云。予曩於吴江史氏得《淡心集》二册，其一册曰《甲申集》，内分七卷，一茂苑詩，二武塘詩，三西陵詩，四山陰詩，五明月庵稿，六擬古詩。其書口上題「甲申集」，下題「海幢偶編」。又一册曰《江山集》，分三卷，一鴛湖，二石湖，三柳湖。其書口上題「江山集」，下題「五湖游稿」。均在蔣氏所舉之外。

本朝石經，海鹽陸雲中刻。《清儀閣題跋　聽雨樓法帖跋》云：「乾隆壬子，海鹽祿甲山友人陸雲中奉檄到京師刻石經，留京三年」云云。

中島竦有鍍金「至大元寶錢」。

頃借陳松山給諫《聽詩齋日記》。記所見書畫金石甚夥，摘録數條如下：

見武陟毛氏所藏北宋拓《醴泉銘》，拓工極劣，淡墨淺拓，「光武」之「光」字四周無圈；「絶後承前」「承」字已剥蝕無遺，後有虛舟、覃溪跋。

涿州李氏藏初拓《曹全碑》，字極肥潤，通體完全，惟「因」字下缺一筆。

見靈巖山館藏本《聖教序》，腴潤非常，「聖慈」二字尚完好。

見傅潤元書數種：一、鈔本《侯鯖録》三卷，有「文紹借閲」白文印；二、《燈下閑談》二卷鈔本，據馮已蒼所藏宋陳道人書籍鋪本校，首頁有「十如居士」印；三、《蜀檮杌》精鈔本，塘栖勞氏據孫從添、葉石君本抄，有墨描「孫從添印」、「慶增氏」、「葉樹廉印」、「石君」四印，及「實事是正多聞缺疑」及「勞參軍」(分書)、「蟫庵」三朱印，乃勞氏之印也；四、《游誌續編》，勞氏手抄本，至精，有「蟫庵」、「勞權」、「丹鉛精舍」、「巽卿」四印。

内藤言：唐人所用筆曰雀頭∩，曰鷄距∧，曰柳葉∩，勝木氏仿製南都秘府正倉院藏聖武帝遺愛筆，即雀頭也。

先祖《俑廬日札》手稿一册，存十餘頁，其中已刊者眉端多加「△」記或劃删號，其未加「△」及删號者率爲未入録之删餘，取與刊本比勘一過而録藏篋衍久矣。按此書凡三刊，一刊於光緒戊申《國粹學報》，二刊於民國甲戌東莞容氏頌齋，三即於容本上，先祖手加校正，後付石印。此僅三十九則，且爲先祖删餘之稿，然年祀久遠，當日之枝辭墜義，未必無裨於今日之博識多聞。頃武漢有《文獻集刊》之舉，舜徽教授見索，因以《拾遺》題端寄之。一九七九年十二月二十五日，繼祖校録畢謹識。

歸夢寮日箋（九則）

新莽楬

斯坦因游敦煌之西，得新莽木楬于古斥堠故基，墨書猶新，上有莽年號，今亦藏英倫博物館。

李柏致西域王書

大谷氏游歷中亞時，並得李柏與西域王書二通於昆知達里雅乾川左岸之古城址（此城在北緯四十七度，英國緑威東經九十度）。李柏，見《晉書·張軌附張駿傳》云：「西域長史李柏請擊叛將趙貞，爲貞所敗。」考駿以太寧二年嗣位，《十六國春秋·前涼録》叙此事於駿嗣位之四年戊子，是此書當晉咸和三年也。西京大學教授內藤博士虎曾以影本見貽，録之如左：

五月七日西域長史關內侯
柏頓首三，闊久，不知聞，常
懷思想，不知□相念
□□忘也。　詔家見遣
□慰勞諸國，此月二日來到
海頭，不知□向邑：　。　天熱

想王國大小平安！王使
□遂俱共發從北虜中與
□□事往，不知到未？今
□□苻□，往通消息。
書不盡意，李柏頓
首。

右第一帖，十二行，行書，寫古紙上，頗漫漶難辨。兹如其原式録之。其第五行「此」字，第八行「中」字，第九行「事」字，皆初脱落，後附加於旁。

五月七日□□，西域長史關内
侯李柏頓首頓□，□□思□
恒不去心。今奉臺使來西月，
二日到此□□頭，未知王消息。想國中
平安。王使迴復羅從北虜
中，與嚴參事往，想是到也。
今遣使持□往相聞，通

知消息。書不悉意。李柏頓首頓首。

右第二帖九行。其第四行「□頭」二字，第八行「李」字皆脱落，補加於旁；第七行「使」字乃改書於側。此帖較清晰。尚有一帖，字較大，但存一行有半。曰「五月七日西域長史關内（第一行）侯李柏玉（下缺）」，頗似章草。

古父絧

斯坦因於敦煌長城故址，得漢絧二幅。一廣尺許，長寸許，上署「任城國古父絧，一匹，幅廣二尺二寸，長四丈，重二十五兩，直錢六百一十八」。一廣漢尺二尺二寸，長寸餘，無題字，蓋與前幅同出自一匹也。絧有波紋，色淺黄，間有緑色。此亦人間之奇寶矣。

斯坦因所得敦煌古書

斯坦因氏一千九百七年在敦煌得古寫本二十四箱，古畫及綉品五箱。古寫本中旁行古文字計十二種，梵文貝葉一片，至完好，貝葉經中此爲最古。所得漢文卷子數百種，佛經居十之八。然有《切韻》五卷（完全無缺），類書一種，無標題，《搜神記》殘本、《懷素集》、莊子《南華經》、《前漢書》（第七十八卷）。又有《東周列國傳》，雖小説，然足爲考史之助。《敦煌録》記敦煌地理甚詳（疑即劉昞書），《家語》、《東京至西天路程》。於經部則有《易》、《詩》、《書》、《論語》等殘本。又有字書、契券、曆本、函牘等，斯坦因氏演説，予已編入《流沙訪古記》，而不載其所得書名，故記其略於此。

晉人寫經

本願寺主大谷伯游歷中亞時，得西晉惠帝時寫經片斷，後題識四行，録左：

□□二年正月十二日月支菩薩法護手執□

口授聶承遠和上弟子沙門竺法首筆

□令此經布流十方戴佩弘化速成□□

元康六年三月十八日寫已

凡三萬十二章合十萬九千五百九十六字

又有西涼李暠時寫《法華經》方便品三十餘行，末書比丘弘僧彊寫。又有款三行，曰：

建初七年歲庚辛亥七月廿一日，比丘弘施、慧廣、興逢共助校一遍（此爲一行，書下空一行。其「七月廿一日」五字乃增注）。

時勸助磨墨賢者張佛生

經名《妙法蓮花》興逢所供養。

案：此爲鳩摩羅什初譯成時寫本。據《高僧傳》，鳩摩羅什卒於後秦姚興弘始十一年，此題建初七年，當晉義熙七年，姚興弘始十三年，正羅什寂後之二年也。兩經書法，元康寫經頗似《舊館壇碑》。

建初寫經較豐肥，間類鍾元常，雖均略存隸筆，然楷則粗備。昔阮相國疑《蘭亭序》及宋秘閣帖中右軍帖爲後人贋託，蓋未見古人墨迹，致有此疑。惜不得起阮相國於地下而示之也。

論語鄭注殘卷

大谷又得唐人寫本《論語・子路篇》數行而經文異同甚多。如「説之不以道，不説也」，此本無「也」字。「説之雖不以道，説也」。此本「説也」作「則悦」。「及其使人也，求備焉」，此本無「也」字。「兄弟怡怡」，此本作「怡怡如」。（高麗本，皇本作「怡怡如也」。《文選》曹植《求通親親表》注，《初學記》十七，《藝文類聚》三十一，《太平御覽》四百十六引亦然。此本又無「也」字）。「以不教民戰」，此本「民」作「人」（避太宗諱）。其注與何氏《集解》不同。初不知何人注，嗣觀《〈詩・棠棣〉正義》引鄭注《論語》云，「切切，勸競貌。怡怡，謙順貌」。今此本注，「切切，勸競貌；偲偲（經文仍作「偲」），謙順貌；怡怡，和協貌」；知此本即鄭注《詩正義》所引，有羼譌也。《論語》鄭注久佚，此雖數行，亦至寶矣。今將其注之可讀者，録之於下：

「小人驕而不泰」。注，「泰」謂威儀矜莊，「驕」謂慢人自貴。

「切切偲偲，怡怡如也」。注「切切」，勸競貌。「偲偲」，謙順貌。「怡怡」，和協貌。

「兄弟怡怡如」。注，子路好勇，性近剄，故爲重説之。

「亦可以即戎矣」。注，即，就也。戎，兵也。天以七紀，滿其七數恩愛之，以（下缺數字，不可知）於人，有軍□之事，人必爲致死。

大谷氏所得尚有《左傳》數行（成公十七年），《史記》、《漢書》各數行（表裏書）、《唐律》文（「擅興律征討告消息」及「主將守城」二條），七行有二字。

唐户籍殘字

大谷氏所得尚有唐户籍斷片二紙，一三行，一五行。録之，可考見古户籍之一斑：

弟知非，載叁拾肆歲。　　勛，（下缺）

知男惠義，載拾伍歲。　　小男，（下缺）

知男惠感，載捌歲。　　小男，（下缺）

以上爲一紙。

武曲白小禿，年肆拾捌歲。　　丁，部曲。空。

部曲妻趙慈尚，年伍拾歲。　　丁，部曲。

部曲男索鐵，年叁拾歲。　　丁，部曲男。空。

（上缺）拾玖歲。　　丁，部曲男。空。

缺　　丁，部曲男。空。

以上爲一紙。

此籍細楷，甚端好。每行間距離甚廣。其署年皆作增筆字，與今官府文書同。籍中有索鐵，索爲西州豪族，知此籍非西州即沙州之户籍也。

唐舉錢券

大谷氏於庫車西五十里廢寺中得唐舉錢券一紙，計八行，上下略有缺損，行書，録之以示唐代債券之式。

大曆十六年三月廿日，楊三娘□
錢用，遂於藥方邑舉錢壹仟文
□□貳佰文，計六個月本利並納。
□□錢後東西逃避，一仰保人等代
□□□每齋前納，如違其錢□□
□恐□無信，兩共對面平章□□
（此處空一行。）
舉錢人楊三娘年卅□
保人僧幽□年五十六，幽下缺

莫高窟古卷軸

莫高窟古卷軸，斯坦因、伯希和二氏既選其精異者携歸倫敦與巴黎，其所遺尚約三之一。予請於寶沈盦侍郎熙，電屬毛實君方伯慶蕃，購歸學部圖書館，計經卷尚五千餘。途中頗爲解送員所盜賣。頃日本京都大學教授内藤博士虎等，奉其政府命來乞觀，予得窺見什一。中有《戒緣下》一卷，尾署「比丘法救所供養經也。安✓太四年七月日唐兒祠中舊寫竟」云云。考安太二字間加✓，蓋誤倒書而改正之標識，猶今人之加乙也。太安爲後魏紀號，太安四年，當宋孝武大明二年。又後涼呂光亦建號太安，《晉書・載紀》謂第四年改麟嘉，而不言麟嘉之號改於何月，則此卷之爲後魏，爲後涼不可定也。書法頗似《廣武將軍碑》及《鄧太尉祠記》，長至三丈三尺，亦今之至寶矣。此外有宋、明、高麗諸藏中已佚之經五種：一、《佛說呪魅經》；二、《菩薩見實三昧經》（卷第一）；三、《佛說大乘稻芊經》（一卷全）；四、《般若第分中略集義》一卷；五、《懺悔滅罪金光明經冥報傳》（三紙）。署年號者二種：一、《法華經》卷第四，末署「貞觀三年，敬業監制」；二、《金剛經》，末署「景龍四年六月廿日寫」。有題識及署書人名者七種：一、《維摩經》，末署「奉爲西州僧昔道蕁寫記，經生王瀚」。二、《佛說八陽神呪經》一卷，末署「三界寺僧沙彌海子讀八陽經者」。三、《佛名經》卷十二，末署「佛弟子裴法達、樊法林、曹寺主奉爲十方一切衆生，願見聞覺知寫記，經生王瀚」。四、《金光明經》，末署「弘建勘定」。五、《延壽命經》全，背記二行云：「化記。癸未年三月三日，王章坌遷化記（以上第一行）。癸未年九月五日，王長兒，壬午年五月七日，王丹成遷（以上第二行）。」六、《佛說無量壽宗要經》，九部皆署寫經人名：曰宋良升，曰索慎言，曰王宗，曰馬豊，曰田廣淡，曰令狐晏兒，曰王瀚，曰張瀛，曰張良友。七、《受八關齋文》，末署「庚子年十一月廿九日，沙彌德□」。有音義者三種：一、《法華經》卷七（陀羅尼中有音義）；二、《金光明經》（卷二、卷六）；三、《最勝王經》（卷一、卷二、卷七、卷八、卷十）。有武后新字者，一種：曰，《裓阿含經》（裏有大毘婆娑論）。有朱書及點校者三種：一、《楞迦論疏》（有朱書）；二、《大涅般經》，卷十九（有朱點句）；三、《四分戒疏》，第一（有朱校字）。又有《道經》二斷片。又，殘經後有吐蕃字者一。又，阿彌陀經背有字書二行，似原本《五篇》，移録于後：

髲：飾也。用髲爲之。象幼時鬌。其制未聞也。

髳：或髦。髳，離也，謂草木蘩聚，翳薈者也。庸、蜀、羌、髳□謂同名也。

又石室古卷軸，歐人未購取以前，楚北汪粟庵宗翰令敦煌時，曾得宋乾德六年水月觀音像及寫經卷子梵夾本各二，以贈長洲葉君鞠裳昌熾，浭陽端午橋方亦得數種。又聞皖中裴伯謙大令景福，亦得六朝寫經不少。

凝清室日札（十五則）

予性不通敏，與世罕接。辛壬以來，益成孤往。八年浮海，著書遺日。比返津沽，仍杜門之日爲多。寓齋西南隅一室，顏曰「凝清」。每日兀坐其中，攤書之暇，輒記述所見聞古書器及關文獻之事數則。頃檢舊稿，託友人爲我書之，亦不復次第先後，名之曰《凝清室日札》。後之讀者，詆爲不賢識小，固予之所不辭也。　壬戌七月，抱殘老人。

一　英倫所藏敦煌古籍

英人斯坦因博士訪古於我西陲，所得文物貯之英倫博物館。然彼邦罕深於東方之學者，故尚未能編目。歐戰未起時，予欲西航往觀，因戰事連年，遂不果往。斯坦因博士以戰前再往，又得古籍古物數十箱，因戰亂未運英，曾寄書告予。今戰停已數年，不知已渡英否也？亡友法儒沙畹博士曾在英倫閱覽，手寫一目，然纔十之二三，非全豹也。亡兒福萇曾編次爲録，尚未付梓。兹將書籍之要者，列目於左：

《易釋文》

《古文尚書孔傳》（《洛誥》）

《毛詩》

《毛詩鄭箋》

《毛詩音釋》

《毛詩音》（存《關雎》第一、《鵲巢》第二、邶《柏》第三、鄘《柏》第四、衛《淇澳》第五、王《黍離》

第六、鄭《繪衣》第七、齊《雞》第八。無題，非陸氏書。）

《左傳杜氏集解》殘卷（自僖公二十三年至哀公十四年）

《左傳》節本（襄公四年、九年、十一年、十五年、二十一年、二十三年、二十五年數則。無經文，杜注。背有《秋胡小説》。）

《春秋後秦語》卷第三

《春秋後語音釋》（《楚語》第八、《燕語》第十。無題。）

《禮記鄭注》殘卷（存《大學》以下）

《孝經》

又

《論語白文》殘篇

《論語何晏集解》殘卷

又（《先進》）

又（《先進》至《顔淵》首數章）

又（《子路》至《憲問》）

《新集九經抄》卷第一（殘）

《字寶》（末有壬申年正月十一日僧智貞記）

《正名要録》（霍王友兼徐州司馬郎知本撰。右依顔、監字樣甄要用者，考定折衷，刊削紕繆。）

《時要字樣》（乾符六年）

《千字文》

《開蒙要訓》（大中五年辛未三月二十三日，學生宋文獻誦，安文德寫。）

又（書於不知名佛經之背，「蒙」作「矇」，後唐清泰二年二月十五日。）

殘《本紀》

《沙州圖經》卷第一（寫於《大般涅槃經》之背）

《敦煌録》（殘）

《敦煌縣誌》（無題）

殘《地誌》（光啟元年十二月二十五日，張□等寫。）

《大唐西域記》

《往西天求法沙門智嚴西傳記》

《孔子家語》卷十（王肅注）

《道德經》

《老子》正文

《老子解義》（河上公章句）

又（河上公章句。殘。）

又（殘）

《老子》解釋（殘）

《莊子郭注》（外物篇）

殘曆

《天福十年具注曆》（壽昌縣令）

《顯德三年丙辰歲具注曆日》（并序，干火支土納音七，凡三百五十四日，登仕郎守州學博士翟奉達纂上，寫校弟子翟文進書。）

《太平興國七年壬午歲具注曆日》（并序。凡三百八十四日，押衙知節度參謀銀青光祿大夫、檢校、國子祭酒翟文進撰。）

殘《占書》

《民間筮占》

《五行星宿卜筮法并論方向》

《方角書》

《卜夢書》

《本草》（殘，背有長興五年正月一日行首行陳魯修牒云云字數行。）

《脉經》

《列國傳》（殘，記吴越戰事及伍子胥事。）

《季布歌》

《唐太宗入冥記》

《孝子董永傳》

《秋胡小説》

《茶酒論》一首（并序，鄉貢進士王敷撰。俗話體。）

《類書》殘卷（存道德部、恃德部、德行部。）

又（存婚姻重妻、棄妻、棄夫、美男、美女、貞男、貞女、醜男、醜女。）

《儒家子類》殘卷（《審大臣》第三十四、《詳任吏》第三十五、《懲戒法》第三十六。無題。）

《勵忠節鈔》卷第二（將帥部、安國部、政教部、善政部、字養部、清員部、公正部、俊爽部、恩義部、智信部、立身部。）

《太公家教》卷一

《百行章》卷一（殘，杜正倫撰。）

《何人造何物》

《書櫝草稿》（後漢天福十四年歲次丙午八月二日）

《尺牘軌範》

《詩集》（殘，兩面書。一面爲詠物五律，歲乙卯月林鍾□□劉晟校定。）

《韋莊秦婦吟》

《嘆百歲詩》

《時令詩》

《玄謡集雜曲子》（共三十首）

《燕子賦》（完好）

《韓朋賦》

《文心雕龍》（殘，存第二章至第十四章。）

《御製一切道經序》

《老子化胡經序》

《武后登極頌德文》

《太行皇帝謚狀》（後晉石敬塘謚）

《沙州乞藏經文》

《氾氏家譜及家傳》

《咸通四年癸未文書》

《十二娘子孫女祭祖母文》（維歲次丁亥五月庚子朔十五甲寅云云，背爲《羅什傳》及《龍興寺毗沙門天王靈驗記》，咸通十四年四月二十六日。）

《祭驢文》

《董姓兄弟售主業寫立文契》（天復九年閏八月）

《賣女文契》（淳化二年十一月十二日，韓姓賣與朱姓。）

《敦煌張家雇定工人字據》（龍德四年二月三日）

《尼靈惠唯書》（咸通六年十月二十日）

《應管内外都僧榜》（天成四年）

《戒牒》（天成三年）

又（天福五年）

又（雍熙二年沙州三界寺）

《新鄉衆百姓王漢子謝司徒施麥恩牒》

《翟、馬、王、張、曾衆姓共議賑濟凶喪章程》

《敦煌户籍》（建初十二年正月）

又

又（敦煌索恩禮。唐時。）

又（安遊瓌。唐時。）

又（安大忠。唐時。）

又（雍熙二年乙丑歲正月一日，百姓鄧永興户。）

又（至道元年乙未歲正月一日，人户高安三户。）

《軍籍》（書兵役人名及軍械數）

《麥糧賬》

《敦煌氈氈數目》

《各器皿并皮革單》

《院落地基丈尺》

《敦煌興龍寺僧尼名目》

《無名目録》

《歷代法寶記》一卷（亦名《師資血脉傳》，亦名《一切心傳》，亦名《最上□□》。）

《化度寺碑》殘本

二　法京所藏敦煌古籍

伯希和博士所得石室遺書，藏之巴黎博物館，整理亦未完。其已寫定者，一千五百餘種。歐洲戰役，博士鞅掌兵間，與戰事相終始。己未四月，予與博士邂逅於滬江寓樓。刼後重逢，相得益歡。暢談兩時許，户外大雨如注，如弗聞也。時博士將歸法京，再任大學教授，重整理敦煌古籍。深盼其早日集事先睹爲快也。亡兒曾手録博士所訂目録，依其編號爲次，不分部類，兹略類次四部如左：

《周易》卷三（顯慶五年寫）

又卷四（存末尾）

又（殘，背爲《删定書儀諸家略集》。）

又（背爲尺牘）

《易釋文》一卷（開元二十七年寫）

《古文尚書篇目》（背《列女傳》）

《古文尚書孔傳》（《周書·泰誓》）

又（《夏書》）

又（《盤庚上》、《説命》、《微子》，乾元二年寫。）

又（《禹貢》）

又（《禹貢》，背《淮南子》。）

又（《禹貢》）

《今文尚書孔傳》（自《多士》至《蔡仲之命》）

又（自《盤庚中》至《微子》）

又（《舜典》，背爲沙彌五德十教。）

《毛詩傳》（《鹿鳴》、《魚麗》。次序與今本稍異。）

《毛詩箋》（《柏舟》，背爲《因緣心論開訣記》。）

又（自《關雎》至陳風《宛邱》）

《毛詩》（自《草蟲》至《魚麗》）

又（《樛木》至《螽斯》）

又（《六月》、《吉日》。背爲殘曆。）

又（《大明》至《碩鼠》，題《齊鷄鳴詁訓傳》，大順二年寫。）

又（《南山之什詁訓傳》、《谷風之什詁訓傳》。）

又（《鴻雁之什》卷十六，背爲《大乘密嚴經》。）

《詩經釋音》（第十六至十八，「民」字缺末筆。）

《禮記鄭注》（自第十六之末至第十七之首）

又（卷三末尾有開元十年及十二年年號）

《月令節義》一卷

《春秋左氏傳注》（僖公，背爲天竺文書。）

又（自「晉有羊舌鮒者」起）

又（定公四年至六年）

又（昭公二十年至二十八年）

又（僖公五年至十五年）

又（昭公）

又（自「孟莊子斬其楢以爲公琴」起）

又（昭公二十九年至三十年，背爲《太公家教》。）

《春秋經傳集解》（僖公二十八年至三十三年）

《春秋穀梁傳》（哀公第十二之末，龍朔三年寫。）

《春秋穀梁傳范甯集解》（卷三、卷四。）

又（莊公十九年至閔公二年，背爲佛經。）

《春秋穀梁傳解釋第五》（僖公九年至十五年，龍朔二年寫。）

《論語鄭注》（《述而》至《鄉黨》，龍朔二年寫於敦煌。）

《論語集解》（卷六）

又（《爲政》章）

又（《子張》及《堯曰》之首）

又（《里仁》）

又（有序，乾符二年張喜進。）

又（《學而》）

又（《先進》，背爲大中六年文書。）

又（有序，背爲人名單。咸通十二年。）

又(《衛靈公》之末至《季氏》,背爲藏文。)

《論語》(《憲問》,有注。)

又(《爲政》章,大中七年。)

又(《學而》之末,乾符三年,靈圖寺上座索庭珍寫。)

又(《先進》、《顔淵》,有注。)

又(虎豹之鞹起,有注。)

又(卷四,有注。)

又(卷七,有注。有大中九年、咸通五年年號。)

又(卷二,有注。)

又(卷四,有注,背爲《蘭亭序》及藏文。)

又(卷五,有注,乾符四年寫。背爲詞。)

又(卷六,末有張嘉望名,背番文及卜書。)

又(卷六,大中七年寫。)

又(卷六,有注,丙午年寫。)

又(卷六,有注。)

又（「子曰三軍可奪帥也」起）

又（「子路宿於石門」起）

《孝經鄭注》（第三章至第九章）

又（第七章至第九章）

《孝經》（十八章，有乾符三年及咸通五年記。）

又（有注）

又（有注，有天寶元年尾題。）

又（首七章缺）

又（有注）

又（末章，尾有翟颾颾詩。）

又

《孝經疏》（背爲殘《道經》）

《廣韻》

《切韻》（三紙）

又（九紙）

《唐韻》（背清泰三年敦煌文書）
《字寶碎金》一卷（以四聲爲次，背爲《開蒙要訓》。）
殘《字書》（引《説文》、《春秋考》、《何氏姓苑》。）
又（前有仁壽元年序）
又（寫於敦煌）
又
《千字文》（全）
又
又（殘）
《俗物要名林》一卷
《史記·管蔡世家》（背爲佛經）
又《曹參傳》（背爲詠月詩）
《前漢書顔師古注》（背爲《大菩薩藏經》）
又（背爲《大乘百法明門論》）
孔衍《春秋後語》（《趙語》卷四、卷五，《韓語》第六，《魏語》第七，《楚語》第八。背有題曰沙州大雲律師物道英《春秋後語》十卷及《大乘經》隨鏡手記。）

又（《秦語》）

殘《史書》（記戰國時事）

又（記蕭衍事，大統三年寫。）

又（記中國與回鶻交涉事）

又（記西域事，背爲《如意輪陀羅尼咒》。）

又（記吐魯番及疏勒事）

又（記太師郭子儀事）

又（有尾題，無年號。）

又（背爲佛儀）

又

又

《周書記異》（附法藏傳）

《唐職官表又記國喪制》（背有漢字及藏文）

《新定吉凶書儀》（張□撰）

又（張敖撰，天復八年寫。）
《吉凶書儀》（大中十三年寫，背爲《蘭亭序》。）
《書儀》一卷
又（背爲廣順二年文書）
《律例》
《删定散頒刑部格》（蘇瓌撰）
《望姓氏族譜》（背記粟數）
《諸道山河地名要略》
《沙州都督府圖經》
又卷三
又（背有佛論）
殘《地誌》
又（兩面書）
又（記全國運河水道橋事，背有《陀羅尼》。）
又（記吐魯番道里）

《敦煌二十詠》

《五臺山詩》

《天地開闢以來帝王記》（背記洪潤卿買駱駝返西州事）

《張嵩傳》

《張延綬别傳》

《陰善雄碑》（字良勇，楊繼恩撰。）

《張議潭子張淮深墓碑》（首尾損失，背爲番漢字書及敦煌人贊。）

《敦煌索氏碑》（李義府撰，背《沙門法琳别傳》。）

《黄仕强傳》（背《普賢菩薩説此證明經》卷上）

《張淮深傳》（張景球書，背爲《大智論》卷五。）

《敦煌人陰善雄羅盈達閻海員張懷慶等銘贊》（背爲《占卜書》及《捕敦煌南山盗令》）

《記曹氏及安延達事》（背有寫經）

《記懸泉鎮遏使安進通事》（天成三年）

《記曹延禄事》（太平興國九年寫）

《記阿龍事》（開運二年）

《記吐蕃入寇沙州事》（背《卜筮書》）
《記敦煌和闐使節事》（天福二年，背佛經注。）
《記歸義軍事》
《瓜州刺史致沙州刺史張淮深文書》
《敦煌文書》（清泰二年，有河西都僧統印，背寫《唐韻》。）
《甘州使頭閻物成書》（無紀年）
《天福十年公文》
《天興七年公文》（記和闐使事）
《太平興國六年文書》（記回鶻人、達怛人及肅州人於肅州會議用兵西方事。）
《爲大中皇帝及張議潮祈福文》
《爲敦煌守祈福文》
《軍籍》（背張殼新集《吉凶書儀》）
《敦煌鄉户籍》（天寶三年）
《户籍》（殘，背佛經。）
《開蒙要訓》一卷

又（有天成四年尾題）

又（不全）

又（背爲《金光明最勝王經》）

又（張顏宗寫）

又

又

《百行章》（敦煌赫骨崙。又記北方大回鶻國。）

又（殘）

又（背記開運四年）

又（存尾題）

《太公家教》一卷（大中四年寫）

又（背有藏文）

《倫理書》

《箴言集》

《兔園策府》（杜嗣先撰）

《孔子問周公書》（背爲天復四年借券）

《孔子修問書》（首作「何謂天地」）

《南華真經》（第十五章刻意品，有注。）

《莊子注》《逍遥遊》篇）

又（起「魚不畏網而畏鵜胡」）

又（《山木》篇）

又（前十五篇，郭象注，有序，背爲佛經。）

《老子河上公注》（起「不窺牖見天下」）

《道德經》上半（末有索洞玄名）

又下篇（無注）

又序訣（太極左仙公葛洪撰）

又首篇

又首篇之末及第二篇

又第二篇

又（背爲佛經）

又（景龍三年寫，有尾題。）

又（全，天寶十年寫，有太極左仙公序。）

又（有序）

又

又（起「飄風不終朝」，有注，經文朱書，注墨書。）

《老子道德經義疏》（「民」字缺筆）

《玄言新記》明老部五章（顏仙撰）

《老子化胡經》

又（卷十）

《二十五等人圖》

《冥報記》

《閫外春秋》卷一（李荃撰，天寶二年。）

又卷四、卷五

《星占》（甘石巫，後有玄象詩。）

又（殘）

《占卜書》
又(背爲道經及文、王梵志詩。)
又(有繪畫,背爲借券。)
又
又
又
《卜筮書》(依七曜曆而撰者)
又
又(咸通三年壬午歲五月寫)
又(小册)
又
《占書》(天寶十四年報恩寺願德書)
《陰陽書》卷十三
《黄帝推五姓陰陽宅圖位》
《諸雜推五姓陰陽等宅圖經》(背爲卜筮文)
《陰陽冢墓入家深淺法　五姓日用四十五家書第二十七》

《風水法》

《算經》一卷

《唐同光四年具注曆》一卷(隨軍參謀翟奉進撰,凡星期日均注密字朱書。背爲《四分律羯磨》卷下。)

《雍熙三年丙戌歲具注曆》(全,安彦存撰。背爲《大般若經》。)

《淳化四年曆鈔》

又一巨册(中有《五兆要訣略》、《逆剌占》各一卷,天復四年沙州陰陽生吕弁筠寫。)

又(殘)

《周公孔子占注》(背爲《陀羅尼四天王發願了頭真言》)

《立像西秦五州占》第二十五章

《太史雜占曆》

《護宅神曆》

《相書》

又

《夢書》

《解夢經》

《周公解夢書》

《甲寅年曆》一卷(殘,首有番字數行,背爲《敦煌竇氏贊》、竇氏官大瑟瑟。)

《顯德六年己未歲具注曆》(翟奉達撰)

《七曜曆》一卷(記十二時之吉凶,七曜名曰: 密、莫空、雲漢、嘀日、嗢没斯、那溢、鷄緩了。)

《殘曆》(背《卜經》)

又

《祥瑞書》(有繪畫)

《白澤精洊圖》一卷(不全)

《醫書》

《藥方》(背有武后新字)

又(背有武后新字)

又(背記大蕃贊普事)

又(背有佛經)

《新集修急灸注》（背咸通十三年寫《醫書》及《曹議金》命）

《玄感脉經》一卷

《類林》卷八（末尾）

《籯金録》五卷（小室山處士李若立撰）

《籯金》卷二（三十一駕行、三十二刺史。）

殘《類書》（背佛經）

又（一歲名、月名、風雨，一釋地、十政、八陵、九府、五方、野。）

又（謙卑、推讓、家戒類，有光啓三年、中和六年字。）

又（答問體）

又（十八知人、十九薦賢、二十因顯、二十一託附。）

又

《雜鈔》（亦名《珠玉鈔》、《益智文》、《隨身寶》。所引書爲杜嗣先《兔園策府》、馬仁壽《開蒙要訓》、李暹注《千字文》。後有《新孝集經》十八，外二篇《開元皇帝讃》。）

《文選》（卷二，末有西藏文。）

又（潘岳二篇，石崇二篇，已殘。）

又李善注(揚子雲《解嘲》)
又(謝靈運、鮑明遠樂府。)
又(卷二十九,無注。)
又(背爲佛經)
又(背佛頌類,乾寧五年寫。)
又(殘)
又(殘)
《尺牘軌範》
又
又
又
《新集文詞九經鈔》(中和三年陰賢君寫)
又一卷(全)
《書牘草稿》
《公文軌範》(背《訪愚公谷中元正賦》、《三月三日賦》。)

《帝王論》

《李陵與蘇武書》（天成三年寫）

《王仲宣〈登樓賦〉　落花篇》

《陸機文》（背草書《法華玄贊》）

《幽州都督張仁亶九諫書》

《侯昌樂直諫表》

《越州諸暨縣香巖寺經藏記》（志閑撰，守清書。）

《貳師泉賦　秦將賦　酒賦》

《燕子賦　齖䶗新婦文　太公家教》（背爲《孝經》）

又《燕子賦》

又

《劉長卿酒賦》

《龍門賦》（河南縣尉盧立身撰）

《天地陰陽交歡大樂賦》（白行簡撰）燕子賦　韓朋賦》

《齖䶗新婦文　酒賦　崔氏夫人要女文》

《顯德五年表》（有瓜、沙等州觀察使新印。）

《季布罵陳詞文》一章（大漢三年）

《答問體通俗文》

《下女詞咒願新郎文》

韋莊《秦婦吟》（中和癸卯）

又（天復五年寫於敦煌）

楊蒲山《詠孝十八章》

盧相公《詠二十四氣詩》

《季布歌》

《王梵志詩一卷》（後有鄉貢進士王敖《茶酒論》，天寶三年閻海真寫。）

《公主降回鶻詩》

《詩文集》

三　德人高昌訪古記

西曆一千九百零四年（即光緒甲辰），德人馮勒柯克氏擬訪古高昌遺跡於吐魯番，德皇發内帑三萬二千馬克（約一萬六千圓）以資助焉。乃以其年九月十二日，發柏林赴俄京，與博物館員巴爾士斯氏同首途。巴氏固嘗共格靈衛帶爾教授同探險中亞者。二人由俄京往莫斯科，乘西比利亞火車東行，凡五日至奧姆斯克。改舟行，沿伊爾梯西河南下。月之二十九日，抵塞米帕拉丁斯克，由是至中國疆境。路程凡二十一驛，乃買車更進。十月九日至國境塔爾巴哈臺（一名塔城）之楚呼察克。十七日，偕一旅隊同往迪化（烏魯木齊）。十二月二日抵焉，寓俄領事館。此行至艱苦。十三日發迪化，十七日經達板城而至吐魯番。翌日午後，遂達目的之地即古高昌故都哈喇火州殘址之北壁下是也。（案：《明史·西域傳》：「永樂十一年秋，命陳誠、李暹等以璽書文綺往勞和卓，僧寺多於民居。東有荒城，即高昌國。」《續通考》：「明永樂十二年，吏部員外郎陳誠至其國，歸言風物蕭條，市里居民，僧堂過半，亦皆寒落，東有荒城故阯，古之高昌國。」）乃賃農人之屋以居，於其附近發掘遺址，搜尋湮迹，其地凡八：一、哈喇火州（即高昌城故址），二、吉罕坎爾（在木頭溝之東，勝金谷之北），三、勝金谷，四、木頭溝，五、吐峪溝（在高昌城東三十里），六、布拉里克（漢名蒲桃溝，在吐魯番東約二里），七、紀乞克阿沙寨里，八、雅爾（在吐魯番西十里，即唐之火州）。自十一月至翌年二月間，皆在高昌發掘，所得惟古寫本及壁畫少許而已。在吉罕坎爾所獲亦無多，乃裝函四十，於四月託駱駝隊帶至楚呼察克送歐洲焉。三月，於勝金谷廢寺中得其藏書之剩餘。（按：宋王延德《使高昌行程記》：佛寺五十餘區，皆唐朝所賜額。寺中有《大藏經》、《唐韻》、《玉篇》、《經音》等。又，秀水陶氏《辛卯侍行記》卷六：「勝金驛過橋上坡，南崖下有廢寺，又西有窑洞，內繪佛像，漢人作。

回人不信佛老，亂時摧毀無遺。」）四月，於木頭溝右岸崖下俗稱巴雜里克（意有繪圖及裝飾之地）諸寺中，得完美壁畫甚夥。五月，又裝箱六十（約重二百三十斤），馮勒柯克氏自分兩次送往迪化。六月第一次往迪化時，遣巴爾土斯氏至雅爾城。七月第二次往迪化時，又遣之至布拉里克附近之地，兩次均有所得。夏間，擬往蘇木哈喇灰（漢名頭堡，在哈密西六十里）。八月二日，乃首途東行如魯克沁（一稱魯克察克，在吐魯番東南一百三十里，即唐柳中縣治）。自魯克沁乘馬赴齊克塔木（在闢展城西四十里，即《唐書·地理志》之赤亭，王延德《高昌行程記》之澤田）。八月十三日，經倭屯窩子、齊老村、魯同三道岑、托和齊（一稱道呼齊，即漢之三堡驛，唐之納職縣）、阿斯塔納（漢名二堡，在哈密西八十里）而抵蘇木哈喇灰焉。距托和齊西南約十基羅邁當許，某谷中有市名拉布楚略（漢稱西堡，即明之剌木城），其附近有寺院甚多。十八日，得格靈衛帶爾博士來電，約晤於喀什噶爾（古疏勒），議訪古事。乃於二十一日發蘇木哈喇灰，三十日抵哈喇火州。九月十一日更西南行，經托克遜（一譯托克三，在吐魯番西一百二十里，即隋時高昌四十六鎮中之篤進鎮）、蘇巴什（在托克遜西七十里）、阿哈爾布拉克（在蘇巴什西南八十里）、庫木什喀喇和色爾臺烏沙克塔（在哈喇沙爾城東二百十五里）、特伯勒古（哈喇沙爾東八十里）等驛，十七日抵哈喇沙爾城。十八日至庫勒爾城。又經車爾楚（哈喇沙爾西南三百五十里）等處。二十七日抵庫車。三十日發庫車，十月十六日乃達喀什噶爾。臘月始晤格教授，議赴庫車發掘。大晦日首途，翌年正月八日至圖木舒克。本意自是取道烏什赴阿克蘇，會以此途不良於車行，遂作罷。途中於庫木土喇及和色爾臺附近古寺院中，得壁畫及古寫本不少。由庫車至庫爾勒城途中，於車爾楚古寺獲梵語、覩貨邏語、東伊蘭語寫本甚多，乃束裝歸。計在庫木土喇和色爾臺、車爾楚等地所得者，共八十函。八月上旬返至喀什噶爾，由是經葉爾羌至喀什米爾。臘月初，抵孟買，附輪至伊大利之惹諾哇。一千九百零七年（即光緒丁未）正月，安着柏林焉。西曆一千九百十三年（即宣統癸丑），擇壁畫及其他所得物之尤者，著書公於世，書名《火州》。凡一巨册，首有旅行記及所發掘諸寺之略説。

四　司氏流沙訪古記

西曆一千九百年（光緒庚子），英人斯坦因博士得印度總督之資助，欲赴和闐考查古迹。以五月發加爾加達，經帕米爾高原及沙里溝（唐之竭盤陀）等地，七月二十九日抵喀什噶爾（古疏勒）。九月四日發喀什噶爾東南行，十七日至葉爾羌。二十八日南下赴喀爾喀里克（古之子合斫句迦朱駒波地，今名葉城）更東進，十月十日乃抵和闐。往探其西南方之玉隴哈什山、哈拉哈什山、瞿室加山、牛角山（見《西域記》），在要特罕附近得古城址，於其中獲古佛像及明器。繼乃沿玉隴哈什河北上，東行至蕩當烏依里克，掘廢寺得壁畫、木簡、梵經等不少，中有大曆十六年借券，於其北又發見一大伽藍，名羅哇克寺，壁刻巨佛像。次年正月六日，横亘沙漠東行赴克里雅。十八日緣克里雅河南下，更東進至尼雅（西域之尼壤）。於此掘故墟，得簡牘及佉盧虱底書、梵經等甚夥。自是東北行，越雅爾通古兹河而至安代爾，於古砦中得梵書及西藏字佛經等。二月二十六日發安代爾，返尼雅赴克里雅河上流之哈拉屯，訪《西域記》所載媲摩城遺迹。四月返和闐。五月二十九日發喀什噶爾，七月二日安抵英倫焉。一千九百零六年（光緒丙午），上第二次訪古之途。其年四月，發喀什米爾赴喀什噶爾。六月二十三日至葉爾羌，東南行經葉城至和闐。在和闐之南山中發掘後更東進，於多瑪庫附近喀達里克等地獲古物甚多。由是東行經克里雅至尼雅，於尼雅河北廢墟中得漢木簡。更東北行至米蘭，於一唐中葉殘堡中獲西藏文書牘等。於是東北進，經阿布達拉越羅布卓爾（古之蒲昌海、鹽澤、𡿝澤），沿途亦事發掘。至米蘭得犍陀羅宗法壁畫於圮寺中。畫，三國時作也。復經阿布達拉東北行，以翌年三月十二日抵敦煌焉。於米蘭、敦煌間發現古長城廢址，蓋古代長城本至於此。於疏勒河之南岸，適爲一關門屏障。沿途廢砦，皆爲曩日屯軍之所。於其間得漢木簡千餘片及軍械器什等甚多。敦煌城東南十五里有千佛洞，中藏漢文及梵書、粟特、土耳其、回紇、西藏語文牘等無數，又有刺繡畫幡百面。於此，從洞中道士購得書牘等二十四箱、圖繪雜物等五箱。十月初發安西，西北行至吐魯番，訪俄德人探古舊跡。十二月朔至喀喇沙爾城，城西南十五里有佛寺，俗稱明屋，於是得佛頭木簡等。乃西行至庫車，更南下入塔克剌麻干大沙漠。一千九百零八年二月，至哈拉屯從事發掘，得梵文經典及壁畫木簡等甚多，在玉隴哈什及哈拉哈什兩河間沙磧中亦發見古寺。四月初返和闐，北入大沙漠，至和闐河西岸瑪咱爾塔克山間，獲漢藏文書牘等於廢墟中。更進赴阿克蘇，轉西南下，經葉爾羌復返和闐。由是越南山，十二月十二日至印度之北境。明年正月杪歸倫敦。此行得於敦煌千佛洞者，計漢、梵、藏、和闐、粟特、回紇、土耳其等書牘六千五百件，佛畫之繪於蘇紙上者及印畫五百件，刺繡雜件一百五十件。其他所得，計漢、梵、藏、和闐、庫車等文書牘及木簡四千五百件，完整壁畫五十方，壁畫殘塊約五百方，錢幣、衣服、陶製明器、雕刻及木鐵什器等約八千件焉。其後司氏又三出流沙至蒲昌海，聞所獲亦不少。

五　橘氏流沙訪古記

宣統元年八月，日本西本願寺僧橘瑞超師奉其法主大谷光瑞伯之命，往西域訪古。發俄京，乘火車東上至粵姆斯克，由是趁輪至塞米帕拉丁斯克，陸行至中俄交界處之塔爾巴哈臺。由是往迪化，更東南進，越天山山脉至吐魯番，時十一月上旬也。購食糧、冰塊、駱駝等，發吐魯番東南行，至魯克沁南下入羅布沙漠，發現一古城址，蓋漢樓蘭故地也。址西尚有廢村，發掘數日，有所得。更進越阿勒騰塔格山（漢之南山），其北麓下有古墟，乃轉西行，經察哈雷克至車爾成（古之沮末）析摩駝那。由是自南徂北，橫斷塔克剌麻干大沙漠，渡塔里木河經輪臺至庫車。先是抵吐魯番時，命從僕霍布士賚輜重遵大路赴庫車，不意死於途。至是始知，乃急赴喀什噶爾爲之營葬，時辛亥三月也。自此東南行，經葉爾羌至和闐途中，於古斫句迦國故地之廢寺巖窟中，得古物不少。在和闐者兩閱月訪斯坦因博士所發遺址，拾其剩餘而至克尼雅。欲涉西藏高原以至甘肅，然氣候沍寒，峰巒峭險，不可度越。乃改東行至尼雅，更東北行經車爾成巴什里察哈雷克而至敦煌。訪千佛洞遺物，亦有所得。居十日東進至安西時，以中國革命變作，不便行旅，乃復反行至吐魯番，經迪化至中俄疆界，趁西比利亞火車東歸，壬子秋安返日本。

六　法人嗚沙訪古記

西曆一千九百零六年（光緒三十二年丙午）六月十五日，法人伯希和氏發巴黎赴中國西陲訪古，同行者有瓦陽氏及羅愛特氏。由西比利亞鐵道至喀什噶爾，滯在月餘。於圖木舒克城外沙磧中發現佛寺遺址，得犍陀羅式佛像及雕刻、瓷器、木器、貨幣等。翌年正月至庫車，於城西廢寺庭中砂礫下，掘得東伊蘭語文書及錢幣、印璽。居凡數月，冬間赴迪化。十二月杪赴敦煌千佛洞，從道士購得洞中所藏漢、梵、藏、回文書類三之一。一千九百零八年五月發敦煌，十月至北京。次年孟冬二十四日，返抵法京。

七　俄人黑水訪古所得記

西曆一千九百零八年（即光緒戊申），俄大佐柯智洛夫於蒙古南部喀喇科多某廢塔中，得我國古本及西夏字書類頗夥，現均藏俄都大學之人種博物館。喀喇科多者即西夏時之黑水，元之亦集乃故地也。古槧書中有：

一、《易經》

二、《莊子郭象注》殘本（刊本，每葉十三行，行二十六字。）

三、《呂觀文進莊子外篇義》（刊本，每葉十行，行二十八字，繕刻絶精。案：呂觀文即呂惠卿。陳氏《直齋書録解題》記元豐七年呂惠卿進《莊子内篇注》事。）

四、《韻書》殘本

五、《本草》殘本

六、《千金方》卷十三、十四兩卷（刊本，每葉十四行。）

七、《劉智遠傳》（殘）

八、《卜筮書》

九、《金祈禱文》（寫本，首作「當今皇帝，聖壽無窮」，次書五道將軍名。末署「南贍部州修羅管界大金國陝西路今月日告狀」。）

十、《祈禱文》（卷子寫本，尾題「皇建元年十二月十二日門資宗沙門本密明依□□門□授中集畢，皇建二年六月二十五日重依觀行對勘定畢」。）

十一、《法華經》（小本，刊。）

十二、《大方廣佛普賢行願經》（般若譯刊）

十三、《大方廣佛華嚴經普賢行願品》（刊本，尾題「大夏乾祐二十年，歲次己酉三月十五日正宮皇后羅氏謹施」。）

十四、《高王觀世音經》（小本刊）

十五、《佛説轉女身經》（刊本）

十六、又（刊本。尾題「天慶二年乙卯九月二十日皇太后羅氏發願謹施」。）

十七、《佛説報父母恩重經》（刊本。案：是經本安世高譯，此本則爲其後人僞作。宋時高麗有石刻，見《平津館讀碑記》。）

十八、《金剛般若波羅密經》（刊本，尾題「大夏乾祐二十年，歲次己酉三月十五日正宮皇后羅氏謹施」，有温家寺道院印記。）

十九、《佛説無常經》（刊本，唐義浄譯，一稱《三啟經》。）

二十、《金剛般若經鈔》五卷（精刊卷子本，尾題「時大中祥符九年四月八日彫畢，朝散大夫尚書駕部員外郎知丹州軍事兼管内勸農輕車都尉借紫梁夙施」。卷一每紙二十八行，行二十一字。）

二十一、《四分律行事集要顯用記》（寫本，前署「蘭州通圓國師沙門智冥集，奉天顯道耀武宣文神謀睿知利義去邪惇睦懿恭皇帝詳定」。案：是爲西夏仁宗李仁孝時寫。）

二十二、《通理大師立志銘》

二十三、《太上洞主靈寶天尊説救苦經》（刊本，殘。）

二十四、殘卷。（上部切去，一面爲西夏書，一面爲漢文，記甘肅屯軍事。）

二十五、殘紙二。一記白水縣，一記蒲城縣（按：白水、蒲城均屬陜西同州。）

二十六、《至正十一年七月二十八日陳才卿致陳德昭書》

二十七、《番漢合時掌中珠》（乾祐二十一年刊，漢語及夏國語對譯，字書也，共三十八葉。西夏國書傍皆注漢字音，漢語傍亦注西夏字音，每字均兩對譯語及兩國音字，四言駢列。西夏人骨勒茂才撰，首有序，用以教國人漢語漢字者。）

二十八、《西夏字書》（依《廣韻》排次者。按：西夏刊印漢文書中多爲佛經，佛經多李仁孝末年及其後羅氏所刊。柯大佐所得又有畫像不少，像之下方多有銘贊，均以西夏國書書之。中有緑珠、昭君、趙飛燕、班姬像，題曰「隨朝窈窕呈傾國之芳容，午陽姬家雕印」。）

八　西陲佛畫

斯坦因氏於我國西陲所得古物伽藍壁畫及佛繪之施於縑帛或紙上者，約一千五百餘種，兹記其尤佳者如次：

《悉達太子出宫圖》（絹幡，有伎樂歌舞象。）

《悉達太子擲白象圖》（絹底）

《悉達輿車匿潛出宫門像》（絹底）

《宫女夢見悉達出奔象》（絹底）

《車匿輿犍陟别悉達像》（絹底）

《悉達懷胎及誕生像》（絹底）

《佛本生像》（絹底）

《佛在車中像》（絹底）

《衆佛像》（絹幅甚廣）

《觀音坐蓮臺像》（絹底，毘沙門及毘樓博乂坐其上。）

《觀音持瓶及數珠像》（絹底，左右側有天女像，唐昭宗天順二年作。）

《觀音執柳枝像》（絹底）

《觀音持盂像》（絹底）

《觀音與施主像》

《楊柳觀音像》（絹底，[一]手持楊柳，一手持花枝，二供養者侍立。）

又（絹底）

《供養觀音像》（紙底）

《祈禱觀音像》（絹底）

《千眼千手觀音像》（絹底）

《阿彌陀觀世音大勢至三尊像》（絹底）

《地藏菩薩坐蓮臺及信者像》（絹底）

《地藏菩薩及十殿閻羅像》（絹底）

《地藏菩薩持仁玉像》（絹底）

《毘沙門天被甲乘馬諸神扈從像》（絹底）

《毘沙門天率衆神乘火雲渡海像》（絹底）

《密跡金剛菩薩像》（絹底）

《密跡金剛坐金蓮花及紅蓮花像》（絹底）

《密跡金剛持寶杵像》（絹底）

《毘樓博义持劍足踏魔身像》（絹底）

《阿彌陀天官像》（絹底，池中有亭有蓮花，佛中坐，觀音及大勢至左右侍，佛頂現五彩圓光，四神在其四傍，一乾闥婆舞於佛前。）

《菩薩提棰持香罏乘火雲像》

《天女乘雲像》（上有二鳳）
《菩薩執旛像》
《兩面觀音像》
《四臂觀音像》（普賢騎象，文殊跨獅於其下之兩傍，唐咸通五年作。）
又（一手持日象，一手秉月象。）
《六臂觀音像》（蔴底）
《十一臂觀音像》
《普賢騎白象像》（黑衣侍者引象）
《文殊騎獅像》（黑衣侍者引獅）
《文殊精進像》
《普賢精進像》
《釋迦及二弟子像》（繡畫）
《釋迦説法圖》（壁畫）
《釋迦及弟子圖》（壁畫）
《鬼子母及鬼子圖》（壁畫）

九　陳才卿書

光緒戊申，俄柯智洛夫大佐在黑水所得《陳才卿致陳德昭書》，文如下：

《陳才卿記事》：

陳德昭洎大小眷等，自别以來，十載有七。中間興廢多端，何敢聲揚其事。予今以舀，進退無路，蓋因自作自受。昨前王山驢處帶來紅花果麵等物，已行接收。曩者爲是山敵帥參政，大舅周社兄同馬乘驛馬前來，慮恐事發，以此不敢於本人處帶回信禮物，緣故是這的也者。今令王後禮順帶襪子一對，不棄笑留，以表面會之心，此及。

相見順時

善保不宣。

至正十一年七月初四日記事。

奉寄

流沙陳德昭開拆。　岑北家居陳才卿等。

十　西夏施經發願文

柯大佐所得古寫本中尚有《施經發願文》，可藉窺西夏崇尚象教之一端，其文如次：

朕聞蓮花秘藏，總萬法以指迷。金口遺言，示三乘而化衆。世傳大教誠益斯民。今觀彌勒菩薩上生經者，義統玄機，道存至理。乃啟優波離之發問。以彰阿逸多之前因。具闡上生之善緣，廣説兜率之勝境。十方天衆，願生此中。若習十善而持八齋，及守五戒而修六事。命終如壯士伸臂，隨願力往昇彼天。寶蓮中生彌勒來接，未舉頭傾即聞法音。令發無上，不退堅固之心，得超九十億刼生死之罪。聞名號則不墜黑暗邊地之聚，若歸依則必預成道授記之中。佛言未來，修此衆生，以得彌勒攝處。感佛奥理，鏤板斯經。謹於乾祐己酉二十年九月五日，恭請宗律國師、浄戒國師、大乘玄密國師、禪法師僧衆等，就大度民寺作求生兜率内宫彌勒廣大法會，燒結壇作廣大供養，奉廣大施食，并念佛誦咒，讀西番番漢藏經及大乘經典，説法作大乘懺悔，散施番漢。觀《彌勒菩薩上生兜率天經》一十萬卷、《漢金剛普賢行願經》、《觀音經》等各五萬卷，暨飯僧、放生、濟貧、釋囚諸般法事，凡十晝夜，所成功德，伏願一祖四宗，證内宫之寶位，崇考皇妣，登兜率之蓮臺，歷數無疆，宗闈有慶。不穀享黄髮之壽，四海視昇平之年。福同三輪之體，同理契一真而言絶，謹願

奉天顯道耀武宣文神謀睿智制義去邪惇睦懿恭皇帝謹施。

案：其前尚有字四行曰，或念彌勒名號曰南無大慈大悲大聖彌勒尊佛，或念三歸依曰南無依一切佛、南無歸依一切法、南無歸依一切僧。

十一　西夏字佛經

西夏嘗以其國書移譯釋典甚多，而今日幾竟湮佚不傳。庚子之亂，法人毛理斯氏得西夏寫經三

册於北京，皆紺紙金書，青絹面，上被薄函。函内紉黄絹，外紉藍絹，上描金花葉。經文每葉六行，行十九字，繕寫絶精，其首册有漢字題簽，西夏譯《添品妙法蓮華經》，蓋即轉譯隋闍那崛多等所增譯本也。當時駐高麗法使署譯官貝爾多氏亦得是經二册。光緒戊申，法人伯希和氏於敦煌莫高窟獲夏國刻經三册，後有尾題曰「僧録廣福大師管主大八施大藏經於沙州文殊舍利塔寺，永遠流通供養」云云。宣統紀元，俄柯智洛夫大佐以在張掖所得西夏寫刻經數巨篋載歸俄京，藏其大學附屬人種博物館中。未幾，日本西本願寺僧橘瑞超師亦得西夏行書殘寫經四紙於我西陲焉。居庸關六體刻經西夏文乃宋施護譯《佛頂放無垢光明入普門觀察一切如來心陁羅尼經》也。史傳載治平四年冬十一月壬辰，夏國遣使進回鶻僧、金佛、梵覺經於遼。紹聖二年冬十一月甲辰，夏國進《貝多葉佛經》於遼。

十二　西夏乞經

史傳所載西夏乞贖《大藏經》凡四次：景祐二年十二月癸酉，趙元昊獻馬五十匹，求《佛經》一藏，賜之。嘉祐三年，賜夏國主贖《大藏經》，詔曰：「詔夏國主所省奏，伏爲新建精蘭載請贖《大藏經》經帙簽牌等，其常例馬七十匹充印造工值。俟來年冬賀嘉祐四年正旦，使副附進，至時乞給賜藏經事。具悉，封奏聿來，秘文爲請，惟覺雄之演説，惟善刊於無窮，嘉乃純誠，果於篤信，所宜開允，當體眷懷。所載請贖《大藏經》并經帙簽牌等，已令印造。候嘉祐七年正旦進奉人到闕，至特給付，故茲詔示，想宜知悉。春寒比平安好否？書指不多及。」七年賜夏國主乞贖《大藏經》詔曰：「詔夏國主，省所奏請贖佛經《大藏》簽牌、經帖等，欲乞特降睿旨，印造靈文，以俟至時，幸郵給賜。所有舊例，紙墨工直，馬七十四，續具進止以聞事，具悉。大方流教，善利無方，信士篤緣，羣迷釋趣。喜觀心於法境，願繹理於秘文。載省控陳，所宜開允。其請贖經文，已指揮印經院印造。候嘉祐十一年正旦進奉人到闕給付。」熙寧五年春，賜夏國主乞贖《大藏經》詔曰：「詔夏國主，省表乞所贖佛典《大藏》并簽帙複帕前後新舊翻譯經文，惟覬宸慈，特降旨命，令有司點勘無至脱漏卷目。所有印造裝成墨工值，并依例進馬七十四，聊充資費，早賜近年宜給事，具悉。維事佛乘，着爲象數，載覽需章之奏，懇求具譯之編。已降允俞，特行賜予。眷言信向，良用嘆嘉。所請贖經文，已指揮印經所，所有經本，并如法印造。給令保安指揮，移牒宿州，差人於界首交割，至可領也。所有馬七十四，更不用進來，故茲詔示，想示知悉。春寒比平安好？遺書指不多及。」

十三　西夏求中國書

景祐三年，元昊自製一番書，命野利仁榮演繹之，成十二卷。譯《孝經》、《爾雅》、《四言雜字》爲番語，令國中紀事悉用番書。翌年，命野利仁榮主番學。嘉祐七年夏四月，諒祚上表求太宗御製詩草隸書石本，欲建寶書閣藏之，且進馬五十四求九經、《唐史》、《册府元龜》及本朝正旦朝賀儀。詔賜九經，還其馬。八年夏四月丙戌，以國子監所印九經及《正義》、《孟子》、《醫書》賜夏國，從所乞也。虞集《西夏相斡公畫像贊》：「公姓斡氏，其先靈武人，從夏國主遷興州，世掌夏國史。公諱道沖，字宗聖，八歲以《尚書》中童子舉，長通五經，爲番漢教授，譯《論語注》，别作《解義》二十卷，曰《論語小義》。又作《周易卜筮斷》，以其國字書之，行於國中。官至其國之中書宰相，嘗尊孔子爲『至聖文宣帝』，是以其國郡縣之學，畫公像列諸從祀。」

十四　日本藏中國古寫經

京都知恩院藏西魏大統十六年寫《菩薩處胎經》卷二之首、卷三卷四之末，黄蔴紙，高六寸二分，廣七寸九分五厘，舊爲卷軸，今改摺本，有尾題五行曰：「大統十六年，歲次鶉火，律在夾鐘，八日丙寅，佛弟子陶仵虎三十人等，資光備懿，體耀乘門，敬崇玄範，淵敷靈教於陶蘭寺。契遵沖業，厥大魏國内一切乘藏，搜訪盡録。至二年功訖。洪基創跱，福映三千，鏡闢惛沉，遐圖萬葉。願法界四生，無復亢塵，依尋彌障，俱融覺道。」石黑男爵藏北齊天統三年寫《十地論》殘卷，黄蔴紙，高六寸七分，廣八寸六分，有尾題二行，曰：「天統三年七月十五日，趙義敬造《一切經》供養，願法界衆生速斷生死苦，證大涅槃樂。」正倉院藏隋大業六年寫《賢刼經》卷一一卷，首尾俱全，黄蔴紙，高六寸六分五厘，廣八寸五分，有尾題四行，曰：「大業六年二月八日，扶風郡雍三泉鄉民張治、僧及息、稜伽、恒伽、毗伽、文備、文貴等奉爲至尊皇后、展下、諸王及法界蒼生，敬造《一切經》於涼郡長安縣羅漢場内寫，沙門僧□校。」田中光顯伯爵藏《佛本行集經》卷三十三、三十四兩卷，皆有尾題，黄蔴紙，高六寸四分，廣八寸八分，卷三十三尾題凡十六行，曰：「經主清河長公主楊，夫李長雅眷屬等，謹尋至極真如，充滿法界，絶萬像復遣百非，而變用則隱顯不窮，羣有乃藉之成立。仰惟無上慈尊，悟斯稱正覺，哀愍庶類，迷此墜邪塗。故盛興言説，方便導引大乘小乘之教，爲苦海舟航，半宇滿宇之談，作暗室燈燭，沙門曇觀敬造《一切尊經》一部。運此善根，奉資文皇帝，獻皇后，汎禪艘，遊法海，盡有愍，證無上。今上長居一大，清晏八表。清河公主永延福壽，長扇母儀、張上宫贊揚陰教，助輝女範，七世父母萬含識，并乘法駕，俱會佛道云。」第三十四卷尾題十五行，首二行作「經主清河長公主楊，女無醜兒，夫上開府河陽公李長雅，息義恭、息義弘眷屬等」，以下同前。案：《隋書·李衍傳》：「衍長子長雅，尚高祖女襄國公主，襲父倫爵爲河陽郡公。」《高祖本紀》：「開皇四年九月甲子，幸襄國公主第。」又《藏説一切有部發智大毗婆沙論》卷第一百七十八一卷，黄蔴紙，高六寸四分五厘，廣八寸六分五厘，有尾題六行，曰：「永徽六年九月二十日於長安大慈恩寺翻經院，三藏法師玄奘奉詔譯。洛州天宫寺沙門玄則筆受，大唐中大夫内侍護軍佛弟子，觀自在，從無始時來，逢緣起過，造罪恒沙，迷没愛河，縈纏苦海，敬寫西域新翻經論，以通未聞之所。願四生六道，等出塵勞，法界有窮，斯願無泯。」大和法隆寺舊藏唐人寫小楷《法華經》七卷，全。現存東京博物館。白蔴紙，有尾題如下：「長壽三年六月一日鈔訖，寫經，雍州長安縣人李元惠於揚州敬告。」此經外尚有當時製香木經匣。

十五　敦煌録

光緒末季，英人斯坦因博士於我西陲所得古書中有曰《敦煌録》者，首缺凡七葉，每葉五至六行不等，字不佳，且多訛誤，其文如下：

效谷城本是漁澤，漢孝帝時崔不意教人力田得谷，因名，後爲縣。貳師泉去沙城東三程。漢時李廣利軍行渴乏，祝山神以劍劄山，因之水下流向西數十里黄草泊。後有將軍渴甚，飲水泉側而終，水遂不流，祇及平地。後來若人多則水多，若人少則水少，若羣衆大噉水則猛下，至今如然。其貳師廟當是廟宇，在路旁久廢，但有積石、馳（當是駝字）馬、行人祈福之所次，東入瓜州界。州南有莫高窟，去州二十五里，中過石磧帶山坡，至彼斗下，谷中其東即三危山，西即鳴沙山。中有自南流水，名之宕泉。古寺僧舍絶多，亦有洪鐘。其谷南北兩頭有天王堂及神祠，壁畫吐番贊普部徒。其山西壁南北二里，普是鐫鑿高大沙窟。塑畫佛像，每窟動計費税百萬。前設樓閣數層，有大像堂屏。其像長八百六十尺，其小龕無數，悉有虚檻通連巡禮巡覽之景次。南山有觀（音）菩薩曾現之處，郡人每詣彼，必徒紆來往，其恭敬如是。鳴砂山去州十里，其山東西八十里，南北四十里，高處五百尺，悉能沂聚，起山神異，峰如削成。其間有井，沙不能蔽，盛夏自鳴，人馬踐之，聲振數十里。風俗：端午日城中士女皆躋高峰，一齊甕下，其沙聲如雷。至晚看之，峭崿如舊，古（故）號鳴沙而祠焉。近南有甘泉，自沙山南，其上源出於大雪山，於西南壽昌縣入敦煌，以沃潤之切，俗號甘泉。鞍山在沙山西南，經夏常有雪。山中有神祠甚靈，人不敢近。每歲土主望祀，獻駿金驅入山中，稍近立致雷電風雹之患。州西南有李先主廟，即西涼昭王先世之廟。乾封中廟側得端石，其色翠碧，有赤文古字云：「卜世三十，卜年七百。」今人呼爲李廟。州西有陽關，即故玉門關，因沙州刺史陽明詔追拒命，奔出此關，後人呼爲陽關。按善城險阻，乏水草，不通人行。其關後移州東。城西八十五里有玉女泉，人傳頗有靈，每歲此郡率童男童女享祭湫神，年則順成，不無損苗。父母雖苦坐離兒女，爲神所録，歡然携手而没。神龍中刺史張孝嵩下車，郡人告之，太守怒曰：「豈有以源妖怪，害我生靈。」遂設壇備牲泉側曰：「願見本身，欲親享神。」乃化爲一龍從水而出，太守應弦中喉，拔劍斬首，親詣闕進上。玄宗嘉稱再三，遂賜龍舌，勑號龍舌張氏，編在簡書。郡城西北一里有寺，古木蔭森，中有小堡，上設廊屋，具體而微。先有沙倅張球，已邁從心，厲止於此。雖非博學，亦甚苦心。蓋經亂年多，習業人少。遂集後進，以闡大猷。天不憖遺，民受其賜。石膏山在州北二百五十六里。烏山、蜂山，石間出其膏。開皇九年，烏山變白，中驗不虛，遣皇甫德琮等七人祭醮，自後望如雪峰。河倉城，州西北二百三十里，古時軍儲在彼，長城在州北，其城六十三里正西入磧，前漢所置。北入伊州界。敦煌録一卷。

繼祖按：此録譌字多，亦難斷句，無可校正，姑仍之。

金文跋尾之餘(二十九則)

盂鼎跋

我𦖞殷「述令」。吴釋𦖞爲截，釋述爲遂(即墜)，亦未安。考殳季良父壺内「婚」字作𦖞，从𦖞从女，此作𦖞與𦖞同，即「昏」字也。《書·盤庚》鄭注：「昏，讀曰暋。」暋，勉也。「昏殷述令(即命)」，言勉殷之民循天之命也。述本訓循，無庸强釋爲墜。

文内「服」字作𦨶，象人趨而登舟，迫而執之之形。古代人民開化始於西北，而南不踰河，故以河爲至遠之界。此字从人从舟从又，蓋象人逃遁至遠境仍追執之，以示臣服之意。《説文》「服」注，「用也，从舟𠬝聲」。「𠬝」注，「治也，从又卩」。案，服用乃後起之誼，服之本誼爲服從，服、𠬝一字，後人誤析爲二也。

「有□𩱦祀」之𩱦，吴釋蒸，是也。玉謂此即《説文》豆部之𧯛，而訛[古文]爲[古文]，又移豆下之艸於豆上也。《説文》𧯛訓豆屬，謂是俎豆之屬。尹卣「王𤽙西宫登」又作登，省艸。𩱦爲器名，假爲蒸祀之蒸。段氏注「𧯥」字謂即《本草經》之「大豆黄卷」，蓋誤以俎豆之豆爲豆菽之豆也。

《説文》「勹」注，「裹也。象人曲形，有所包裹」。案：今篆作勹，於人曲形殊不似，此鼎𠣾字作𠤎，从𠣬，正肖人曲形，凡古金文从勹之字皆从𠣬，知今本《説文》被寫失者不少也。

《説文》□注，「象臂脛之形。」案：作□於臂脛形未能曲肖。此鼎「人」字作□，象鞠躬揚臂之狀。揚者爲臂（揚臂乃可見），立者爲脛，一而不兩者，側視狀也。今篆作□，亦傳寫失之。

毛公鼎跋

《説文》豕，「竭其尾，故謂之豕，象毛足而後有尾，□，古文。」玉案，此鼎内「家」字从□，正象豕昂首竭尾之狀（象兩耳，豕耳大而下垂，特異於他獸，故著其形）。古文之□殆由□傳寫之訛，不如□之得其真相也。

曶鼎跋

《説文》到，「至也，从至刀聲」。今此鼎「到」字作□从人，人至爲到，乃會意字。自篆形傳寫訛失，會意字誤以爲形聲者，比比皆是，此研究六書者所宜知也。

「卜」字《説文》作□，此鼎作□，古龜卜文凡「卜」字皆作□，與此鼎同。

《説文》寇，「暴也，从攴完」。案：从「攴完」不得寇誼。此鼎「寇」字作□，从□从攴从□，□象寇形，□入□内攴以驅之也，誼頗顯明。

克鼎跋

此鼎藏吴中潘氏，最晚出，諸家未著録，兹將鼎中之字考釋如下。

第一行□即「悤」字。《説文》訓「悤」爲「多遽悤悤」，殆非本誼。《呂覽・下賢》：「悤悤乎其心之堅固也。」注，悤悤，「明也」（《呂覽》作「忩」，乃「悤」之俗作）。悤訓明，觀鼎文□□乃心可證。此悤之本誼，悤遽爲後起之誼也。宗周鼎之「鍯鍯」，毛公鼎之「蔥」並書作□，知古字通用，後人乃因事而加偏旁以別之耳。

第二行□，《説文》作「淑」，注「清湛也」。《詩・關雎》《燕燕》箋，並云「善也」，即此盘字。《説文》皿部有□字，注器也。考古器無名盄者，殆即□字傳寫之誤。卯敦亦有「盘」字。

第二行□从□，象手持斤。《説文》折或从手，此从□亦手也。

第三行□，《説文》：「餔旋促也。」段氏曰「疑有誤字」。《廣雅・釋言》訓促，《集韻》、《手鑑》訓飾，恐均非古誼。觀鼎文「諫辥王家」，似諫有納正言之意，盂鼎亦有「□諫罰訟」語，此字蓋古人所習用者。

第四行□，《説文》：「辠也，从辛旹聲。」又旹《説文》：「高危也，从𠂤屮聲。」案：古金文辥字皆从□，非从屮，觀此鼎及宗婦壺可證。又「辥」殆即古「辟」字，《書・金縢》釋文「辟，沼也」。《説文》⿱辟乂引《虞書》「有能俾⿱辟乂」，許氏訓⿱辟乂亦爲沼，今《堯典》「⿱辟乂」作「乂」。又《書・康誥》「用保乂民」是乂，⿱辟乂一字。此鼎「諫辥王家」、第十一行「保辥周邦」，與宗婦壺之「保辥鄁國」、晉公盦之「保辥王國」，均即《書》之「保乂」，疑《書・金縢》訓沼之辟或即「辥」字傳寫之誤歟？

第六行「錫□無疆之□」，殆即「賚」字。《説文》「賚，賜也」，《大雅》「釐爾圭瓚」。傳，釐，賜也。段氏曰「古假釐爲賚」。考薛氏《鐘鼎款識》敔敦亦有「尹氏受𧸘」語，字作𧸘，與此正同。知「賚」字古作「𧸘」，从貝从𠩺，作「賚」後起字也。又考《説文》，釐注家福也，从里𠩺聲。𠩺字注从未聲，段注本删聲字。案：𠩺非从未，乃从𥝌，𥝌古邪字，𠩺从邪聲。作未者，形近致誤也。證之師和父敦之𢿱，師酉敦之𢿱，叔向敦之𢿱，並从邪。惟録伯戎（此處原缺一字）作𢿱，从木，乃邪之省變，仍非从未也。

第十七行「錫女𥝌市」之𥝌即「黼」字，省甫爲丨，省甫爲父。

第十七、八行「葬𢆶」，殆即「葬蔥」。葬、皂色，𢆶、青色也。

大蒐鼎跋

「有司眔師氏小子饗射」。劉幼丹廉訪謂眔从横目从水，與𧰼暨同義。舊釋作衆，穴簋「𧰼牧」，阮亦釋爲衆。考遲父鐘「侯父眔」，齊友敦「友眔」，乃子子孫孫永寶。若釋爲衆，乃不成語。釋爲泊則皆文順字順，知「眔」字絶非衆也。云云。玉案，眔字非衆之説是也，然亦非泊，即《説文》之「眔」。許君注，「目相反也」，讀若與隸同。段君注隸，「及也」。石經《公羊》「祖之所遝聞」，今本作「逮」，《中庸》「逮賤」，釋文作遝，與眔音義俱同。是眔本訓及，證之諸刻，文誼皆無不洽，則釋爲「泊」字亦未當矣。

南宮鼎跋

《説文》毌，「穿物持之也，从一横貫，象寶貨之形。」又貫，錢貝之貫，从毌貝。玉案，以毌象貝形，而以一象横貫，殊不似，因貝無横毌之理也。此鼎「貫」字作□，象以丨毌兩貝之狀，許君横斷从兩貝之□而去其一，遂解直毌爲横毌，於是□形遂誤作□，其形失之遠矣。隸省「貫」作「串」，尚得古金文遺意。

又考《説文》毌部，連部首僅三字，意許君因「貫」字而立毌部。其實「貫」字未可横斷，而本部「虜」字之从毌與否，於古金文無徵。似「貫」字逕隸丨部成隸貝部可矣，不必專立毌部也。

羞鼎跋

此鼎文一字曰「□」，吴子苾閣學釋作對，又云此从薛氏父乙甗釋。案：彼作□與上文對揚字迥異，釋本未確。或釋𦍒，古文養，見《説文》。又或釋敬。玉案，三釋均未確。□象手持羊，即「羞」字。《説文》羞，「進獻也，羊所進也，丑亦聲。」誤以从又爲丑，遂致以會意字爲形聲。賴此正之。父乙爵之□，叔蔓父鬲之□，亦「羞」字。吴氏亦誤釋養。不嬰敦有□，亦「羞」字，與此鼎同而小變。邸始鬲作□，與□又小變。

荷貝父丁鼎跋

此鼎之「□」字，吴子苾閣學从宋以來舊釋作子荷貝形，吾友蔣君伯斧云是「宝」字，玉謂其説甚確。子荷貝父乙彝作□，荷貝父癸爵作□，祖癸角作□，遞變之迹顯然可見。至「宝六化」之「宝」又變作□（古瓦登文同），下又加貝，愈變而形愈晦也。此字向無確釋，自伯斧始爲是説，玉並爲證明之如此。

周⿱穴意鼎跋

《說文》「帝」从丄朿聲。王氏筠曰，朿篆作[illegible]，而「帝」字中畫不上出，既無所取義，何以變形？恐字失傳，許君以意爲之也。玉案，此鼎「帝」字作[illegible]，中畫實上出。又，聃敦内「帝」字又作[illegible]形，雖小異，然中畫亦上出，王氏意爲此說耳。

叔我鼎跋

此鼎之[illegible]字，許印林釋我，吳子苾釋戎。玉謂許釋是也。《說文》我之古文作[illegible]，與此正同。又散氏盤「我」字作[illegible]，曾伯霥簠作[illegible]，虢季子白盤内義字从[illegible]，並爲此鼎乃「我」字而非「戎」字之左證。

宗周鐘跋

此鐘内「遣間來[illegible]」之[illegible]字，吳子苾閣學釋迋。玉案，此即「逆」字也，从彳从[illegible]，[illegible]象倒人形（乃大字倒植）。逆，迎也，象人自外入，[illegible]以迎之。父丁尊作[illegible]，楚公鐘作[illegible]，同敦作[illegible]，均略變其形耳。小篆从[illegible]，亦由[illegible]譌變也。

邵鐘跋

《說文》童之古文作[illegible]，中从廿，不得其解。證知此鐘内之「鐘」字从[illegible]，疑从廿殆从[illegible]之譌。又觀叔氏寶芩鐘、宗周鐘之「鐘」字，並从[illegible]，毛公鼎之「動」字亦从[illegible]，知从廿爲从目之誤，似無可疑。然毛公鼎内之「□」字作□，中从□，與□頗近，《説文》从□，殆承周末之失，其沿訛固已久矣（古金文「龍」字或作□，古「童」字，乃从龍省聲）。

師酉敦跋

《説文》「册」之古文作□，「典」之古文作□，「侖」之籀文作□。玉案，此三字从「竹」皆誤也，此敦册字作□，知从竹乃□之訛。陳侯因資敦内典字亦作□，中二直畫皆本鋭而末豐，正象典策之狀，非从竹也。推之籀文□，殆亦當作□無疑。

文内「赤市中⿱冋絲」，阮釋顯，誤，吴子苾閣學釋絅，是。蓋古文从絲，小篆从糸也。《説文》「繘」，古文作「⿰絲矞」是其比例。古「絅」字或省作「冋」。

且己敦跋

《説文》「既」，「小食也，从皀旡聲。」《論語》曰：「不使勝食既。」曩頗疑訓既爲小食與古訓不合。此篆在「即」字之下，即注「即食也」，則既下原注似應作「既食也」，誼自明白，何必曲其意曰小食。「即」字古金文作□，象人就食形，則「既」字當象人既食形。然今篆不得既食之象，所从□字之義爲食㖧。食既不必皆逆氣不得息，於義無可取。故許君言□聲，《説文》□之古文作□，而古金文之「既」字作□，从□，古文之□殆由□致訛。「既」字作□，象人背而去皀形正與「即」字之形相反。然□象背皀，其形亦未確肖。今觀此敦中之□字（又東父丙爵亦有□字），始悟□字乃由□之變形。「既」字當从[illegible]从[illegible]，「即」字从[illegible]，象人就食，「既」字从[illegible]，象人食既而去，古「既」字篆文必應作[illegible]。於是曩者之疑一旦冰釋，著之以質究心古文學者，或不以爲附會乎。

魯士商𣪘敦跋

《説文》：「犬，狗之有懸蹄者也，象形。」案，今篆作[illegible]，雖象蹲踞狀，然於犬形未能曲肖。此敦内「厌」字从[illegible]，象犬昂首翹尾奔行之狀，獸奔行乃懸其蹄，其文上象鋭喙與兩耳，右象脊，左象蹄，形象逼真。孔子謂「視犬之字如畫狗」，然於小篆何由知之乎。

宗婦敦跋

《周官·夏官》：「鼓戒三闋，車三發，徒三刺」。「三刺」之誼頗不可通。考此敦「列」字作[illegible]（揚敦亦作[illegible]，師虎敦作[illegible]，晉公盦作[illegible]），與「刺」形近，知周官之「三刺」即「三列」，左氏傳所謂「鼓不成列」是也。古金文之有裨經訓如此（柏據敦作[illegible]）。

子立敦跋

此敦之[illegible]字吴閣學釋「子立形」，其實此即「立」字也。「立」字从大从一，大字象人形，大祝鼎作[illegible]，此作[illegible]，賦形維肖。後世作[illegible]，又由[illegible]爲[illegible]，形象日晦矣。

重屋彝跋

此器文作[illegible]，吴子苾閣學釋「作重屋形，牛首形」。玉案，[illegible]乃「羊」字，非象牛首，古文以[illegible]象牛角，以□象羊角，蓋牛角内向，羊角外向也。各肖其形，本自有别。父辛觶之□，父乙卣之□，並與此同。

糾彝跋

「貝」字古金文作□，象天然貝形。玉曩於丹徒劉氏許見王文敏公（懿榮）所藏古貝，以骨類製成之，狀橢圓，作□形，於平面上刻文如「丰」。蓋古人所用貨貝乃以人工製造，必非天然品也。今此彝内「貝」形字作□，與文敏所藏古貝刻文作「丰」者正同，乃象人製貝也。古金文有可考古代製作形象形，其有資於考古如此，其功豈不偉哉。

旅爵跋

此爵文作□，吴子苾閣學釋爲立旂形、孫孫孫。玉謂此「旅」字也。□象旂形，即「㫃」字，□乃三人形，从㫃从从，人三成众，旅众也。後世作「旅」，省从爲从也。但古金文或更省从爲人。伯晨鼎「旅」字作□，鄭伯簠作□。以此例之，則諸家釋爲子執旂形之□、□等形，亦即「旅」字矣。又戊辰彝作□亦「旅」字，廣尊作□同。

丁未角跋

古金文从□之字小篆皆變作□。依此例推之，則「争鬥」之「鬥」字古文當作□，象兩人曲脛而手相搏，争鬥之狀宛然如畫。今篆作□形，誼全晦矣。許君注「鬥」字謂「兩士相鬥，兵仗在後」，不免據訛變之文强爲附會也。

癸父乙卣跋

此卣「癸」字作，與册父己鼎同。玉謂十干之「癸」爲「一人冕執戣」之「戣」字假借。《顧命》鄭注，戣，瞿蓋今三鋒矛。今字正象三鋒，下象着地之柄，如下之然，與鄭誼合。爲「戣」之本字，後人加戈耳。他金文或作（朕作父癸觶），乃由形略變。癸觶又變，且癸卣又變，癸父卣又變，《説文》遂又由訛。展轉變易，致許君謂爲象水从四方流入地中形。形失而意遂乖，非得古金文，从何正之乎。

亞形卣跋

此卣中之字舊釋兩手奉器形（亞形父丁尊之同），吾友蔣君伯斧云即「尊」字，玉謂此「共」字（即供）也，象供奉之狀。今篆之上从，乃由致訛，供給之共固與从二十之廿義不可通也。

吴尊跋

此尊中字吴清卿中丞《説文古籀補》列入附録，不知爲何字。玉以爲此「[方+白]」字，旂名也。武王伐紂，斬紂首懸於小白之旂，其字當如此作，今廢不用矣。

中龏父甗跋

《説文》「龍」字作，殆是象形字，然未肖其象。此甗「龏」字作，从，上象頭角，下象龍身。

克鼎内之「龏」字从□，母辛鬲「龏」字从□，頌敦「龏」字从□，龍伯戟「龍」字作□，雖又小變易，而頭角及全身蜒蜿之狀仍視而可識。蓋自古文變爲小篆，形日益整而物象乃日益晦，非賴有古金文字，於何徵之耶。

齊侯甗跋

《説文》「旨」之古文作□，从千甘，不得其解。嗣考古金文「旨」字皆作□，蓋匕入口而知旨否，會意字也。此甗之「旨」作□，从□，乃匕之變形。曶鼎内之「䭫」字亦从□，與此甗「旨」字同。細繹古金文，知《説文》作□，乃□之訛變。「千」之古文作□（見散盤），將□反轉之而成□，由□而成□也。又，師遽敦内「稽」字从□，變□爲□，乃《説文》所本。《説文》中所載古文傳寫經千餘年，固不能無訛寫，彼膠固墨守之士於許書不敢輕議一字，非真能讀古書者也。

陳猷釜跋

此釜内「關」字作□，从□，象兩扉上各立直木，「兩點」則象兩木受鍵處，形狀曲肖，且於此可考見古代門關之式。《説文》作□，从丱，説雖可通，然不如古文形制之確肖矣。

㛷鐸跋

此鐸一字曰□，吳閣學釋若母。玉謂此「㛷」字也，从女□，□即芻字，象手持斷草之形。古龜卜文有□字，散盤之□、古鉥文之□、古陶文之□，所从之□，並即「芻」字。蓋由□變□，又由□變彐，輾轉更易，致字形日晦而誼亦因之而失也。揚𣪘之[illegible]亦「鍚」字。

白人刀跋

此刀文曰白人，前人譜録皆未載，李竹朋始著之，而釋其文曰白匕。案，「刀」非「匕」字，乃「人」字也。白人即柏人，乃趙地，此刀之制與甘丹（即邯鄲）同，邯鄲亦趙地，則此刀乃趙幣也。

右雪堂公金文跋尾二十九篇，原載光緒丁未（一九〇七）《唐風樓金石文字跋尾》中。及庚申年（一九二〇）編刊《永豐鄉人稿》時，其丙稿爲金石文字跋尾，《唐風樓金石文字跋尾》大部分編入，獨餘此二十九篇，不知公何以删去？兹輯《剩墨》仍録入，而題曰《金文跋尾之餘》。一九八五年歲次乙丑一月十五日繼祖謹識。

附録三種

著述總目

（一九八三年十月三十日重訂）

（一）甲骨文字

《殷虚書契前編》八卷　一九一二年日本珂羅版影印本

《後編》二卷　一九一六年同上

《續編》六卷　一九三三年同上

《殷虚書契菁華》一卷　一九一四年日本珂羅版影印本又蟫隱廬翻印本

《殷虚古器物圖録》一卷，《附考》一卷　一九一六年日本珂羅版影印本

《鐵雲藏龜之餘》一卷　一九一五年日本珂羅版影印本

《殷商貞卜文字考》一卷　一九一〇年玉簡齋石印本

《殷虚書契考釋》三卷　一、一九一四年王國維手寫石印本　二、一九二七年增訂石印本

《殷虚書契待問編》一卷　一九一六年作者手寫石印本

（二）金石刻辭（瓦當、磚、封泥、明器、鈔幣附）

《殷文存》一卷　珂羅版影印本

《三代吉金文存》二十卷　一九三六年日本珂羅版影印本

《秦金石刻辭》三卷　一九一四年日本珂羅版影印本

《漢晉石刻墨影》一卷　一九一五年作者手摹寫石印本

《補遺》三卷　一九三一年石印本同上

《續編》三卷　一九三三年石印本同上

《矢彝考釋》一卷　一、一九二九年上海蟫隱廬石印本　二、一九二九年《遼居雜著》本

《石鼓文考釋》七卷　一九一六年作者手寫石印本

《夢郼草堂吉金圖》三卷　一九一七年日本珂羅版影印本

《續》一卷　一九一八年同上

《貞松堂吉金圖》三卷　一九三五年日本珂羅版影印本

《雪堂藏古器物圖》三卷　一九一六年日本珂羅版影印本

《附説》一卷　一九三三年《遼居雜著乙編》本

《古器物範圖録》一卷,《附説》一卷　一九一六年日本珂羅版影印本

《金泥石屑》二卷,《附説》一卷　一九一六年日本珂羅版影印本

《天發神讖碑補考》一卷　一九二六年《天發神讖碑三種合編》排印本

《古鏡圖録》三卷　一九一六年日本珂羅版影印本

《漢兩京以來鏡銘集録》一卷

《鏡話》一卷　一九二九年《遼居雜著》本

《隋唐以來官印集存》一卷　一九二三年原物鈐印本

《貞松堂唐宋以來官印集存》一卷　《七經堪叢刊》中

《凝清室古官印存》二卷　原物鈐印本

《西夏官印集存》一卷　一九二七年原物鈐印本

《罄室所藏璽印》八册　一九一一年原物鈐印本

《續》五册　一九一二年同上

《赫連泉館古官印存》一卷　一九一五年原物鈐印本

《續》一册　一九一六年同上

《璽印姓氏徵》二卷　一九二六年東方學會排印本

《補正》一卷　一九二九年《遼居雜著》本

《秦漢瓦當文字》一卷　一九一四年日本木刻本

《恒農冢墓遺文》一卷　一九一五年勾摹石印本

《恒農專録》一卷　一九一七年《嘉草軒叢書》本　又木刻本

《專誌徵存》一卷、《續》一卷　一、一九一八年《嘉草軒叢書》本　二、木刻本

《楚州城專録》一卷　一、《小方壺齋叢書》本　二、《嘉草軒叢書》本　三、木刻本

《高昌專録》一卷　《遼居雜著乙編》本

《蒿里遺珍》一卷　一九一四年日本珂羅版影印本

《地券徵存》一卷　一、一九一八年《嘉草軒叢書》本　二、木刻本

《齊魯封泥集存》一卷　一九一三年日本珂羅版影印本

《古明器圖録》四卷　一九一六年日本珂羅版影印本

《歷代符牌圖録》二卷，《後録》一卷　一、一九一四年珂羅版影印本　二、一九二五年增訂勾摹石印本

《四朝鈔幣圖録》一卷，《附考》一卷　一九一四年日本珂羅版影印本

《楚州金石録》一卷，《附録》一卷　一、《小方壺齋叢書》本作《淮陰金石僅存録》　二、《嘉草軒叢書》本

《兩浙佚金佚石集存》一卷　一九一七年日本珂羅版影印本

《古器物識小録》一卷　一、一九三一年排印本　二、《遼居雜著丙編》本

《俑廬日札》一卷　一、一九一八年《國粹學報》　二、東莞容氏頌齋排印本　三、一九三四年改訂石印本，此書有《補遺》一卷刊一九八一年《中國歷史文獻研究集刊》第二集，又收入《雪堂剩墨》

《石交録》四卷　《貞松老人遺稿甲集》影本

《金石萃編校字記》一卷　木刻本

《寰宇訪碑録刊謬》一卷、《續寰宇訪碑録刊謬》一卷　附刊於《行素草堂金石叢書》孫趙兩録之後

《再續寰宇訪碑録》二卷　一八九三年面城精舍石印本

《讀碑小箋》一卷　一九〇八年木刻本

《碑別字補》五卷　一九〇一年武昌木刻本

《拾遺》一卷　一九三八年石印本

《干禄字書箋證》一卷　《貞松老人遺稿甲集》影印本

（三）寰宇碑録

《昭陵碑録》三卷、《附録》一卷、《補》一卷　一、《晨風閣叢書》本　二、仿宋木刻本

《唐三家碑録》一卷　仿宋木刻本

《唐代海東藩閥誌存》一卷　一九三七年墨緣堂石印本

《京畿冢墓遺文》三卷　仿宋木刻本

《芒洛冢墓遺文初編》三卷　一、一九一四年《雲窗叢刻》影印本　二、仿宋木刻本

《續編》三卷　仿宋木刻本下同

《補遺》一卷

《續補》一卷

《三編》一卷

《四編》六卷

《補遺》一卷

《東都冢墓遺文》一卷　仿宋木刻本

《中州冢墓遺文》一卷　仿宋木刻本

《鄴下冢墓遺文》二卷，《二編》一卷，《補》一卷　仿宋木刻本

《關中冢墓遺文》四卷,《補》一卷　仿宋木刻本

《山左冢墓遺文》一卷,《補》一卷　仿宋木刻本

《吴中冢墓遺文》一卷　仿宋木刻本

《廣陵冢墓遺文》一卷,《附録》一卷　仿宋木刻本

《襄陽冢墓遺文》一卷,《補遺》一卷　仿宋木刻本

《兩浙冢墓遺文》一卷,《補遺》一卷　仿宋木刻本

《石屋洞題名》一卷　仿宋木刻本

《龍泓洞題名》一卷　仿宋木刻本

《遼帝后哀册文録》一卷,《附録》一卷　《遼居雜著乙編》本

《西陲石刻録》一卷,《後録》一卷　仿宋木刻本

《校訂和林金石録》一卷　《遼居雜著本》

(四)熹平石經與漢晉木簡

《漢熹平石經殘字集録》二卷,《補遺》一卷　一、一九三八年合累年所編,滙成此録由墨緣堂石印　二、一九四三年《貞松老人遺稿乙集》本

《流沙墜簡——小學術數方技及簡牘遺文考釋》　一、一九一四年日本珂羅版影印簡文、石印考

釋本　二、第二次日本珂羅版翻印本

（五）敦煌遺書

《鳴沙石室秘録》一卷　一九〇九年《國粹學報》

《敦煌零拾》一卷　一九二四年東方學會排印本

《敦煌石室碎金》一卷　同上排印本

《貞松堂藏西陲秘籍叢殘三集》　一九三九年日本珂羅版影印本

（六）内閣檔案

《史料叢刊初編》三十一卷　一九二四年天津東方學會排印本

《史料叢編初集》十四卷，《二集》十二卷，《明季史料零拾》□卷　一九三五年旅順庫籍整理處石印本

（七）考史補史（家譜、自傳、日記附）

《三國誌證聞校勘記》一卷　《雪堂叢刻》本

《五史校議》五卷　一九〇二年木刻本

《魏書宗室傳注》十二卷，《表》一卷　一九二四年東方學會排印本

《校補》一卷　《貞松老人遺稿乙集》本

《補宋書宗室世系表》一卷　《永豐鄉人雜著續編》本

《新唐書宰相世系表補正》二卷　《七經堪叢刊》本

《補唐書張義潮傳》一卷　一、《雪堂叢刊》本　二、《永豐鄉人雜著》本　三、丙寅稿本

《唐折衝府考補》一卷，《補遺》一卷，《拾遺》一卷　一、東方學會本（無《補遺》）　二、《遼居雜著乙編》本

《高昌麴氏年表》一卷　一、《雪堂叢刻》本　二、《永豐鄉人雜著》本　三、《遼居雜著乙編》本　每刊皆有補訂

《瓜沙曹氏年表》一卷　一、《雪堂叢刻》本　二、《七經堪叢書》本

《徐俟齋年譜》一卷，《附録》一卷　一、一九一九年上海仿宋印本　二、《永豐鄉人雜著》本

《上虞羅氏枝分譜》一卷　《遼居雜著乙編》本

《集蓼編》一卷　《貞松老人遺稿甲集》本

《扶桑兩月記》一卷　一九〇二年上海教育世界社石印本

《五十日夢痕録》一卷　《雪堂叢刻》本

《紀元以來朔閏考》六卷　一九二七年東方學會排印本

《重校訂紀元編》三卷　一九二五年東方學會排印本

（八）目録校勘（輯佚附）

《續匯刻書目》十卷《閏集》一卷　一九一四年連平范氏雙魚室木刻本

《經義考補目》八卷《校記》一卷　《七經堪叢刊》本

《重訂漢石存目》二卷　《雪堂叢刻》本

《魏晉石存目》一卷　《雪堂叢刻》本

《蒿里遺文目録》十一卷《補》一卷《續》一卷　一九二六年東方學會排印本

《墓誌徵存目録》不分卷　《貞松老人遺稿乙集》本

《三韓冢墓遺文目録》一卷　《雪堂叢刻》本

《海外吉金録》一卷　《永豐鄉人雜著》本

《海外貞珉録》一卷　一、《雪堂叢刻本》　二、《永豐鄉人雜著》本

《洛陽存古閣藏石目》一卷　《雪堂叢刻》本

《雪堂藏古器物目》一卷　一九二四年東方學會排印本

《雪堂所藏金石文字簿録》一卷　一九二七年東方學會石印本

《大雲書庫藏書題識》四卷　《貞松老人遺稿乙集》本

《金石書録》一卷　《貞松老人遺稿丙集》本

《宸翰樓所藏書畫目録》一卷　《貞松老人遺稿丙集》本

《敦煌本周易王注殘卷校勘記》一卷　一九一一年石印《國學叢刊》第一期

《隸古定尚書孔傳殘卷校勘記》二卷　一九一一年石印《國學叢刊》第二期

《敦煌本毛詩校記》一卷　《遼居雜著》本

《毛鄭詩校議》一卷　上海仿宋排印本

《毛詩草木鳥獸蟲魚疏新校正》一卷　上海仿宋排印本

《道德經考異》一卷附《補遺》　《永豐鄉人雜著續編》本

《南華真經殘卷校記》一卷　《永豐鄉人雜著續編》本

《劉子殘卷校記》一卷　《永豐鄉人雜著續編》本

《帝範校記》一卷　東方學會排印本書附録

《校補》一卷　《遼居雜著》本

《臣軌校記》一卷　東方學會排印本書附録

《校補》一卷　《遼居雜著》本

《貞觀政要校記》一卷

《佚文》一卷　東方學會排印本書附録

《姚秦寫本維摩詰經解校記》一卷　《貞松老人遺稿甲集》本

《宋元釋藏刊本考》一卷　《永豐鄉人雜著》本

《元和姓纂校勘記》二卷附《佚文》　《雪堂叢刻》本

《廬山記校勘記》一卷　《貞松老人遺稿甲集》本

《王無功集校記》一卷　一九〇六年唐風樓刻《王無功集》附刊本

《宋刊文苑英華殘本校記》一卷　《遼居雜著》本

《皇甫士安高士傳輯本》一卷　《雪堂叢刻》本

《王子安集佚文》一卷，《附録》一卷，《校勘記》一卷　一、一九一八年仿宋排印本　二、《永豐鄉人雜著續編》本

《臨川集拾遺》一卷　一九一八年仿宋排印本

《蒿庵集捃佚》一卷　《百爵齋叢書》本

《隰西草堂集拾遺》一卷

《續拾》一卷　明季《三孝廉集》本

《鶴澗先生遺詩輯存》一卷　《雪堂叢刻》本

《葦間居士題畫詩》一卷　《楚州叢書》本

（九）書畫

《漢晉書影》一卷　一、一九一八年日本珂羅版影印本　二、上海蟫隱廬翻印本

《六朝墓誌菁英》一卷　一九一七年日本石印本

《二編》一卷　一九一七年日本石印本

《墨林星鳳》一卷　一九一六年日本珂羅版影印本

《國朝隸則》一卷　天津東方學會石印本

《高昌壁畫菁華》一卷　一九一六年日本珂羅版影印本

《南宗衣鉢跋尾》一卷　日本排印本（大部分已編入《雪堂書畫跋尾》）

《二十家仕女畫存》一卷　一九一八年日本珂羅版影印本

（十）文集雜著

《面城精舍雜文》甲乙編各一卷　木刻本

《永豐鄉人稿》：

《雲窗漫稿》一卷

《雪堂校刊羣書敘録》二卷

《雪堂金石文字跋尾》四卷

《雪堂書畫跋尾》一卷
一九二〇年天津貽安堂木刻本
《松翁近稿》一卷　一九二五年天津東方學會排印本
《丙寅稿》一卷　一九二七年天津東方學會排印本
《丁戊稿》一卷　一九二九年大連排印本
《遼居稿》一卷　一九二九年大連墨緣堂石印本
《乙稿》一卷　一九三〇年同上石印本
《松翁未焚稿》一卷　《遼居雜著乙編》本
《車塵稿》一卷　《遼居雜著丙編》本
《後丁戊稿》一卷　《貞松老人遺稿甲集》本
《貞松老人外集》四卷　《貞松老人遺稿乙集》本
《遼海吟》一卷《續吟》一卷　《貞松老人遺稿甲集》本　《遼海吟》單行巾箱本
《存拙齋札疏》一卷　一八八七年木刻本
《眼學偶得》一卷　木刻本
《殘稿六種》一卷

一、《置杖録》

二、《丁未消夏録》

三、《郊居賸録》

四、《欹枕録》

五、《雪翁長語》

六、《曝畫漫筆》

《貞松老人遺稿丙集》本

（十一）其它

《庚子京師褒恤録校記》一卷　天津排印本

《金州講習會論語講義》一卷　《遼居雜著乙編》本

《國朝學術概略》一卷　《遼居雜著乙編》本

《俗説》一卷　《貞松老人遺稿甲集》本

《國朝文范》一卷　《七經堪叢》刊本

《農事私議》一卷附《墾荒裕國策》　一九〇一年湖北木刻本

《集殷虚文字楹帖》一卷　一、一九二一年石印本　二、一九二五年石印匯編本

《雪堂印存》一卷　約五十方，皆中年刻，已寄日本友人影印。

（十二）未刊　未完

《隸古定尚書周書殘卷校勘記》一卷　稿存

《貞松堂吉金圖續編》四卷　稿存

《戊申碑録》八卷　稿存，碑文完具，惟每碑文前解題多缺，乃未成之稿。

《芒洛冢墓遺文五編》六卷　稿存

《古器物識小録補遺》一卷　稿存

《金石萃編校字記》　隨筆寫原書上，未清理，不知已校者凡若干碑。

《元和姓纂補目》一卷　稿存

《扶桑再游記》一卷　手稿，已寫清本，擬與《扶桑兩月記》同刊入《走向世界叢書》，有成約。

（以上未刊）

《讀積古齋鐘鼎彝器款識札記》　有殘稿

《凝清室日札》　有殘稿

《歸夢寮日箋》　有殘稿。以上三種收入《雪堂剩墨》。

《宋季三朝政要考異》一卷　稿佚

《世説新語校記》　有序，稿佚。

《甲乙記事》一卷　「文革」中稿佚

《魏書鐵佛劉虎傳注》　稿佚

《瀛寰誌略校勘記》　稿佚

《南齋故事》

《陸厂讀金文札記》

《古兵器考釋》

《飾巾録》

（以上未成）

總一百九十種（未完不計在内）

雪堂校刊羣書目録

（一）木簡

《流沙墜簡》　小學方技術數書、簡牘遺文、屯墾叢殘，羅振玉、王國維。　凡三種、三卷。

（二）敦煌古寫本

《鳴沙石室佚書》十八種

《隸古定尚書》殘卷　《夏書》四篇、《商書》七篇、《周書·顧命》九行半。

麋信《春秋穀梁傳解釋》殘卷

《鄭注論語》二殘卷　《述而》至《鄉黨》

孔衍《春秋後國語略出》殘卷　《趙語》第五、《韓語》第六、《魏語》第七、《楚語》第八。

《晉紀》殘卷　晉元帝太興二年二月至六月

李荃《閫外春秋》第四、五殘卷

《張延綬别傳》

《春秋後語背記》殘卷　唐咸通中人書，中有《望江南》、《菩薩蠻》詞兩闋　另一影寫石印本，以原本塗乙過甚，不便模寫，删去此種。

《水部式殘卷》　首尾缺書名，據《白氏六帖》知之。

《諸道山河地名要略》卷二殘卷

賈耽《貞元十道録》殘卷　存十六行

《沙州圖經》殘卷　首尾缺書名，以臆定。

《太公家教》　據後來考證，此非佚書。

《星占》殘卷　初唐人撰

《修文殿御覽》殘卷　洪業考此當爲《華林遍略》見所著《論學集》

杜嗣先《兔園策府》殘卷　存序文之半

《唐人選唐詩》殘卷　無書名，以出中唐寫本，姑定此名。

又《鳴沙石室佚書續編》四種

姚秦寫本《大雲無想經》卷九

《老子化胡經》卷一及卷十

《摩尼教規》殘卷　首尾缺，惟存中間二篇。

《景教三威蒙度讚》一卷

《敦煌零拾》七種

唐韋莊《秦婦吟》一卷　據英法藏兩本編定

《雲謡集雜曲卅首》　後缺十二首

《季布歌》　一作《捉季布傳文》，首尾不完，存二百四十句。

《佛曲三種》殘

《俚曲三種》

《小曲三種》

《搜神記》一卷

《敦煌石室碎金》十五種

《毛詩鄭箋》殘卷　《豳風》

《春秋左氏傳》殘卷　《僖公》

《漢書・列傳》殘卷　《匡衡》、《張禹》、《孔光》。

《敦煌録》殘卷

《職官書》殘卷

《後唐天成元年殘曆》

《晉天福四年殘曆》

《宋淳熙元年殘曆》

《老子義》殘卷

《南華真經》殘卷

《道家書》殘卷

《劉子》殘卷

《唐例義疏》殘卷　《名例雜例》下

《食療本草》殘卷

《周公卜法》

《靈棋經》殘卷

《貞松堂藏西陲秘籍叢殘》三集三十五種

《論語何氏集解》殘卷

《老子》殘卷　六種

《南華真經》　《田子方品》

《維摩詰經解》　姚秦寫本，二種。

《百行章》殘卷

《療服石醫方》

後唐《天成元年殘曆》

後晉《天福四年殘曆》

又《天福十一年殘曆》

《書儀》殘頁

《周公卜法》　與《敦煌石室》重復，惟此是影印原迹。

《占書》殘頁

《開蒙要訓》

《書儀》斷片

《尺牘》殘

《魚歌子詞》殘頁

《先天天順等户籍》

《開元殘頁》

《文殊問疾佛曲》(以上第一集)

《殘道家書》二種

《老子天應經》一卷

《大道通玄要》卷十四

《大玄真一本際經》卷二

又卷五

《太上靈寶洗浴身心經》

《十戒經》(以上第二集)

晉魏間寫本《大品》第廿四

六朝寫《大集經》卷十九

又《波羅蜜經》卷九

又《佛説安宅神咒經》

又《殘寫經》二種

又《經義》二種

唐人行書《經義》

又草書《經贊》

晉魏間書《殘律》三種(以上第三集)

《鳴沙石室古籍叢殘》三十種

唐寫本《周易》卷三　存《噬嗑》至《離》

又卷四　存《解》至《益》

又《隸古定尚書》　存《周書·顧命》

又《毛詩傳箋》　存《召南·麟趾》至《陳風·宛在》上

又　存《國風·柏舟》至《匏有苦葉》

六朝寫本《毛詩傳箋》卷九　存《鹿鳴》以下

又　存《出車》以下

又　存《小雅·六月》至《吉日》

唐寫本《禮記》卷三　《檀弓》

又《春秋經傳集解》　存僖公五年至十五年

又六朝寫本卷七　　存僖公二十七年至三十三年

又唐寫本　　存昭公廿七至廿八年

又六朝寫本卷七　　存定公四年至六年

又《春秋穀梁傳集解》　　存莊公、閔公

又《鄭注論語》　　存《子路》篇數行

（以上羣經叢殘）

唐開元寫本《易釋文》　　《大有》以前缺

唐寫本《漢書·王莽傳》

又《道德經義疏》卷五

又《莊子·刻意篇》

又《莊子·山木篇》

又《莊子·徐無鬼篇》

又《略出贏金》

又《類書》三種

又《文選》卷二　　存《張平子賦》，有注。

又　存《答客難》及《解嘲》，有注。
又卷廿五　存《恩倖傳論》後數行至《光武紀贊》，無注。
又隋寫本　存《王文憲文集》，無注。
唐寫本《玉臺新詠》
（以上羣書叢殘）

《敦煌遺書》三種
《南華真經》殘卷　《田子方品》已見敦煌
《老子義》殘卷　與《敦煌零拾》重復，惟此是影印原迹。
《老子天應經》一卷　與《貞松堂藏西陲秘籍叢殘》重復
《二十五等人圖》一卷　唐　陳寬（雪）
《太元真一本際經》第五殘卷　與《貞松堂藏西陲秘籍叢殘》第二集重復，惟彼是影印原迹。（雪）
《無上秘要》第五十二殘卷　（雪）
凡一〇五種一百二十九卷

(三) 唐宋寫本

王仁昫《刊謬補闕切韻》一卷　影內府藏唐寫本

《乾象新書》卷三、四殘卷　排印北宋寫本，凡二種，三卷。

(四) 唐宋元刊本

《佛頂尊勝陀羅尼》一卷　影敦煌唐刊本(宸)

《周易舉正》三卷　宋　郭京　影宋本(宸)

《音注孟子》十四卷　漢　趙岐注　影日本覆刊宋本(吉)

《孟子音義》二卷　宋　孫奭　覆宋蜀大字本(吉)

《東漢書刊誤》　宋　劉攽　日本崇蘭館藏，北宋刊本。(宸)

《宋季三朝政要》六卷　元　皇慶刊本(宸)

《三輔皇圖》六卷　元　余氏勤有堂刊本。(宸)

北宋本《律音義》一卷　(吉)

北宋本《齊民要術》卷五、八殘卷　影印日本高山寺藏本(吉)　另有單行大本

《圖繪寶鑑》五卷、補遺一卷　元　夏文彥　覆元至正刊本

《肇論中吳集解》三卷　宋　釋净源　覆傳是樓藏宋刊本(宸)

景祐《天竺字源》六卷　　影印日本高山寺藏北宋刊本，缺卷以日本《字源私抄》補足，惜非全貌。
《文殊指南圖讚》一卷　　影宋刊本（吉）
《蕃漢合時掌中珠》一卷　西夏　骨勒茂才　　影印西夏刊本（嘉）
《二李唱和集》一卷　宋　李昉　李至　　補足貴陽陳氏影宋本（宸）
《草窗韻語》六卷　宋　周密　　影印南宋刊本
《虞伯生詩續集》二卷　元　虞集　　影印元刊本（雲）
《元人選元詩》四種、二十卷　　覆元刊本
《國朝風雅》七卷、雜編三卷
《河汾諸老詩集》八卷
《敦交集》一卷
《偉觀集》一卷
《三藏法師取經詩話》三卷　　影印日本三浦氏藏宋刊巾箱本，有佚頁。
又《三藏取經記》三卷　　影印日本德富氏藏宋刊本（吉）
佚第一卷少半，第二卷全佚，與前爲一書而名異

凡二十三種八十八卷。

（五）日本古寫本

《影寫隸古定尚書商書》殘卷　《盤庚》至《微子》九篇（雲）

《唐寫隸古定尚書周書》殘卷　存《洪範》以下五篇（雲）

《唐寫隸古定尚書》殘卷　存《泰誓》以下五篇

以上三本後來合影寫爲《古寫本隸古定尚書真本》殘卷一書

《六朝寫本禮記子本疏義》殘卷

《原本玉篇》第九、第廿七及《魚部》殘卷

唐寫本《文選集注》殘本十六卷（嘉）

唐寫本《世説新語》卷六　日本小川氏藏本

《古寫本華嚴音義》二卷　日本小川氏藏，中載倭名，疑非慧苑書。

古寫本《悉曇章》一卷

又《悉曇字記》一卷　唐　釋智廣　與《天竺字源》合爲《悉曇三書》

古寫本《秘府略》第八百六十四、六十八殘卷　日本内藤氏藏本（吉）

又《卜筮書》第廿三殘卷（吉）（以上佚書）

又《史記・河渠書》殘卷

又《史記・殷本紀》殘卷

京都帝國大學文學部影印舊抄本叢書第一集四種：

《毛詩唐風箋》殘卷　　東京和田氏藏本，狩野直喜跋。

《毛詩秦風箋》殘卷　　京都富岡氏藏本，羅振玉跋。

《翰苑》卷第卅　　筑前男爵高辻氏藏本，内藤虎跋。

《王勃集》第廿九、卅　　京都富岡氏藏本，内藤虎跋。

又二集三種：

《講周易疏論家義記》殘卷　　奈良興福寺藏本，狩野直喜跋。

《經典釋文》殘卷　　奈良興福寺藏本，狩野直喜跋。

《漢書・揚雄傳》殘卷　　西宫武居士藏本，神田喜一郎校語。

又三集一種：

《文選集注》第四十七殘卷　　金澤文庫藏本

又第六十一上殘卷　　同上

又第六十一下殘卷　　同上

又第六十二殘卷　　同上

又第六十六　同上
又第七十一　同上
又四集
又第七十三上　同上
又第七十九殘卷　同上
又第八十五上殘卷　同上
又第八十五下　同上
又五集
又第五十六　渡邊昭伯藏本
又第九十一上殘卷　金澤文庫藏本
又第九十一下殘卷　同上
又第九十四上殘卷　首二頁元山元造藏本，第三頁以下金澤文庫藏本。
又六集
又第九十四中　金澤文庫藏本
又第九十四下　同上

又百二上殘卷　同上
又百二下　同上
又百十三上　東洋文庫藏本
又百十三下　同上
又七集
又第八　九條道秀公爵藏本
又第九　同上
又第五十九上殘卷　東洋文庫藏本
又第五十九下　同上
又八集
又第六十三　小川睦之輔藏本
又第八十八殘卷　一、二頁金澤文庫藏本，三頁至五十頁小川睦之輔藏本，五十一頁至六十六頁東洋文庫藏本，六十七頁小川睦之輔藏本。
又第百六十六殘卷　一至廿五頁保坂潤治藏本，廿六至四十九頁金澤文庫藏本，五十頁至□十頁德富猪一郎藏本。

又九集

又第四十三　　首頁殘，元山元造藏本。

又第四十八上　　首殘，上野精一藏本。

又第四十八下　　首頁殘，佐佐木信綱藏本，餘頁東洋文庫藏本。

又第六十一　　殘二頁，里見忠三郎藏本，又殘二頁某氏藏本，又殘二頁土方民植藏本。

又第六十八　　東洋文庫藏本

又第九十三　　小川睦之輔藏本

又第百十六　　殘一頁某氏藏本

又十集二種：

《尚書》殘卷　　自《禹貢》至《仲虺之誥》六篇，自《酒誥》至《召誥》三篇，自《君奭》至《立政》四篇，自《文侯之命》至《泰誓》三篇，九條道秀公爵藏本。

《毛詩二南》殘卷　　自《關雎》至《摽有梅》，大念佛寺藏本。

凡二十種，六十九卷。

（六）經學、小學各書

《魏三體石經尚書》殘石一卷　　據拓本（吉）

《蜀石經殘字》一卷　影印陳宗彝刻本(吉)
北宋《嘉祐石經周禮》殘石一卷　據拓本(吉)
又《禮記》殘石一卷　同上(吉)
《急就章》一卷　宋　葉夢得摹本(吉)
《古文四聲韻》五卷、附録一卷　宋　夏竦　影印汪氏一隅草堂本
《草書禮部韻寶》六册　宋高宗趙構　東文學社影印日本延享刊本
《説文字原》一卷　元　周伯琦　影印明覆元刊本
《爾雅郝注刊誤》一卷　王念孫　手稿本(殷)
《廣雅疏證補正》一卷　同上(殷)
《羣經字類》二卷　同上(嘉)
《異語》十九篇　錢坫　手稿本(玉)
《許學四書》　原書影印本
《説文測議》七卷　董詔
《説文補考》、《又考》各一卷　戚學標
《説文引經異字》十卷　吴雲蒸

《説文凝錦録》一卷　萬光泰

《净土三部經音義》四卷　宋　釋信瑞

凡十七種、六十五卷。

（七）歷史地理各書

《皇宋十朝綱要》二十五卷　宋　李垔　明鈔本

《宋中興編年資治通鑑》十五卷　宋　劉時舉　以孔氏嶽雪樓藏舊抄本補舊刻

《漢誌武成年月考》一卷　陳以綱　大興朱氏藏稿本（玉）

《吏部條法》二卷　影印日本富岡氏藏《永樂大典》本（吉）

《黑韃事略》一卷　宋　徐霆　舊抄本

《北巡私記》一卷　元　劉佶　膠西柯氏傳抄本（雲）

《大元海運記》二卷　胡敬　輯大典本，即元《經世大典・海運門》。（雪）

《大明令》一卷　木刻本

《金文靖公北征前録》一卷，《後録》一卷，《北征記》一卷　明　金幼孜

《四夷館考》二卷　明抄本

《朝鮮紀事》一卷　明　倪謙　明刻本（玉）

《奉使朝鮮唱和集》一卷　明　倪謙　手寫本（雪）

《邊略》五卷　明　高拱　知聖道齋舊抄本（玉）

《三朝大議録》一卷　顧苓　抄本（殷）

《金陵野抄》一卷　顧苓　抄本（殷）

《南都死難紀略》一卷　彭孫貽　抄本（玉）

《山中聞見録》十一卷　彭孫貽　抄本（玉）

《平叛記》一卷　毛霦　抄本（殷）

《楊監筆記》一卷　晚明太監楊德澤　抄本（玉）

《東江遺事》二卷　吴騫　抄本（遼）

《海運摘鈔》不分卷　明末刻藍印本（遼）

《國朝宮史》三十六卷

《國史列傳》八十卷

《清太祖實録》殘稿三種三卷　影印大庫藏本甲存九十五頁，乙存一百一十一頁，丙存四十三頁。

《皇清奏議》六十八卷，《續編》四卷　清内府寫本

《孚惠全書》六十四卷　同上

《歷代山陵考》一卷　明　王在晉　明抄本(殷)

《内閣小誌》一卷　葉鳳毛　舊抄本(玉)

《襄理軍務紀略》四卷　張錦文稿本(雪)

《史料叢刊》初編二十二種　排印本

《太宗文皇帝日録》殘卷　天聰二年至崇德六年

《太宗文皇帝致朝鮮國王書》

又《招諭皮島諸將諭帖》

《天聰朝臣工奏議》三卷

《聖祖仁皇帝起居注》十卷　康熙十二年至四十二年

《服式肩輿永制》　順治九年

《禮曹章奏》　順治元年

《工曹章奏》　順治三年

《洪承疇呈報吴勝兆叛案揭帖》　順治四年七月

《投順提督張天禄呈報功績册》　順治二年九月

《北直河南山東山西職官名籍》　順治元年九月

《蘇松常鎮總兵將領清册》　順治四年七月

《徽寧池太安慶廣德總兵將領清册》　順治四年七月

《内翰林弘文院職官録》一卷

《内弘文院職官録》一卷

《豫通親王事實册》

《尚可喜事實册》

《王進寶事實册》

《陜甘提督孫思克行述》

《廣西巡撫馬雄鎮事實册》

《果毅親王恩榮録》

《東瀛紀事》

《史料叢編》初二集二十四種　石印小本

《聖祖起居注》殘稿一卷　康熙十九年

又一卷　康熙二十一年

《聖祖親征朔漠日録》一卷　康熙三十五年

《聖祖西巡日録》一卷　康熙四十二年

《雍正八年上諭檔》四卷

《高宗起居注》殘稿　乾隆五十二年

《順治元年吏曹章奏》

《江南民糧屯糧本色數目册》

《乾隆三年在京文職漢官俸米及職名黄册》二卷

《奉天等省民數穀數黄册》　乾隆六年

（以上初集）

《聖祖起居注》殘稿

《江南按察司審土國寶贓案招擬文册》

《江南總督洪承疇詳審查舊額解南本折錢糧及酌定支用起解事宜册》

《光禄寺進康熙六十一年四月分内用猪鴨果品等項錢糧黄册》

《工部進乾隆三十年六月分用過銀錢數目黄册》

《工部進乾隆四十三年七月份用過雜項銀錢數目黄册》

《工部進乾隆四十九年分用過緞匹顔料數目黄册》

《内閣典籍廳關支康熙廿八年秋冬二季俸米黄册》

《吏部進道光二十三年春夏二季在京文職漢官領過俸米及職名黄册》

《三朝實録館館員功過等第册》　乾隆七年

《田文端行述》

《明季史料零拾》六種 一卷

《賜都綱鎖南堅參敕》

《賜巡按浙江監察御史敕》

《兵部武選司給旂丁邱懋先號票》　天啟四年

《賜琉球國王世子尚豐敕》　崇禎二年

《東江總兵黄龍咨朝鮮國文》　崇禎六年

《禮部堂稿》　崇禎十五年至十七年

《國朝史料零拾》四十五種、二卷

《伐朝鮮告天文》

《衆貝勒擁戴太宗誓詞》　天命十一年九月

《劉興治稟帖》　天聰五年二月

《懷順王咨秘書院文》　崇德元年六月八日

《諭朝鮮國王李倧勅》　崇德二年六月

《恭順王咨秘書院文》　崇德四年四月

《户部禁丹白桂告示》　崇德四年六月

《朝鮮國王咨禮部文》　崇德四年八月

又《咨兵部文》

《罷攝政王廟享詔》　順治八年二月

《命尚可喜耿繼茂鎮守兩廣諭》　順治十一年二月

《繕治明愍帝陵令臣民報效諭》　順治十七年

《招安流賊餘孽詔》　順治十八年八月

《禁止福建廣東沿海商販諭》　順治十八年十二月

《敕蒙古兵討吴三桂諭》　康熙十三年八月
《廷試武舉策題》　乾隆七年四月
《覺羅巴哈納爲縣令受賄縱賊事題》　順治十年二月
《孫嘉淦恭報聖瑞題》　雍正八年
《鄭親王擬定阿布泰那哈出罪奏》　順治十年
《華容縣民唐夢侯陳閭巷疾苦奏》　順治十二年九月
《蘇禄國王請隸版圖表譯語》　乾隆十六年
又《譯意》
《暹羅國王鄭貢方物表》　乾隆六十年
又《貢太上皇方物表》　嘉慶元年
又《貢方物表》　嘉慶元年
《南掌國王進貢表》
（以上卷上）
《孫珀齡劾龔鼎孳揭帖》　順治三年
《王應昌報撫過浙東僞宫事揭帖》　順治四年三月

《王𣝋爲廢紳謀逆拿獲候處揭帖》　順治五年三月
《吴景道爲起出前朝郡王印册事揭帖》　順治五年五月
《陰潤劾洪承疇揭帖》　順治九年
《藺一元遵旨陳地方疾苦揭帖》　順治十二年二月
《洪承疇代胡茂禎謝恩陳情揭帖》　順治十三年二月
《秦世禎爲王千里通賊事揭帖》　順治十三年閏五月
《成性恭報攻克樓寨巨寇事揭帖》　順治十五年八月
《洪承疇陳内固之計應圖萬全事揭帖》　順治十六年八月
《王郡賀見慶雲揭帖》　雍正八年
《王鵬沖請示奉迎聖駕啟》　順治元年
《曹溶遵旨薦舉人才啟》　順治元年八月
《多羅貝勒討吴三桂招撫逆黨告示》
《曹溶爲孫承澤領取房屋遺物呈》　順治元年
《孫廷銓因病請辭任呈》　康熙三年四月
《太醫院醫士程儀鳳證孫廷銓患病保結》　康熙三年四月

《張錫庚任浙江學政兵部发兵票》　　咸豐八年七月

（以上卷下）

《陵案彙編》三卷　　稿本（百）

《列女傳補注正譌》一卷　王紹蘭　　稿本（雪）

《西夏姓氏録》一卷　張澍　　稿本（雪）

《杜東原先生年譜》一卷　明　沈周　　舊抄本（雪）

《茶史》一卷　明　朱賡　　明抄本（殷）

《秣陵盛氏族譜》一卷　　明刊本（百）

《忠烈實録》一卷、附録一卷　　明刊本（百）

《畢少保傳》一卷　明　畢自嚴　　家刊本（遼）

《河東君傳》一卷　顧苓　　手寫本

《趙客亭先生年譜》一卷　　大庫本（百）

《陳乾初先生年譜》二卷　吴騫　　稿本（雪）

《姚雲東年譜》一卷　沈銘彝　　手寫本（雲）

《吴山夫先生年譜》一卷　丁晏　　稿本（雪）

《卜子年譜》二卷　陳玉樹　稿本(雪)

《王文簡公行狀》一卷　家刊本(雪)

《善隣國寶記》三卷　日本人撰　抄本(殷)

《支那通史》　日本那珂通世　光緒己亥上海東文學社影印本

《洛陽伽藍記》五卷　北魏　楊衒之　明如隱堂本(玉)

《渚宫舊事》五卷　隋　余知古　影印舊抄本(吉)

《陽明洞天圖經》一卷　宋　李宗諤　影抄道藏本(玉)

足本《廬山記》　宋　陳舜俞　影日本元禄刊本,從宋本出。

《黄山圖經》　舊抄本(吉)

又《圖》一卷　日本富岡氏藏明刊本(吉)

《西遊録注》一卷　李文田　稿本(玉)

《星槎勝覽》二卷　明　費信　明抄足本

《湟中雜記》一卷　明抄本(金)

《皇華紀程》一卷　吴大澂　手稿本排印(殷)

《東陲紀行》一卷　劉文鳳　木刻本

《新疆圖誌》一百十六卷　附圖二册　　宣統官修

凡六十二種四百二十三卷。

（八）子部各書

《帝範》二卷　《臣軌》二卷

《食醫心鑑》一卷　唐咎殷　　日本采輯本

《畏壘筆記》四卷　徐昂發　　足本（殷）

《讀書雜記》一卷　王紹蘭　　稿本（雪）

《吉貝居雜記》一卷　施國祁　　從《花笑廎雜筆》中抄出（雪）

《冷齋夜話》十卷　宋　釋惠洪　　日本五山本校毛本（殷）

《續墨客揮犀》十卷　宋　彭乘　　舊抄本（殷）

《負暄野録》二卷　宋　陳槱　　虞山張氏藏舊抄本（吉）

《應用碎金》二卷　　大庫藏洪武刊本（百）

《熬波圖》一卷　元　陳椿　　四庫輯大典本（吉）

又《圖詠》一卷　　同上（雪）

《墨表》四卷　萬壽祺　　舊刊本重印

《昭代經師手簡》初、二編各一卷　致王念孫、引之父子，共六十九通，就原迹影印。

《硯林拾遺》一卷　施閏章　手稿本(玉)

《金石萃編未刻稿》三卷　王昶　舊抄本(嘉)

《金石續編》二十一卷　陸耀遹　原版校正本

《陶齋金石文字跋尾》一卷　翁大年　手稿本(眘)

《簠齋金石文字跋尾》一卷　陳介祺　手稿本(雲)

《懷岷山房金石跋尾》一卷　李宗蓮　稿本

《金石學録》四卷　李遇孫　原刊本(百)

《集古官印考證》十七卷、附虎符魚符考一卷　瞿中溶　家刊本

《歷代名人印譜》一卷　吴大澂　影印手稿本

《續百姓印譜》一卷　同上　影印手稿本(眘)

又《考略》一卷　同上　手稿本排印本(殷)

《度量權衡實驗考》一卷　同上　木刻本

《古兵符考略》一卷　翁大年　手稿本(眘)

《貨布文字考》四卷　馬昂　影印原刊本

《制錢通考》三卷　唐與崑　原刊本删去末卷

《天發神讖碑考》一卷　周在浚　附録一卷　王著　續考一卷　汪照　稿本

又一卷　吴玉搢　稿本

《樂毅論翻刻表》一卷　翁方綱　手稿本

《洛陽石刻録》一卷　常茂徠　稿本（雪）

《粤西得碑記》一卷　楊翰　稿本

《石渠寶笈三編目録》三卷　内府寫本（嘉）

《江村書畫目》一卷　高士奇　手稿本

《平津館書畫記》一卷　陳宗彝　原刊本

《國朝隸品》一卷　桂馥　手迹本（雪）

《話雨樓碑帖目》四卷　王楠　家刊本

《内閣大庫檔册》一卷　大庫官抄本（玉）

《李蒲汀書目》一卷　明　李廷相　商邱宋氏藏本（玉）

《萬卷堂書目》四卷　明　朱睦㮮　舊抄本（玉）

《脈望館書目》一卷　明　趙琦美　虞山趙氏舊抄本（玉）

《近古堂書目》二卷　舊抄本(玉)

《天一閣書目》一卷　明　范欽　清初編寫本(玉)

《也是園書目》十卷　錢曾　舊抄本(玉)

《傳是樓宋元本書目》一卷　徐乾學　傳硯樓刊本(玉)

《知聖道齋書目》四卷　彭元瑞　舊抄本(玉)

《振綺堂書目》四卷　汪曾唯　舊抄本

《實際格致》二卷、《地震考》　高一誌

凡五十種一百八十二卷。

(九) 集部各書

《王無功集》三卷　唐　王績　岱南閣輯本

《李商隱詩集》三卷　唐　李商隱　影印明絳雲樓抄校宋本

《方泉詩》三卷　宋　周文璞　影印秀水朱氏藏抄本

《遺山新樂府》五卷　金　元好問　舊抄本(殷)

《虞山人詩》三卷、《補遺》一卷　元　虞堪　舊抄本(殷)

《陸尚寶遺文》二卷　明　陸師道　手稿本(百)

《如此齋詩集》一卷　明　張瑋　大庫藏本（百）
《陶中丞遺集》一卷　明　陶朗先　陶氏後人輯本（遼）
《吴潘二家今樂府》二卷　吴炎　潘檉章　舊抄本（殷）
《明季三孝廉集》四十一卷、附六卷
《居易堂集》二十卷　徐枋　原刊本
《隰西草堂詩集》五卷，《文集》三卷，《遯渚唱和集》一卷《詩文拾遺》一卷　萬壽祺　原刊本
《蜃園文集》四卷《補遺》一卷，《蜃園詩前集》一卷，《後集》一卷，《續集》一卷，《雜詠》一卷，《梅花百詠》一卷，《九山遊草》一卷　李確　原刊本
《塔影園集》五卷　顧苓　稿本（殷）
《萬季野遺文》一卷、附録一卷　萬斯同　稿本（百）
《十憶詩》一卷　吴玉搢　家刊本（雪）
《霜柯餘響集》一卷　符曾　手稿本（百）
《乙丑集》一卷　朱筠　稿本（殷）
《質莊親王慳齋詩課》一卷　手稿本（百）
《高郵王氏遺書》六種、附一種

《輶軒使者絶代語釋别國語方言疏證補》一卷　王念孫
《釋大》一卷　同上
《古韻譜》二卷　同上
《王文肅公遺文》一卷、《補遺》一卷　王安國
《王石臞先生遺文》四卷、《丁亥詩抄》一卷　王念孫
《王文簡公文集》四卷、《附録》一卷　王引之
《王氏六葉傳狀碑誌》六卷　羅振玉
《丁亥詩抄》一卷　王念孫　家刊本（雪）復見《王氏遺書》
《浣花詞》一卷　查容　手寫本（嘉）
《匪石先生文集》二卷　鈕樹玉　稿本（雪）
《頤志齋文抄》一卷　丁晏　稿本（雪）
《頤志齋感舊詩》一卷　同上
《天下同文集》五十卷　元　周南瑞　（雪）

凡三十一種，一百三十三卷。

（十）碑帖書畫各書

申屠駉重刻《秦會稽石刻》　洪武間拓本有張廷濟、徐楙等人跋。

《墨林星風》

　一、唐太宗《温泉銘》

　二、歐陽詢《化度寺舍利塔銘殘本》

　三、柳公權《金剛經》

《唐拓化度寺舍利塔銘》殘本

《宋拓瘞鶴銘》　山陰楊氏藏水拓本

《宋拓定武蘭亭序》　趙孟頫十三跋本，跋出後人臨寫。

《隋啟法寺碑》　人間孤本

《宋拓九成宫醴泉銘》　華陰郭氏藏本

《唐磚塔銘》　原石初拓本

《唐王先生碑》　大興孫氏藏本

《宋拓郎官廳壁記》　涇陽端氏藏本

《宋拓淳化閣帖》十卷　有張照題識

《宋拓越州石氏帖》　長洲文氏《停雲館法帖》原本

（以上碑帖）

《漢晉書影》　敦煌石室本

《隋智永真草千文》　日本小川氏藏本

《貞松堂藏歷代名人法書》三卷　自敦煌寫本《六朝人書札》至《清劉墉行書卷》共十六種

《百爵齋藏歷代名人法書》三卷　自《五代楊凝式韭花帖》至《清伊秉綬詩翰卷》共二十二種

《趙文敏公虞文靖公法書》　趙書《衍慶院記》、《狄梁公碑》、虞書《七發》。

《元八家法書》　八家：馮子振、龔璛、百野兼善、顧善夫、李孝光、沈右、楊維楨、饒介。

《明成祖寫經》　藍衣金書袖珍小本，凡四十種，分經、咒、真言。

《祝京兆法書》

《文待制書離騷九歌真迹》

《吴門四君子法書》　四君子：祝允明、沈周、唐寅、陳道復。

《國朝隸則》　顧藹吉、桂馥、金農

《北宋武宗元朝元仙仗圖卷》　宣和内府舊藏

《二十家仕女畫存》　自唐張萱《搗練圖》至清湯禄名《仕女》凡廿家

《龔高士山水册》

（以上書畫）

凡二十六種，四十五卷（除原標卷者外，以一種爲一卷）。

（十二）近人著作

《傅青主先生年譜》一卷　繆荃孫等（國）

《藝風堂題跋》一卷　繆荃孫（國）

《契文舉例》二卷　孫詒讓　影印稿本

《讀易草堂文集》二卷　亭湯生　木刻本

《島夷誌略校注》一卷　日本藤田豐八（雪）

《敦煌將來藏經目録》一卷　日本橘瑞超（雪）

《流沙墜簡考釋》一卷，補遺一卷

自此以下，並爲王國維所作，不一一注。

《洛誥箋》一卷　（雪）

《明堂廟寢考》一卷　（雪）

《釋幣》二卷　（雪）

《古禮器考略》一卷　（雪）

《鬼方昆夷玁狁考》一卷　（雪）

《不嬰敦蓋銘考》一卷　（雪）

《生霸死霸考》一卷　（雪）

《三代地理小記》一卷　（雪）

《秦漢郡考》一卷　（雪）

《古胡服考》一卷　（雪）

《簡牘檢署考》一卷　（雲）

《宋代金文著録表》一卷　（雪）

《國朝金文著録表》六卷　（雪）

《古劇角色考》一卷　（國）

《清真先生遺事》一卷　（國）

《壬癸集》一卷　日本江州木活字本

《沙州文録》　蔣斧　續録一卷　羅福萇　排印本

《敦煌古寫經尾題輯存》一卷　羅福萇　（永續）

凡二十五種，三十五卷。

不佞夙抱傳古之志，凡古人遺著未刊者及舊刻罕傳者，嘗欲鳩合同志創流通古書會，以刊傳之。顧數十年來同好聚合不常，益以世變，此願竟不獲償。辛亥以後，索居無俚，萬事無可爲，乃慨然以一人之力任之。十餘年間得書二百五十種，意所欲刊者尚未及半，而資力則既竭矣。戊辰冬，命兒子福葆寫書目，附印《增訂碑別字》之後。世有以長塘之鮑，金山之錢，南海之伍擬我者，則予滋愧已。松翁記。

附：

《農學叢書》七集目録　光緒江南總農會編譯　石印本

第一集

《農書》三卷　宋　陳旉

《農學初階》一卷　(英)黑球華來思　吴治儉譯

《農學初級》一卷　(英)日爾恒理　范熙康譯

《農學入門》三卷　(日)　稻垣乙丙　土城貞吉譯

《土壤學》　(日)　池田政吉　山本憲譯

《耕作篇》　（日）　中村鼎　川賴儀太郎譯
《氣候論》一卷　（日）井上甚太郎
《農業保險論》　（日）　吉井東一　山本憲譯
《植學啟源》三卷，附圖一卷　（日）宇田川榕譯
《植稻改良法》一卷　（日）　峰機太郎　瀨順太郎譯
《陸稻栽培法》一卷　（日）高橋久四郎　沈紘譯
《種印度粟米法》一卷　羅振玉輯
《甜菜栽培法》一卷　朱綽軍譯
《甘薯試驗成績》一卷　沈紘譯
《茶事試驗成績》一卷　樊炳清譯
《日本製茶書》一卷
《家菌長養法》一卷　（美）康爾尼　陳壽彭譯
《農業物分析表》一卷　（日）　恒藤隆規　藤田豐八譯
《葡萄酒譜》二卷　曾仰東譯
《製蘆粟糖法》一卷　（日）　稻垣重爲　藤田豐八譯

《验糖簡易方》　(日)藤田豐八譯
《美國種蘆粟栽製試驗表》　(日)藤田豐八譯
《美國植棉書》一卷　(美)徐瑟甫來曼　藁品槍太郎譯
《種美棉簡法》一卷　直隸臬署譯
《種棉實驗説》一卷　黄宗聖譯
《麻栽植法》一卷　(日)　高橋重郎　藤田豐八譯
《蒲葵栽製法》一卷　劉焕譯
《種蘭略法》一卷　羅振玉
《吴苑栽桑記》一卷　孫福保
《薄荷栽培製造法》一卷　(日)山本鈞吉　沈紘譯
《人參考》　唐秉鈞
《樟樹論》　(日)　白河太郎　藤田豐八譯
《煉樟圖説》一卷　陳驤
《植漆法》一卷　(日)初瀨川健增
《植三椏樹法》一卷　(日)梅原寛

《植雁皮法》一卷　（日）初瀨川健增

《植楮法》一卷　（日）初瀨川健增

《果樹栽培總論》一卷　（日）福羽逸人　沈紘譯

《種樹書》　元　俞宗本

《林業篇》　（日）鈴木審三　沈紘譯

《森林保護學》一卷　（日）鈴木審三　沈紘譯

《種植學》　徐華封譯

《草木移植心得》　（日）吉田健作　薩端譯

《植物近利誌》　孫福保

《屠氏藝菊法》一卷　屠治

《月季花譜》一卷　羅振玉

《肥料篇》一卷　（日）原熙

《廐肥篇》一卷　美埤　目

《肥料保護篇》一卷　（美）和爾連　沈紘譯

《農學肥料初編》二卷，《續編》二卷　（法）德赫翰　曾仰東譯

《農具圖説》三卷　（法）藍涉爾茫　吴爾昌譯
《風車圖説》一卷　（美）風東公司　胡濬康譯
《泰西農具及獸醫用具圖説》一卷　（日）　駒場農學校　藤田豐八譯
《代耕架圖説》一卷　明　王徵
《福田自動織機圖説》一卷　（日）　大隴製造所　川瀨儀太郎譯
《製紙略法》一卷　（日）　今關常次郎　佐野謙之助譯
《罐藏物製造法》三卷　（日）猪股德吉郎
《畜疫治療法》一卷　（美）夫敦氏　林達配、習託端譯
《山羊全書》一卷　（日）内藤菊造
《牧羊指引》一卷　（日）後藤達三
《人工孵卵法》一卷　楊山山
《馬糞孵卵法》一卷　（美）胡兒别士　（日）山本正義譯
《家禽飼養法》一卷　（美）胡兒别士　（日）山本正義譯
《家禽疫病篇》一卷　□屈克士　（日）山本正義譯
《水産學》四卷　（日）　竹中邦香　山本正義譯

《金魚飼養法》一卷　清　寶奎　姚元之

《奥國飼蠶法》一卷　（日）井原鶴太郎譯

《蠶體解剖學講義》一卷　（日）佐佐木忠二郎　山本正義譯

《膿蠶》一卷　（日）佐佐木忠二郎

《蠶桑實驗説》一卷　（日）　松永伍作　藤田豐八譯

《飼育野蠶識略》一卷　（法）魏雷　陳貽範譯

《蠶書》一卷　宋　秦觀

《湖蠶述》四卷　清　汪日楨

《養蠶成法》一卷　清　韓理堂

《粤東飼八蠶法》　蔣斧

《製絮説》一卷　（日）　杉山原治郎　井原鶴太郎譯

《害蟲要説》一卷　（日）　小野孫三郎　鳥居赫雄譯

《驅逐害蟲全書》　（日）松村松年

《京師土産表略》一卷　壽富

《江震物産表》一卷　陳慶林

《南通州物産表》一卷　陳啟謙
《寧波物産表》一卷　陳彭壽
《武陵物産表》一卷　李致楨
《善化土産表》一卷　龔宗遂
《瑞安土産表》一卷　洪炳文
《札幌農校設施一斑》一卷　(日)札幌農學校　沈紘摘譯
《杭州蠶學館章程》一卷　杭州蠶學館
《蠶業學校案指引》一卷　(日)　東京丸山舍　安藤虎雄譯
《瑞安農學會章程》一卷　瑞安務農支會
《整飭皖茶文牘》一卷　羅振玉
《種柏條陳》一卷　徐紹基

第二集

《農業三事》一卷　(日)津田仙　沈紘譯
《農用種子學》二卷　(日)　横井時敬　河瀬儀太郎譯
《植物選種新説》　(日)伊豆梅原寛重

《農務化學答問》二卷　(英)仲斯登　范熙庸譯
《接木法》一卷　(日)竺澤章　羅振常譯
《草木乾臘法》一卷　(日)伊藤圭介　林壬譯
《農事會要》一卷　(日)池田日升三　王國維譯
《耕土試驗成績》一卷　(日)農事試驗場　沈紘譯
《森林學》一卷　(日)奥田貞衛　樊炳清譯
《落葉松栽培法》　(日)高見澤熏　林壬譯
《金松樹栽培法》一卷　(日)加賢美　林壬譯
《淡巴茹栽培法》一卷　(美)厄斯宅士　陳彭壽譯
《山蘭新説》一卷　(日)崛内正平　林壬譯
《蕈種栽培法》一卷　(日)本間小左衛門　林壬譯
《薔薇栽培法》二卷　(日)安井真八郎　林壬譯
《葡萄新書》二卷　(日)中城坦三郎　林壬譯
《茶事試驗成績》一卷　(日)　農務省　藤田豐八譯
《種木番藷法》一卷　清　梁廷棟

《橘録》一卷　宋　韓彦直
《牡丹八書》一卷　明　薛鳳翔
《缸荷譜》一卷　清　楊鍾寶
《水蜜桃譜》一卷　清　褚華
《檇李譜》一卷　清　王逢辰
《木棉譜》一卷　清　褚華
《製糖器具説》一卷　（日）大島圭介　樊炳清譯
《水機圖説》一卷　陳忠奇
《農産製造學》一卷　（日）楠巖　沈紘譯
《牛乳新書》二卷　（日）河相大三　沈紘譯
《牧草圖説》一卷　（日）農商務省
《臺灣人工孵化鴨卵法》一卷　薩端譯
《蜜蜂飼養法》内篇、外篇各一卷　（日）花房柳條　藤田豐八譯
《養魚人工孵化術》一卷　（日）金田歸逸　劉大猷譯
《記海錯》一卷　郝懿行

《閩中海錯疏》三卷　明　屠本畯著　徐𤊹補疏
《采蟲指南》一卷　(日)曲直賴愛　沈紘譯
《名和昆蟲研究所志略》一卷　樊炳清譯
《昆蟲標品製作法》一卷　(日)鳥羽原藏
《田圃害蟲新説》一卷，附圖一卷　(日)　服部徹　原井鶴太郎譯
《秋蠶秘書》一卷　(日)　竹内茂演　遠藤虎雄譯
《喝茫蠶書》一卷　(法)喝茫勒富滂　鄭守真譯
《蠶病試驗成績報》三卷　(日)　農商務省　藤田豐八譯
《生絲繭種審查法》一卷　(日)高橋信貞　沈紘譯
《簡易繅絲法》一卷　(日)　島根縣農商課　井原鶴太郎譯
《永城土産表》一卷　韓國鈞
《武陵土産表》一卷　杜韶
《戊戌中國農産物貿易表》一卷　陳彭壽譯
《大日本水産會章程》一卷　沈紘譯
《大日本山林會章程摘要》一卷　林壬譯

第三集

《農雅》六卷　清　倪倬

《日本農業書》二卷　(日)森要太郎　樊炳清譯

《農業經濟篇》二卷　(日)　今關常次郎　吉田森太郎譯

《造林學各論》二卷　(日)本多静六　林壬譯

《果樹栽培全書》三卷　(日)福羽逸人　沈紘譯

《蔬菜栽培法》一卷　(日)福羽逸人　林壬譯

《特用作物論》四卷　(日)本田幸介　羅振常譯

《斐利迭禮璽大王農政要略》一卷　(德)施他代爾曼

《伊達邦成傳》一卷　(日)柳井録太郎　沈紘譯

《人造肥料品目效用及用法》一卷　(日)大坂琉曹公司

《紡織圖説》　孫琳

第四集

《農業綱要》一卷　(日)　横川時敬　鎌田衡譯

《農業動物學》一卷　(日)石井千代松

《農業黴菌論》一卷
《農務土質論》三卷　附農務土質圖説一卷　（美）習金福蘭格令希蘭　范熙庸譯
《麥作全書》一卷　（日）松田文　羅振常譯
《除蟲菊栽培書》一卷　（日）牧野萬之照　沈紘譯
《植物人工交種法》一卷　（日）王利喜造　吉田森太郎譯
《圃鑒》四卷　（日）　山田幸太郎
《肥料效用篇》一卷　（日）梅原寬　伊東貞元譯
《啤嚕雀糞論》
《養畜編》三卷　（日）　原熙　吉田森太郎譯
《殖鷄秘法》一卷　（日）　中川一德　佐野謙之助譯
《蠶體病理》一卷　（日）河原次郎
《蠶種檢查》法規解義一卷
《淡水養魚法》一卷　（日）片野宇吉　田谷九橋譯
《日本昆蟲學》一卷　（日）松本松年　羅振常譯
《寄生蟲學》一卷　（日）生駒藤太郎　樊炳清譯

《螟蟲驅逐法》一卷　(日)小林傳四郎　徐繼祖譯

《日本製茶篇》二卷　(日)　高橘樹　田谷九郎譯

《日本製紙論》一卷　(日)吉田原太　沈紘譯

《學校造林法》

《日本特許農具圖説》　一卷(一)　沈紘譯

《日本第五回内國勸業博覽會規則》一卷　(日)農商務省

《大阪農學校規則》一卷　(日)吉田森太郎譯

《湖北興農文牘》一卷

第五集

《農業本論》二卷　(日)新渡户稻造

《農政學》二卷　(德)洪達廓資　(日)田谷九橋譯

《農業氣象學》一卷　(日)中川原三郎

《作物篇》一卷　(日)高田見三

《日本排水簡法》

前編一卷　(日)農商務省

後編一卷　(日)中井太一郎
《朝鮮牛醫方》一卷　(朝鮮)權仲和
《蠶病要論》一卷　(日)　井上五鹿　米良文太郎譯
《日本特許農具圖説》(二)一卷
《小學農業教科書》四卷　(日)　佐佐木祐太郎　橋本海關譯
《農業補習讀本甲種》二卷　(日)補習教育研究會
《穡者傳》十卷　(法)麥爾香　朱樹人譯
《鄂省西北部農業視察記》　(日)美代清彦　朱承慶譯

第六集

《農用器具學》一卷　(日)西村榮十郎
《農業工學教科書》一卷　(日)上野英三郎
《農業化學實驗法》一卷　(日)澤村真
《前庭與後園》二卷　(日)片山春耕　陶昌善譯
《農事之友》一卷　(日)森要太郎
《植物學教科書》二卷　(日)松村任三　劉大猷譯

《美國養鷄法》一卷　(日)　橫尾健太、鏑木由五郎　藤鄉秀樹譯
《屑繭製絲法》一卷　(日)竹澤章　沈紘譯
《植物名彙》一卷
《罌粟源流考》一卷
《藝菊書》　明　黄省曾
《種菊法》一卷　明　陳繼儒
《竹譜節要》　元　李衎
《日本竹譜》三卷　附圖一卷　(日)片山直人
《塩城物産表》一卷　蔣黼
《青田土産表》
《紹興新昌物産表》一卷
《廣東實業調查概略》　祥林
《徐聞縣實業調查概略》一卷　何炳修
《調查廣州府新寧縣實業情形報告》一卷　趙天錫
《潮州糖業調查概略》一卷　興禮

《南海縣西樵塘魚調查問答》一卷　羅振玉、陳敬彭

《粤閩南澳實業調查概略》一卷　劉鈺德

《南海縣蠶業調查報告》一卷　姚紹書

《廣東陽春縣實業調查報告》一卷　許南英

第七集

《農學校用氣候教科書》一卷　附録一卷　（日）草野正行、中村春生　中島端譯

《中等教育動物學教科書》二卷　（日）飯島魁　王國維譯

《農藝化學實驗法》一卷　（日）澤村真　中島端譯

《應用昆蟲學教科書》一卷　（日）江間定次郎、生間與一郎

《博物學教授及研究之準備》一卷　（日）山内繁雄、原野茂六

《果樹》一卷　（日）高橋久四郎

《農作物病理學》一卷　（日）出田新

《動物採集保存法》一卷　（日）武田丑之衛

《保護鳥圖譜》一卷　（日）農物局

《最新式製絲圖説》一卷

《日本植物圖説》一卷　（日）牧野富太郎

《農學津梁》一卷　（英）恒里、湯納耳　汪振聲譯

《印度鴉片烟制度》　印度行政議會

《香港鴉片烟制度》　香港行政議會

《孟加拉鴉片烟制度》　孟加拉行政議會

《古農書輯佚》　清　佚名

《神農書》一卷

《野老》一卷

《范子計然》三卷

《養魚經》一卷

《尹都尉書》一卷

《氾勝之書》一卷

《蔡癸書》一卷

《養羊法》一卷

《家政法》一卷

《農桑衣食撮要》二卷　元　魯明善
《竹譜》一卷　清　陳鼎
《牡丹譜》一卷　清　計楠
《吴蕈譜》一卷　清　吴林
《荔枝譜》一卷　清　陳鼎
《種巖桂法》一卷　清　梁廷棟
《南高平物産記》二卷　清　鄒漢勛
計共二百四十三種，三百零九卷(凡不注卷數者以一卷計)。

《教育叢書》三集　光緒二十七年至二十九年上海教育世界出版社編譯　木刻本

初集

《内外教育小史》二卷　(日)原亮三郎　沈紘譯
《國民教育資料》二卷　(日)峰是三郎　沈紘譯
《教育法》一卷　(日)立花銑三郎　王國維譯
《教授學》一卷　(日)湯本武比古

《學校管理法》一卷　(日)田中敬一　周家樹譯
《學校衛生學》一卷　(日)三島通良　汪有令譯
《算術條目及教授法》一卷　(日)藤澤利喜太郎　王國維譯
《法國鄉學章程》一卷　鄭守箴譯
《十九世紀教育史》一卷　(日)熊谷五郎
《日本教育家福澤諭吉傳》一卷　(日)奥村信太郎　汪有令譯
《日本文部省沿革略》一卷

二集

《教育學教科書》一卷　(日)牧瀬五一郎　王國維譯
《家庭教育法》一卷　(日)利根川與作　沈紘譯
《簡便國民教育法》一卷　(日)清水直義　沈紘譯
《社會教育法》一卷　(日)佐藤善治郎　沈紘譯
《實業教育》一卷　(英)斐理普·麥古那
《女子教育論》一卷　(日)永江正直　錢單士釐譯
《心理的教育原則》一卷　(日)杉山富槌

《小學教育法》一卷　（日）東基吉　沈紘譯
《理科教授法》一卷　（日）矢澤米三郎
《教授法沿革史》一卷　（日）　太瀨甚太郎　中川延治
《歐美教育觀》一卷　（日）育成會　沈紘譯
《日本近世教育概觀》一卷
《孔門之德育》一卷　（日）亘理章三郎
《讀書法》一卷　（日）澤柳正太郎
《二十世紀之家庭》一卷　（日）　古川花子　田谷九橋譯

三集

《斯邁爾自動論》一卷　（日）中村正直譯
《愛美爾鈔》一卷　附録一卷　（法）盧騷　（日）中島端譯
《西洋倫理學史要》二卷　（英）西額惟克　王國維譯
《費爾巴爾圖派之教育》三卷　（美）查勒士德葛德爾毛　（日）中島端譯
《視學提要》一卷　（日）吉村寅太郎
《學校衛生書》一卷　（日）坪井次郎

《海軍學校章程彙纂》一卷

《日本現時教育》一卷　（日）吉村寅太郎　羅振常譯

《日本高等學校規則要覽》一卷，附一卷　（日）小野磯次郎　周維新譯

《幼稚教育恩物圖説》一卷　（日）　關信三　小俣規義譯

《心理的記憶法》一卷

外《教育世界》六十三卷

計共三十八種，一百零八卷。

後記

《雪堂校刊羣書目録》乃一九二八年先祖雪堂公於重刊增訂本《碑别字》時，附於書後的，去今已六十五年了。最近我因從事編校《論著集》，才將舊目翻出，加以補訂，作爲《雪堂剩墨》附録之一種。爲便於讀者瞭解，再贅説如下：

雪堂公自己説：「夙抱傳古之志……此願竟不獲償。辛亥以後，索居無俚，萬事無可爲，乃慨然以一人之力任之。」這自然是實情，但説「世有以長塘之鮑、金山之錢、南海之伍擬我者，則予滋愧已」，則未免過自謙抑，因爲所校刊的書，以量計遠遠超過上述諸家，以質計，所刊書又皆間世一出之

秘籍，上可比於「孔壁」和「汲冢」。公在海外八年，屏絶人事，一意著書刊書，乃竟有人造謡説公在海外大發洋財，試想著書刊書能餓肚子幹嗎？八年中，專靠出售長物來維持一家生計，爲了刊書已弄得經濟異常拮据了。他在致繆藝風信裏説過這些話：

玉近已將《殷虚書契前編》編爲八卷，計四百八十餘頁，用玻璃版影印百部，每部成本至二十六圓，可謂奇昂，然印刷則至精。明年夏初當成《後編》，計六卷，力不能再用玻璃板矣。

此次沙州古卷已印成佚書十七種，分裝十五册。……合計石室書卷影片，費二千六百餘圓，此次印書百部，二千二百餘圓。若全書售了，當可敷印本……至影照費則無收還之望，如何如何……明年如可勉給朝夕，尚擬將經部各書印出，又非三千餘圓不可，因其頁數更多于是也。

近撰定《流沙墜簡》……此書又須用玻璃板，非二千圓以上不可，如何如何？……玉擬今年印《殷虚書契後編》，今印《流沙墜簡》，所蓄已罄，聞長者所刻影宋本叢書售歸同好，玉所刻《宸翰樓叢書》與尊板一律，若能由長者介紹，甚願售出以爲刻書之用。兹呈樣本一部，敬求酌定價格，不必見詢，若能有成，感荷無既。

又《後編序》説：

爰以乙卯仲春渡海涉洹，弔武乙之故墟，履發掘之遺迹……歸而發篋，盡出所藏骨甲，乃遴選《前編》所未備者……方謀所以流傳之，家人聞而匿笑曰：「往以印書故，竈凡不黔，今行見釜魚矣。」乃亦一笑而罷，然固未嘗恝置也。今年春遊滬瀆，有歐人某君者聞予爲此書，請而刊焉。

從這些話裏，得知當日印書之費都出自節衣縮食之餘，假使別人在這樣情況下，也許早就縮手不幹了。又據與繆書，知當日曾想把《宸翰樓叢書》書板託繆出賣來印書，這是拆西墻補東壁的辦法，後來没有實現，大概繆自己的書板也没有賣成的緣故。

王觀堂先生叙《雪堂羣書叙録》從當前漂流的身世，説到把傳古視同性命，身任編次校寫，選工監役，以至一切凌雜事務都不憚煩勞，來爲傳古服務。如果不是目覩，觀堂先生不會説得這樣親切而深刻的。觀堂先生和公是三十年故交，後來又做了兒女親家，不同於泛泛交游。解放後，公因失身僞滿，致門生故舊，有的人望門裹足，甚至對過去的關係諱莫如深。而張舜徽教授和公没有見過一面，只以早年讀公所著書，并且認爲公在史料的收集保存和書籍的傳播上，功不可没，竟於五十年代羣疑衆惑之際，寫了一篇《考古學者羅振玉對整理文化遺産的貢獻》，刊于所著《中國史論文集》（湖北人民出版社版）内，不怕觸犯時諱和權威，可以説是「空谷足音」。由於《殷虛書契考釋》一書出於觀堂先生手寫，雖觀堂先生在後序中明明寫着他是效張力臣爲顧亭林寫《音學五書》故事的，並説

「作字極劣何敢方力臣，而先生之書，足以彌縫舊缺，津逮來學，固不在顧書下也」。社會上竟對這段話熟視無覩，《考釋》出於王氏代筆之説是由王氏個別門人倡始的，後來弄得一唱百和。張教授文中也特加駁正。中間經過十年浩劫，黨三中全會以後才得撥亂反正。一九八一年，中山大學陳煒湛、曾憲通兩同志發表《論羅振玉和王國維在中國古文字學領域内的地位和影響》於《學術研究》，認爲像羅、王這樣政治觀點雖反動而在學術上確有貢獻的人物，應運用一分爲二的方法，實事求是地把政治和學術區分開來，而在學術領域内也應一分爲二，對他們作出合於客觀實際的評價，唯有這樣才能批判繼承，有利於今天的學術研究。一九八二年，張教授又寫了一部二十六萬餘言的《中國文獻學》，其中對近代學者整理文獻最有貢獻的人，舉出張元濟及雪堂公爲代表。將公整理流傳文獻的成績列爲五項，而説：「羅氏竟以一人之力，在整理文獻的事業上，做出了這樣浩大而艱難的工作，成績可謂大得驚人。」這與觀堂先生「傳古之功，求於古今人，未見其比」的説法（見王著《庫書樓記》）是相一致的，其難就在「一人之力」上。如和張菊老比較，菊老思想進步，參加戊戌變法運動受了打擊後，就放棄政治生涯，而以一生精力借用國家和社會的力量從事文化出版事業，專心致志不受干擾，其五十年間的業績，如《四部叢刊》及《百衲本廿四史》龐然巨帙，前所未有，霑被士林甚廣，不像雪堂公暫作「殷頑」，孤軍奮戰。雖然，兩人都奮鬥畢生，但我深惜雪堂公從一九二一年入覲故主起到一九三七年退返初服止，歷十五年，儘管平日不廢覃研，但時間和精力的消耗，是難以計算的，最後把時間和精力都付之虚牝。不然的話，對文化事業的建樹會更多更大的。

一九八三年，張教授又在《王國維學術研究論集》（華東師範大學出版社版）裏，寫了一編《王國維與羅振玉在學術研究上的關係》，歷舉觀堂文字和書札來證明羅、王交誼。他説，「我們讓事實説話吧」。我覺得當世學者都標榜以學習馬列主義爲自己的言論指針，然而能尊重客觀事實和細心調查研究的却寥若晨星。好多人都習慣於吠影吠聲，不能不説是怪事。張教授又因羅、王兩人政治思想一致，而一死、一生，一早死不及見僞政權，一積極奔走并曾就僞職，晚節出現了歧異，使人不解，而在文中最後説：「如果他活到六十、七十，可能也會隨同羅振玉到『滿洲國』去，和那些遺老們一起分任宫廷要職的。」這是張教授根據觀堂先生一生言行得出的結論，並不是無的放矢。

宋代學者歐陽六一無故得謗，而在近代學人中，我竊嘆雪堂公得謗最多。《集蓼編》舉出朱廉訪及汪文學，以爲不愧古之遺直（見本書第十七、十八頁），朱、汪是道見不平，拔劍相助，這止於一時一事，而張教授則已在公身後，數十年如一日地主張公道，近年又再三論著，大聲疾呼，所以使世人祛愛憎之私，明是非之公，非朱、汪所可比。韓昌黎所謂曠世相感不自知其何心，用張教授自己的話，就是「聊以伸斯文之正義耳」（來信語）。公如有知，應含笑地下，而我羅氏子孫則應世世尸祝之！

這次增訂，仍依舊目類别，而補以一九二八年以後、四〇年以前所刊書目，爲便於讀者，附注加詳，見於叢書中如宸翰、如玉簡、如昚古、如吉石、如雪堂、如雲窗、如殷禮在斯、如嘉草、如百爵、如遼事，以至清末所刊《國學叢刊》中諸書，都各依類別入目而附綴叢書之首字於後，以便尋檢。至於所編譯農學、教育兩叢書，舊目不列。今天重視科學，不久前，有人在《農業考古》中著文以公提倡近代農學之功不在傳古之下，而《教育世界》亦頻見稱述。可惜這些書我家已一本不存，僅從吉林大學圖書館藏書中抄得《農學叢書》簡目一份，尚缺第七集，會上海圖書館寄來新編《叢書綜録補編》稿本，兩種叢書的目録都有，著、譯人名也全，遂抄來作爲附録。編録完，寫下這篇後記，同時寫下了自己的一點感想。又，此目中各書大半依據舊日目録，不及一一檢核原書，難免有錯誤之處，此事應由編者負責。

一九八四年三月廿六日，繼祖謹記於吉林大學古籍研究所。

雪堂文集篇目索引

《面城精舍雜文甲編》　清光緒十七年(一八九一年)刊，略作「面」。
《面城精舍雜文乙編》　清光緒二十一年(一八九五年)刊，略作「城」。
《永豐鄉人甲稿》一卷　庚申一九二〇年刊，略作「甲」。
《永豐鄉人乙稿》二卷　同上，略作「乙上」、「乙下」。
《永豐鄉人丙稿》四卷　同上，略作「丙一」、「丙二」、「丙三」、「丙四」。
《永豐鄉人丁稿》一卷　同上，略作「丁」。
《雪堂羣書叙録》二卷　戊午一九一八年刊，略作「雪上」、「雪下」。
《松翁近稿》一卷、補遺一卷　乙丑一九二五年刊，略作「松」、「松補」。
《丙寅稿》一卷　丁卯一九二七年刊，略作「寅」。
《丁戊稿》一卷　戊辰一九二八年刊，略作「戊」。
《遼居稿》一卷　己巳一九二九年刊，略作「遼」。
《遼居乙稿》一卷　辛未一九三一年刊，略作「居」。
《松翁未焚稿》一卷　癸酉一九三三年刊，略作「焚」。

《車塵稿》一卷　甲戌一九三四年刊，略作「車」。

《後丁戊稿》一卷　戊寅一九三八年刊，略作「後」。

《貞松老人外集》四卷　癸未一九四三年刊，略作「外一」、「外二」、「外三」、「外四」。

《貞松老人外集補遺》一卷　同上，略作「外補」。

一畫

二畫

三畫

四畫

五畫

六畫

七畫

八畫

九畫

十畫

唐女冠徐氏墓誌跋　車・五十七
唐王夫人李氏墓誌跋　戊・三十八
唐王郊墓誌跋　丙四・十八
唐王行果墓誌跋　車・四十六
唐王君夫人李氏墓誌跋　焚・二十五
唐王固己墓誌跋　遼・三十九
唐王居士磚塔銘跋　外二・十二
唐王惠墓誌跋　丙四・三
唐王徵君口授銘明拓本跋　外二・十二
唐元君墓表跋　丙四・十四
唐太宗温湯碑唐拓殘本跋　後・四十一
唐勿部將軍功德記跋　丙四・九
唐孔子廟堂碑跋　丙四・一
唐玉鶴符跋　居・三十三
唐北海壇祭器碑陰跋　城・二十九

十二畫

十三畫

十四畫

十五畫

十六畫

十七畫

魏堯典殘石跋　車・五十
魏堯典殘石跋　居・三十八
魏敬史君碑跋　面・二十九
魏惠猛法師墓誌跋　丙二・二十
魏貴華恭夫人王氏墓誌跋　寅・三十四
魏傅姆王遺女墓誌跋　丙二・二十三
魏賀齊冢記磚跋　外二・一
魏給事君夫人王氏墓誌跋　松補・一
魏賈太妃磚志跋　丙三・六
魏源磨耶墓誌跋　面・三十
魏蔡儁碑跋　丙三・三
魏爾朱紹墓誌跋　焚・二十
魏齊郡王妃常氏墓誌跋　丙二・二十四
魏鄭公碑跋　丙三・八
魏鄭文公碑跋　丙二・十六

十八畫

十九畫

二十畫

二十一畫

二十二畫

二十七畫

後記

《雪堂剩墨》分四類，曰雜文、曰雜著、曰書札、曰附録。公生平文字皆手自編訂，其棄而不取者，繼祖又編爲《貞松老人外集》四卷，梓溪爲印行於瀋陽。此後，繼祖銖積寸累續有增益。曾以《雪堂剩墨》命名刊登於《東北師範大學學報》，僅一期而止。一九八二年繼祖以卧疴杜門，更多方蒐求，就稿移寫，付人清抄，篇幅漸富，即今編中所有者也。雜文皆出《外集》以外，亦有本應編入《雪堂校刊羣書叙録》而偶遺者，若《略出篇金跋》是。雜著皆屬草未竟之緒，如《俑廬日札拾遺》已於一九八二年刊入《中國歷史文獻研究集刊》第二集，今復與《讀積古齋鐘鼎款識札記》、《歸夢寮日箋》、《凝清室日札》、《金文跋尾之餘》匯刊於此。私人書札，例不存稿，故得之尤難。今編中所有以家書爲多，上徹庭闈，下逮子姓，雖瑣瑣家常，然可藉覘公一生内行之肫摯。公治家頗有類於所謂「封建家長制」者，然公嚴以律己，寬以待下，故能家門雍睦融泄，今去公之謝世四十餘年矣，而子孫中罔敢有踰閑蕩矩者，微公詒謀，何以致此，庸言庸行，我後人其永念毋忘哉！公與先叔祖遯園公塤篪允諧，故畢生通書彌勤，遯園公嘗見詔，公書片殘未遺。迨遯園公歿，家人不知，舉以售人，今遂無可踪迹。又公致王觀堂太姻文書亦幾與觀堂致公書數相埒，觀堂致公書，據今日其《全集》所收已二百四十一通，尚非全豹。據其後人透露，觀堂於自沉之前已將公所致書全部焚毁，不可復得，故編中致觀堂書無一通，不能無遺憾！附録爲公《著述總目》及《校刊羣書目録》、《文集篇目索引》，前二者，繼祖近所補輯；後者，梓溪叔所輯。初名匯編，略以文體類次，今據以重編，改爲索引，冀便尋檢云爾。

編録既訖，附綴數語，以稔讀者。

一九八五年歲次乙丑七月十七日，繼祖謹識於長春吉林大學古籍研究所之三助堂。

同策謹案：

繼祖先生於一九八五年編定《雪堂剩墨》並寫作《後記》。其後此書出版叠經變故，其間有陸續搜集雪堂公書札甚夥、復以書札單行另付出版之請者，經繼祖先生首肯，遂將原輯入《剩墨》中之書札二百零四通抽出。時某出版社慨然允諾出版此書且索稿甚急，而繼祖先生其時因目疾不便修訂《後記》，遂由予識其顛末，匆匆交稿。其後該出版社輕諾爽約，至遷延十數年。時光荏苒，歲月不居，搦管臨紙，曷勝感歎！時二〇一〇年五月二十日。

附録

羅雪堂先生傳略

董作賓

先生諱振玉，字叔藴，又字叔言；初號雪堂，晚以清廢帝溥儀贈書「貞心古松」匾額，因號貞松。清同治五年丙寅（西元一八六六）六月二十八日，生於江蘇淮安。先生先世籍浙江慈溪，南宋時有諱元者，始遷居上虞三都之永豐鄉，是爲上虞之始祖。二十世曾祖諱敦賢，寄居淮安之清河。父諱樹勳，性和厚，淡薄自甘。先生五歲入塾，從李岷江導源受學。時以羸弱多病，讀書之時少。李氏賞其早慧，而又慮其不壽，嘗謂：「此子若得永年，異日成就必遠大。」故其祖母亦器異過諸孫。七歲，已能略通文義，十三讀畢《詩》、《書》、《易》三經。翌年，讀《禮記》、《春秋》。年十有五，始志於學。自言：「方來歲月且長久，苟不致夭折，於古人所謂三不朽之一，或薄有成就。」是年應童試，名列第七。壬午秋，應鄉試。畢，紆道白下，因覽書肆，見粵刻《皇清經解》，父爲購之，先生如獲至寶，乃以一歲之力，讀之三遍；自謂得讀書之門徑，蓋植基于此時也。年十九，以平日讀碑版之積稿，著爲《讀碑小箋》、《存拙齋札疏》各一卷，是爲先生著書之始。翌年，俞氏曲園采札疏入其所著《茶香室筆記》中，於是海内有疑先生爲耆宿者，不知其年甫弱冠耳。其後，爲童子師，授課之暇，輒以著書自遣；經史而外，漸及小學、目録、校勘、姓氏諸學。是時先生年少氣盛，視天下事無不可爲，恥以經生自牖，乃留意時務。好讀杜佑《通典》、顧炎武《日知録》，間閲兵家言及防河書。繼思若世不我用，宜立一業以資事畜。三十後，遂有學農之志。讀農家言，既服習《齊民〔要〕術》、《農政全書》、《授時通考》等，又讀西洋農書譯本，惟憾其語焉不詳，乃擬創農學社，以資迻譯西洋農書。戊戌春，與蔣伯斧創農學社于上海。先後歷十年，所譯農書百餘種。歲庚子，鄂督張文襄以所設農務局未臻理想，亟欲改革，曾邀先生往總理農務，後以人事故，未克舒展抱負。己亥，甲骨出土于河南小屯。後三年，先生始見龜甲獸骨文字之墨本于丹徒劉鶚寓所，嘆謂：「此漢以來小學家若張、杜、楊、許諸儒所不得見者也，今山川效靈，三千年而一洩其秘，且適我之生，所以謀流傳而悠遠之，我之責也。」遂盡墨劉氏所藏千餘片，印成《鐵雲藏龜》，是爲甲骨文字著録行世之權輿。丙午，先生至北京任學部職，始蒐求甲骨，迄辛亥間，所得約二三萬片，其後所撰述之甲骨文字，多取材於此。「辛亥八月，武昌軍興，京師人心惶惶；時王静安氏與先生同在學部，相約各備米糧，誓守不去。十月初，遂與王氏及婿劉氏三家眷屬二十人赴日，是時武昌未下，京人有以爲大局尚可挽回，請稍留以觀其變者，先生諾之。送眷後三日，即隻身返大連。翌年春，知事已無濟，乃復東渡。」日人大谷伯及京都舊友富岡謙藏諸公書邀先生赴日避亂。在日期間，著述頗多。宣統元年十月，日人林泰輔作《清國河南湯陰縣發現之龜甲獸骨》一文，以可疑不決者質諸先生；翌年六月，遂著《殷商貞卜文字考》一卷以答之，自稱於此學乃得門徑。民國二十年辛未，時先生六十有六，以關内紊亂，忽動「勤王」之想，及冬，遂迎溥儀由天津之旅順；冬春間，病阨，先後兼旬，欲不就醫以待命，溥儀親往慰勉。民國二十一年，僞滿僭號，先生隨入僞都，拜「參議府參議」。上疏辭之，溥儀允其所請，而留先生于左右，以備咨詢。未幾被任爲「臨時賑務督辦」。丁丑，先生以年届七十有二，請准辭官，居旅順，閉門習静，著書自遣，或摩挲金石，評騭書畫爲笑樂。庚辰（西元一九四〇）五月十四日，先生以積勞成疾，猝然不起，溥儀聞之震悼，特謚恭敏，並賞銀治喪，時年七十五。先生畢生殫力治學，著述等身；其於學術貢獻最大者，厥有五事：其一曰内閣大庫明清史料之保存：戊申（西元一九〇八）冬，清宣統即位，令内閣於大庫檢國初時攝政典禮舊檔，閣臣檢之不得，因奏庫中無用舊檔太多，請焚毁，得旨允行。翰苑諸臣，因至大庫求其本人及清代名人試策，偶于殘策中得宋人玉牒寫本殘頁，寧海章梫以此影印分呈張文襄及榮慶，先生因知大庫藏書尚多，力請文襄整理保存歸學部；允之，文襄具奏，言凡片紙隻字不得遺棄。委劉啟瑞、曹元忠二人同整理，並面諭先生時至内閣相助。至是大庫所存無數重要史稿，經先生悉力以争，得免毁滅。後十年，又幾有造紙之厄，先生復購存之，乃得留于今世。其二曰甲骨文字之考訂與傳播：《鐵雲藏龜》問世後，孫仲容作《契文舉例》首爲考釋，而考定小屯爲武乙之墟，審釋卜辭帝王名號者爲先生。至若文字之考釋，其所著《殷商貞卜文字考》一書，實上承孫氏未竟之緒，下啟文字考釋之端。其於殷契材料之流布，則有《殷虚書契前編》、《後編》、《續編》及《殷虚書契菁華》等書之印行。唐立厂曰：「卜辭研究，雪堂導夫先路，觀堂繼以考史，彦堂區其時代，鼎堂發其辭例，固已極一時之盛。」而羅氏爲甲骨學之開山祖師，厥功甚偉。其三曰敦煌文卷之整理：清光緒三十三(西元一九〇七)年，英人斯坦因不顧法令，盜竊敦煌千佛洞大量古物返國，計寫本二十四箱，重要器物五箱。法人伯希和亦取得寫本十餘篋，計六七千卷。宣統初，伯希和賃宅於京師蘇州胡同，將啟行返國，其所得敦煌鳴沙石室古卷已先運歸，而以尚存于行篋者求教于先生。伯氏出示唐人寫本及石刻，先生詫爲奇寶。伯氏告之石室尚存卷軸約八千，以佛經爲多，宜早購致京師。先生乃電請護陝甘總督毛實君謀之，惟以甘肅貧瘠，恐難如願，又請太學出金，然總監督亦謂無款；先生以爲農科可節省充之，即其薪俸亦願捐出，終購得八千卷。伯氏歸國時，先生據其所得敦煌書目，擇其尤者攝影，先後編成《鳴沙石室佚書》、《古籍叢殘》；繼又選印德人所得西陲古壁畫，成《高昌壁畫菁華》。日人大谷伯西陲古物，先生亦據其高昌墓磚撰成《高昌麴氏系譜》，於是西陲古物乃得流傳。其四曰漢晉木簡之研究：光緒戊申(西元一九〇八)，西陲出漢晉古簡千餘，爲斯坦因所得；斯氏請法儒沙畹教授爲之考證，書成寄先生。先生乃分爲三類與王静安氏任考證，先生撰小學術數方技書、簡牘遺文各一卷；王氏成屯戍叢殘考釋，合而成《流沙墜簡》三卷。是書行世，影響於學術界者甚大。其五曰古明器研究之倡導：中州墟墓間所出明器，土人以爲不祥之物而棄之。故世無知者。光緒丁未（西元一九〇七），估人偶攜土俑爲玩具，先生見而購焉；復録《唐會要》所載明器之目授之，令凡遇此類物，不可毁棄。翌年，遂充斥都市，關、豫諸地亦有至者。初所見爲唐代物，尋見六朝兩漢者。先生據此研究，撰《古明器圖録》一書，遂啟日後古明器研究之風氣。此外復編印《古鏡圖録》、《隋唐以來古官印集存》、《封泥集存》、《歷代符牌録》、《四朝鈔幣圖録》、《地券徵存》、《古器物範圖録》、《古璽印姓氏徵》諸書，傳古之功，皆不可没也。

（原載《中國文字》第八期）

弔上虞羅先生

柯昌泗

上虞羅叔言先生，於六月十九日逝世於旅順寓居。海内外聞此噩耗，同聲痛惜，認爲學術界之最大損失。先生素負重名，一生事迹，彰彰在人耳目，遺留著作，與所提倡學術，校刊書籍，亦皆早已遍傳士林，本無俟於鄙言。惟思昌泗十二齡時，即執贄於先生門下，厥後京津密邇，恒爲請業。時承諄誨，深愧鈍質，不勝傳習之任。相從既久。於先生治學之規模，略有闚見。爰以管蠡所測，略述梗概，以諗當世，至於將來之傳狀碑志，則俟諸大雅宏達，表章不朽。此詹詹者，固不足以供採擇也。

數十年來，學術界所致力探討者，多半由先生引其端緒；所認爲重要材料者，亦多半爲先生所刊傳。綜計不下千百種，無不爲治國學者必須參考之要籍，而皆出於先生一人之力所成。其願力之宏，精力之果，學力之博綜，心力之周密，殆無第二人可以並駕。是以坊間每遇有雪堂所刊新書出版，購讀者争先恐後，幾於不脛而走。尤以考古之學，最爲士林所景從，此固不僅爲校讎目録金石之能事也。由於先生之學力，蓄積既厚，運用亦廣，所整理以嘉惠士林者，乃其表現於外者耳。談者每特推先生金石之學，實則金石僅爲先生所學之一端，且爲治學之用而非治學之體，未足以概全體之學術也。先生《雪堂金石文字跋尾自序》有云：「倘異日者此數卷書得流傳人間，後世或將以我爲金石學家，予且無辭以謝之。」是先生不專以金石學家自居，已自言之矣。惟自乾嘉以來，學術注重考據，考據注重材料，而考古之學興，金石爲用尤亟。先生整理學術材料，關於考古者較多，考古之中，又以金石較多，是以流傳者尤廣，沾溉者尤衆。若就先生治學之根柢門徑言之，其發軔之始，大體仍在經史也。觀於先生早年爲學，純用清儒考據方法，詳徵訓詁以説經，旁搜佐證以校史，兩者皆藉考古以爲學。及其極致，則左右采獲，上下洽通，發不傳之秘，補未見之書，淹貫湛深。以考古學論，亦稱絶學。至於流傳沾溉，則其蓄積運用之所及也。先生最初所著之書，爲《眼學偶得》，皆考訂經史之作，入手途徑，於此可見。茲再即先生早年所學，類列言之。先生本貫浙江上虞，寄居江蘇淮安，自幼即好學不倦。盩厔路山夫大令（岯）爲鷺洲先生（德）之孫，小洲先生（慎莊）之子，時亦僑居淮上。路氏家故多藏書，邵位西《標注四庫書目》、莫子偲《知見書目》所引路小洲善本，往往爲海内罕見秘笈。先生居與之鄰，日恒過從，盡讀所藏書，即慨然有述作之志。據先生《面城精舍雜著》，辛卯以前，專研經詁，辛卯以後，始治史學，中間留意金石文字，以爲考據之助。辛卯，先生時年二十六歲。《雜著》兩編，成於乙未，先生時年三十歲。其時所撰著者，已不下十數種，以經史爲大宗。其關於經學之著作：羣經，則有《毛鄭詩校議》（用《史記》、《漢書》、《文選》、《初學記》，及日本原本《玉篇》，慧琳《一切經音義》，以校木瀆周氏《毛詩正義》），《毛詩草木鳥獸魚蟲疏新校正》（取諸經疏，暨諸類書所引，以匡丁晏陸疏校正之所不及）；小學，則有《干禄字書箋證》（先生極推顔真卿《干禄字書》，云當與《蒼雅》並重，因爲之考校正誤，間有發明，附注於下），《釋人證誤》（糾正孫星衍《釋人篇》之違失）；關於史學之著作：正史，則有《三國志證聞校勘記》（本欲仿阮氏《十三經注疏校勘記》例，蒐集前人校史諸書，都爲一篇，而補苴其未備，爲《二十四史校勘記》，先成此書），《梁陳北齊後周隋五史校議》（時讀《梁》《陳》《北齊》《後周》《隋》五史，日盡數十紙，彌年而畢，於事迹舛誤，文字僞脱，隨筆校改，又汰其與前人闇合者，録寫爲五卷），《唐書宰相世系表考證》（以唐前諸史列傳，並諸家別集碑版文字，互證成書），《唐書藝文志校義》（以《隋書·經籍志》，及各史列傳，《舊唐書·經籍志》，互校成書）；年代學，則有《重訂紀元編》（以諸史暨諸紀元專書，校李兆洛《紀元編》，改正百數十處，其體例亦略爲變易，別爲《考異》一卷，序例六條）；姓氏學，則有《元和姓纂校勘記》（以孫星衍校多違舛，因重爲《校勒記》二卷，又采諸書所引、孫本失采者，別爲《佚文》一卷）；金石學，則有《寰宇訪碑録校議》、《補寰宇訪碑録刊誤》、《再續寰宇訪碑録》、《淮陰金石厪存録》、《讀碑小箋》、《碑別字》。觀於上列諸書，知先生早年治學之根抵，固極篤實而平易者，是以瑣屑臚陳，藉備學者知人論世之用，厥後則刊傳諸書，所在多有，不復贅述焉。先生在中年時，所整理之學術甚多，皆已隨時刊傳行世，其尤爲世界所注重者，凡有三事：即殷虚甲骨、西陲木簡、敦煌石室佚書是也。三者已皆風行海内，學者悉能言之。至於先生整理之功，海寧王静安先生（國維）《雪堂羣書叙録序》所言最爲詳確。古人云言有大而非夸者，此序足以當之矣。兹節録之於下：

近世學術之盛，不得不歸諸刊書者之功。刊書之家，約分三等：逐利一也，好事二也，篤古三也。前者勿具論，若近世吴縣之黄、長塘之鮑、虞山之張、金山之錢，可謂好事者；若陽湖孫氏、錢塘盧氏，可謂篤古者矣。然此諸氏者，皆生國家全盛之日，物力饒裕，士大夫又崇尚學術，諸氏或席豐厚，或居官師之位，有所憑藉，成書較易，其事業未可云卓絶也。若夫生無妄之世，《小雅》盡廢之後，而以學術之存亡爲己責，蒐集之、考訂之、流通之，舉天下之物不足以易其尚，極天下之至艱而卒有以達其志，此於古之刊書者未之前聞，始於吾雪堂先生見之。（中略。）先生校刊之書，多至數百種，於其殊尤者，皆有叙録。戊午夏日，集爲二卷，别行於世。案：先生之書，其有功於學術最大者，曰《殷虚書契前後編》，曰《流沙墜簡》，曰《鳴沙石室古佚書》及《鳴沙石室古籍叢殘》。此三者之一，已足敵孔壁汲冢之所出。其餘所集之古器古籍，皆間世之神物，而大都出於先生之世。顧其初出，舉世莫之知，知亦莫之重也。其或重之者，蒐集一二以供秘玩，斯已耳。其欲保存之、流傳之者，鑒於事之艱鉅，輒中道而廢。即有其願與力矣，而非有博識毅力如先生者，其書未必能成，成亦必不能多且速，而此間世而出之神物，固將有時而毁且佚，或永錮於海外之書庫，雖出猶不出也。先生獨以學術爲性命，以此古器古籍爲性命所寄之軀體，視所以壽其軀體者，與常人之視養其口腹無以異。辛亥以後，流寓海外，鬻長物以自給，而殷虚甲骨，與敦煌古簡佚書，先後印行。國家與羣力之所不能爲者，竟以一流人之力成之，他所印書籍，亦略稱是。旅食八年，印書之費以鉅萬計，家無旬月之蓄，而先生安之。自編次校寫、撰工監役，下至裝潢之疑式、紙墨之料量，諸凌雜煩辱之事，爲古學人所不爲者，而先生親之，舉力之所及，而惟傳古之是務。知天既出神物，復生先生於是時，固有非偶然者。《書》有之曰：「功崇惟志，業廣惟勤。」先生之功業，可謂崇且廣矣，而其志與勤，世殆鮮知之。余從先生遊久，知之爲最詳，故書以爲之叙。使世知先生之所以成就此業者，固天之所啟，而非好事者與尋常篤古家所能比也。

静安先生所特舉之三種學術，在先生未加整理之前，世固罕能留意及之者，自經先生開風氣而導先路，學者資以致力，精益求精，蔚爲大觀，至今尤盛。於以知静安先生此序，雖推崇備至，並無一字爲溢美矣。然而先生傳古之功，其犖犖大者，又不止此也。繼此又有三事，可與前序所舉者，先後輝映：曰内閣大庫檔案。宣統間，將有銷燬之舉，先生時在學部建議保存一部分，而所餘者尚多，陸續散出市上，堆積者三十屋，將以造紙。壬戌春間，先生聞之，亟至京，悉購以歸，凡八千袋。特闢庫書樓以貯之，且陸續整理發表，以公諸世。其中明清兩朝重要史料，不勝枚舉，迄今研究明清史事者，得此不至無徵，皆出先生之力。此一事也；東漢熹平石經，自宋以來，石已久佚，亦於壬戌春夏間又出於河南洛陽金村鎮之太學舊址。自此以後，發現甚多，然悉爲殘石，又分歸公私藏家，文字散碎，非綴屬不能校讀。先生爲此，曾躬至洛下訪求，既自得十數石，中以書序一石，爲尤有關於經學。又廣搜墨本千百通，句勒著録，加以考證，撰爲《集録》三編。七經文字同異，粲然畢陳，皆唐宋以後經學家所弗及知者。此二事也。三代鐘鼎款識，爲研究古代語言文字之重要材料，著録體裁，至清儒，始臻完善。厥後以影印代摹刻，於學者尤爲便利。然近年彝器日出不窮，前人著録，每多未賅。先生藏器數百事，拓本亦四五千通，既取前人所未著録者共二千有四十七器，先後摹寫爲《集古遺文》三編。丁丑年，又通已未著録之款識，悉付影印，成《貞松堂三代吉金文存》一書，體大思精，巨細靡遺，毫釐弗忒，較之自來著録，增益不啻倍蓰。前賢若劉燕庭、盛伯希積數十年力猶未逮者，先生以垂老之年，一人之力，成之而有餘。昔王蘭泉自序其《金石萃編》有云「欲論金石，取足於此，不煩他索」者，儻易「金石」二字爲「金文」，則惟此書足以當之耳。學者守此一編，於三代款識，若入羣玉之府。此三事也。以上三事，皆先生晚年所整理者，若論其功用，内閣庫檔近於《流沙墜簡》，熹平石經近於《鳴沙石室佚書》，《三代吉金文存》近於《殷虚書契》。此三者静安先生或未及言，或未及見，然前序所稱三事之語，皆可移以仰贊而無愧色者也。至於先生臨終之前，尚印行日本古寫本《華嚴經音義》，以彌慧琳、玄應之缺。前數年又刊行宋劉時舉《九朝編年綱目》、陳均《續宋編年》，三書皆有裨於訓詁傳記之學。則其自少至老，無一日不以嘉惠學者爲心，又無一日不以經史之學爲課，所云「述而不作」，又云「已欲達而達人」者，斯先生學術規模之所在歟。其金石之學，在先生固不以此自名，然近三十年來，治此學者莫不以先生爲依歸。今茲記述先生之學術，雖亦不得而略，然綜計先生平生所鑒定收藏之品，編輯校録之書，一時誠難縷述，只有從比較上立論，藉代舉隅耳。近三百年來金石學之日見發達，名家繼起，當以阮文達公爲先河，至先生而爲朝宗之匯。文達集中曾有《金石十事説》一文，自序其有功於金石者十事，今即以此十事相較而論。文達之一事二事，爲撰輯《山左金石志》、《兩浙金石志》。先生則分域著録，各成卷帙，自《淮陰金石僅存録》以後，若《海外吉金録》、《海外貞珉録》、《西陲石刻前後録》、《兩浙佚金佚石録》、《昭陵碑録》，恒農、芒洛、鄴下、襄陽、廣陵、吴下、三韓諸冢墓遺文，較之文達，有詳略之不同矣。文達之三事，如《積古齋鐘鼎款識》。先生之《貞松堂集古遺文》，即足以與之抗衡，遑論三代吉金文字之總編乎？文達之四事爲仿鑄散氏盤，九事爲摹刻重立華山碑，十事爲摹刻泰山刻石、天發神讖碑。先生遇有海内僅見之金石文字，無不竭力搜訪印行，以廣其傳，景印之本，亦不下數百品。宣城李氏之小盂鼎拓本（除陳簠齋外，諸家皆未得寓目者），即可敵散盤一事。敦煌本之化度寺，又可敵華山碑。至若金石刻詞有專書，天發神讖碑亦得宋拓爲之校釋多字。文達之六事，爲訪得西漢甘泉山中殿刻石。近年新出四時嘉至磬爲西漢石刻中奇品，先生購藏而拓傳於世，自此寰宇西漢石刻又多一種，視中殿石尤爲瓌異。文達之七事，爲精拓秦琅邪刻石，剔出文字一行。先生亦曾精拓嵩山三闕，文字畫象，較通行本所得爲多，與阮拓琅邪刻石同稱漢碑善本。文達之八事，爲移立漢應君亭長兩石人於曲阜矍相圃中。先生游洛下，訪得周韓通夫婦誌石，轉屬地方保存，事亦相同。誌石爲尤裨史學，由此觀之，豈惟不減文達，且有過之。雖亦時代使然，然而訪求之勤，功用之溥，則由於人力也。若夫文達平生有功學術之事，以校勘十三經爲最大，本不僅此金石十事。而先生畢生精力所萃，又有羣經點勘之作，會萃六朝隋唐諸寫本、宋元以降諸刊本，一一校其異同，不惟補苴文達校勘記所不及，抑亦多爲陸氏《釋文》、賈氏《音辨》所未見。益見先生平生學術本末，適與文達先後一揆，而加以發揮光大，體用在以傳古啟新知，故能宏廓規模，廣闢途徑。所云爲朝宗之匯者，又不獨金石之學爲然矣。

先府君行述

羅福成等
羅繼祖代撰

先君諱振玉字叔蘊，一字叔言，號雪堂，又號貞松，姓羅氏。先世河南閿鄉籍，宋南渡時，遠祖有諱元者，始遷浙江慈溪，繼遷上虞三都之永豐鄉（宋時鄉名），遂世爲上虞人。二十傳至先高祖考希齋公，諱敦賢，乾嘉間幕游江淮，遂僑居淮安之清河，以先曾祖考官高郵州知州，誥封奉政大夫。先曾祖考翼雲公諱鶴翔，誥授奉政大夫，誥贈中憲大夫。先祖考堯欽公諱樹勳，江蘇候補縣丞。三世皆以先君官誥贈通議大夫。高祖妣氏鄭，誥封恭人，曾祖妣氏陳、氏繆、氏方，祖妣氏范，皆誥贈淑人。先祖考生子五，先君次居三，生而羸弱，五歲始免乳。入塾從山陽李岷江先生導源受學，顧以體弱，一歲之中病恒逾半，然先曾祖妣方太夫人督課嚴，非病臥床蓐，必令在塾静坐，聽先伯父輩讀書，往往能默記。十五畢五經，稍習舉業，辛巳春，偕先伯佩南公隨侍先祖考返里應童子試。至杭，嬰喉疾頗劇，幾誤試期，適孝貞顯皇后上賓，國卹停試，乃得留杭醫療。五月初赴試，補弟子員。學使太和張公澐卿得先君卷異之，疑童試不應有此，既知不誤，乃召勉之曰：「予歷試諸郡，未見才秀如子者，然子年尚幼，歸家多讀書，以期遠到，毋亟科名爲。」是年冬，先祖考以質庫折閲，逋負山積，會得藩司檄，委署江寧縣丞，遂往就職，而以家事舉付先君，命佐先祖妣主持。時年纔十六耳。計時資産視逋負才及半，索逋者户外履恒滿，先祖妣以田宅爲先曾祖妣辛苦所置，矢死守之，先君搘拄其間，心力交瘁，率日釐家事，抵暮始得讀書，輒貯膏盈盞，復貯膏他器以益之，及膏盡，而晨鷄已唱矣。家無藏書，又無力購取，每值學使按臨，江南書賈多列肆試院前，遂時時就閲之，風雨不輟。平日則就親友借書，日必挾册出入，習以爲常。年未弱冠，即篤志著述，於服習經史之暇，以古碑版可資考證，時有山左碑賈歲必挾山左、中州、關中古碑刻過淮安，雖力不能得，亦必借賃讀之，遂成《讀碑小箋》、《存拙齋札疏》各一卷，爲平生著書之始。先妣脱簪珥易金刻成之。江寧汪梅村先生士鐸見而歎服，許爲後起之秀。德清俞蔭甫先生樾則採《札疏》語入所著《茶香室筆記》中，海内幾疑爲老宿。嗣於經史金石以外，旁及小學、目録、校勘、姓氏諸學，歲必成書數卷。丙戌以來，迭更婚喪，生計益窮，先君不得已乃謀爲童子師，得山陽劉氏館，歲脩二萬錢，已而移帳山陽邱氏及丹徒劉氏，館穀以次加豐，稍資事畜。壬辰二月，先妣范夫人以蓐勞殁，先君悼念患難中離，鬱痛彌深。甲午夏，先祖妣病瘧轉瘟症，深夜疾篤，六脈垂絶，醫者謝不處方，先君計無所出，乃刲臂肉和參湯以進，比旦，脈漸復，臥床半載始復常。方病亟時，先君扶持在側，衣不解帶者數閲月。先祖妣病後，精力漸衰，而憂勞未減，先君感先曾祖妣遺訓，乃泣請於先祖妣，謂宜割産少許，以紓急難，先祖妣許之，得錢三千餘緡以償宿逋之尤急者。於是朝夕耳目乃得稍寧。乙未春，吾母丁淑人來歸，時正中日戰役之後，國威新挫，人心思奮，先君雖家居，夙亦留心當世之務。念農爲邦本，因服習《齊民要術》、《農政全書》等書。明年春，家事粗安，乃請於先祖妣與吴縣蔣伯斧丈黼共設農報館於滬瀆，聘日本藤田博士豐八移譯歐美日本農書，以資考究，自任筆削。先是河決鄭州後，直、魯、豫三省河患頻仍，及吾鄉張勤果公曜撫魯，鋭意治河，而幕中士多主賈讓議，謂宜收買民地，放寬河身，先君聞而駭然，亟爲文萬餘言駁之。丹徒劉鐵雲姻丈，時亦佐勤果幕，見先君文大驚歎，爲言於勤果，且以所撰《治河七説》寄先君，蓋與先君説合者十八九，遂訂交焉。勤果邀先君入幕，以家事不能遠離謝之，而放寬河身之議，卒中輟矣。至是既創農館又以中日唇齒之邦，而語言閡隔，欲謀親善，當自溝通語言始。遂創辦東文學社，招生入學，由藤田博士任教務。學校中授東文實發軔於是社，如海寧王忠慤公國維，山陰樊少泉炳清、桐鄉沈炘伯紘兩文學，皆社中高材生。逾年戊戌，新政舉行，浭陽端忠敏公方以上三品卿領農工商局事貽書先君問措施之方，先君答書謂當自畿輔始，因以《畿輔水利書》寄公，公得之欣然，乃議先墾張家灣荒地。未幾公出任疆吏不果行，瀕行貽書謂公若願北來，當言之當道，必加倚畀。先君以去庭闈遠謝焉，時與公固未識面也。滬上自《時務報》出，主筆者日以危言聳論激勵人心，士夫亦争抵掌言天下事，先君察其人皆虚憍少實，私意民氣漸囂，或且階亂，與蔣丈議謂宜稍遠之，故旅滬雖久而闇然自立，不欲與諸志士伍。庚子冬，鄂督南皮張文襄公之洞以農務局司事者不得人，電邀先君赴鄂總理局務，兼農務學堂監督，堅辭不獲，乃受事。革譯員之不職者，躬親督課，未期年而校風清謐。公退之暇，復移譯東西教育規制學説爲《教育世界》，明年暑假返滬請辭，文襄許焉而命襄辦江楚編譯局，實無所事事，以素餐爲愧，逾年遂并謝之。數年來，積俸所入，除維持農館學社外，餘悉以償債，於是宿逋乃漸清。壬寅滬上南洋公學增設東文科，毘陵盛杏蓀尚書宣懷聘先君任監督，時朝旨復舉經濟特科，張文襄公及郵傳部尚書長沙張文達公百熙、法部侍郎歸安沈公家本、粤督西林岑公春煊、漕督貴陽陳公夔龍，交章薦剡。明年正月，丁先祖妣憂。先是戊戌特科初開，湘撫義寧陳公寶箴以先君名應，因政變中止，至是又以丁憂故謝徵車。尋南洋公學事解，乃應岑公召至粤參議學務。居一歲辭歸，會端忠敏公撫蘇，亦以參議學務邀先君，乃佐公創立江蘇師範學堂，先繕紫陽校士館爲校地，即舊紫陽書院也。開校任監督，初擬定學生分初級高等兩班共三百二十人，因校地狹，乃先招講習科生四十人，速成科生百廿人，薦藤田博士任總教習，山陽徐賓華廣文嘉爲監院。明年添設體操專修科，又設附屬小學校。當在蘇時，一如在鄂，日至講堂督課，課暇接見諸生，戒以敦品立行，俾不愧「師範」二字，時無父無君之説雖未猖獗，然已萌芽，故於校中設萬歲牌，朔望率諸生行禮，他校所未有也。按察平湖朱公之榛蒞校，昌言於衆曰：「今日學校率糜國帑、壞學術，誤子弟耳，安得如羅君之於此校，若嚴父之訓子弟，若李臨淮之治軍，令我歎服。」時爲大吏引重如此。乙巳十月，繼丁先祖考憂，先君以禄不逮養，痛徹心骨，又以十年來，飽經世故，無復少年邁往之氣，經劃蘇校復絀於資力，未竟設施，引爲己咎。百日後，至蘇辭職。意遂欲爲遯世計，忽得端忠敏公電，謂學部初創，已奏調君，幸即入都。先君以丁憂固辭，不可，乃入都上謁尚書蒙古榮文恪公慶，公堅要相助，且許以素服入署，派在參事廳行走，先君感公意誠，允暫留部。首請保存國學，迨議學部官制，設國子丞，及各縣留教官一人奉祀文廟，亦先君所提議，時論韙之。是年冬奉派爲視學官，視察直隸、山西學務，戊申春視察山東、河南、江西、安徽四省學務。明年張文襄公入樞府兼管部事，維繫益殷，遂不獲乞退。文襄奏請試署參事官，又歷充學部考試襄校官、提調官，殿試襄校官。及設大學，文襄復奏補農科大學監督。宣統初元，攝政王監國，令内閣於大庫檢國初攝政典禮檔案，閣臣檢之不得，乃奏請焚燬庫中無用舊檔，得俞旨矣。先君聞之，亟言於文襄，謂中多重要史料，不當燬棄。又閣中藏書乃前代留遺，雖殘闕不完，亦應董理。文襄韙焉。乃皆得歸部保存。後歲壬戌，舊檔又有造紙之厄，先君時寓津沽，聞之亟斥資購歸，得以始終保留，曾擇要印行爲《史料叢刊初編》，惜未竟其業。又光緒季年，歐人訪古於我西陲，多得古簡牘卷軸以去。是年有法國伯希和教授過京師，以所得敦煌石室卷軸示先君，先君詫爲奇寶，與商寫影以傳之，教授爲言石室尚有卷軸八千餘，盍早日購致京師。先君欣然，以白部，請電護甘督豐城毛實君方伯慶蕃購解，乃解至都，爲人篡竊割裂，多喪其菁華。及先君寓津沽，私竊之卷往往得之估人手，則當時所未及料者也。辛亥武昌變起，詔起用袁世凱，先君知無可爲，憂憤填膺。爰從東瀛舊友内藤湖南虎次郎、狩野子温直喜兩博士之招，攜家東渡，初寄寓田中村。明年乃於浄土寺町築樓數楹，取顔黄門《觀我生賦》語，顔曰「永慕園」。園中有小池，落成日，適都人聘任清史館纂修，書至乃焚書於池，顔曰「洗耳池」。又别築樓敬貯清列聖宸翰，顔曰「宸翰樓」。念世變方新，無能致力，私居悲咤，惟寄情於著述，或蒔花種竹自娱。自光緒己亥，殷貞卜甲骨出於洹濱，首爲福山王文敏公懿榮所得，庚子文敏殉國難，所藏盡歸劉鐵雲姻丈。先君因得摩挲考訂，歎爲張、杜、楊、許諸儒所未見，慫慂拓墨印行爲《鐵雲藏龜》，爲甲骨傳世之始。嗣官京師，訪知出土地爲安陽小屯。先後購求所得遂逾二萬，歲庚戌，撰《殷商貞卜文字考》，謂其文字雖簡，然可正史家之違失，考小學之源流，求古代之卜法，又參稽史籍，知其地爲殷武乙故墟，顧以篳路初啟，闡發未盡，至是始盡墨所藏爲《殷虚書契前後編》。繼念考釋之事不容或緩，乃發憤鍵户者四旬餘，成《考釋》三卷，六萬餘言，凡得可識之字五百四十餘，探頤索隱，視前書倍蓰，其大者若帝諱之異文，京邑之廢置，祀禮之沿革，文字之遞嬗，多所考定。已又於殷虚得犀象彫器、石磬、戈鏃等數十事，精巧絶倫，可窺見古代良工製作，又景印爲《殷虚古器物圖録》。於曩所不能名者，若疏匕，若柶，若笄，乃一一見諸實物，裨益匪細。鳴沙卷軸轉歸異域，先君既從伯希和教授得景本，乃分别已佚未佚，編印爲《鳴沙石室佚書》、《鳴沙石室古籍叢殘》各數十卷，每書爲跋尾，提要鉤玄，洞厥源委，又據其中記西陲事跡，足補史籍疏失者，論次之爲《補唐書張義潮傳》、《瓜沙曹氏系表》各一卷。光緒戊申，西陲出漢晉古簡千餘，爲英人所得，先君聞之，展轉求得景本，與王忠慤公分任董理，成《小學術數方技書》、《簡牘遺文》各一卷，得知書法蕃變，簡牘體式。又於日本大谷伯光瑞許見高昌故墟遺物，其紀年世次多史氏所未詳，取以參互考訂，爲《高昌麴氏系譜》一卷，他若吉金、明器、碑碣、鈔印皆辛苦蒐討，先後纂録成書，凡數十種，剞劂之費，以鉅萬計，多斥鬻長物以濟之，饔飧不繼，弗顧也。居東八年間，雖以著述遣日，而睠念魏闕，未嘗一日去懷。乙卯秋識蒙古升文忠公允，一見如故交，握手珍重，共勉歲寒。亦間至滬上與朋輩有所規畫。己未春，慨然動歸歟之念，海東友好，多方維縶，皆堅謝之。歸國後，首至梁格莊叩謁德宗山陵，且謀於淶易間卜宅，以故不果，遂定寓津沽。明年與膠州柯蓼園學士劭忞，創京旂生計維持會以拯旂民之貧乏無告者，而慮鉅款難集，先君乃檢所藏書畫金石墨本數百品展覽出售，得價二萬圓爲之倡。義金漸集，因於急外，設文課以卹士流，設工廠以收少年子弟，更欲爲謀久遠，卒以資絀難爲繼中罷。壬戌冬，大婚禮成，先君入賀，蒙召對養心殿，温諭許得隨時奏事，先君感激知遇，津門密邇京師，故得聞宫禁事，内訌外侮，紛至迭乘，先君憂之甚，與升文忠公共商未雨綢繆之計，密疏奏陳，或一人具奏，或聯名以聞。事雖不獲盡行，然每疏上必蒙動色褒許，而左右爲側目矣。甲子八月，奉命入直南書房。入都賜對賜餐，面諭命檢寧壽宫藏器，甫三日，復命與袁勵準、王國維同檢定養心殿陳設。至十月，國民軍突遣砲兵駐紮大高殿，先君逆知將有變。不數日，馮玉祥軍入城，於景山架砲直指皇居，知變益亟，當事者顧主鎮静，先君知不可與謀，遂至津探其事，不意變在朝夕也。乃甫抵家，而聞警耗，亟往見段祺瑞，將陳説大義，令發電止暴動，段謝不見，而允發電。翌晨入都覲於醇邸，命與貝勒載潤、内務府大臣紹英、耆齡、寶熙，充皇室善後委員與民軍折衝，先君忍恥就議席，時雖移蹕而民軍禁錮嚴，臣工出入不便，先君首抗議三事，一敬懿、榮惠兩太妃在宫中，毋得驚擾，二出宫時衣物未攜帶，須容取出，三諸臣出入不得譏呵。彼等皆唯唯。議散，先君目擊奇變，憤不欲生，尋念不可徒死，歸寓撫膺長慟，靈明驟失。王忠愨公爲延醫診視，言心氣暴傷，或且絶，若得睡方可療。服藥得睡後，遂却藥不復御。時民軍尚圍守行朝，與商撤退，不可，先君傳旨諭段祺瑞，令告民軍撤退，乃不敢拒。既三日，先君與閩縣陳文忠公寶琛密議，謂兵雖撤，慮有他變，宜速覓安全地，乃定議移蹕日本使館。是日風霾大作，對面不辨，故得匕鬯不驚。明年二月朔，遂侍上微服幸津沽，駐蹕張園。使館書記官池部君政次與有力焉。方與民軍會議時，同列脇於淫威，不敢盡言，先君獨侃侃不少屈，兩太妃出宫亦先君折衝調護得無事。又草通告各國諭旨，俾知民軍以暴力廹改辛亥條約，失信中外，然卒以力膺艱鉅，不避嫌怨，爲宵人所忌，横加誣衊。乃不蒙察。至津後與升允、鐵良、袁大化同拜顧問之命，先君以名位太崇不敢就。駐津數年，南勢北漸，日益危廹，先君與升文忠公、王忠愨公憂之甚，然無從致力，求退復不許。丁卯五月，忠愨憂憤自沉，先君爲遞封奏、經紀身後，而傷同志之日孤。戊辰冬，將移居旅順，求退，然每歲首必赴津祝壽。及辛未秋柳條溝事變勃發，先君奔走奉吉間，與宗室熙公洽及日本軍部折衝籌議，又至津面奏，自秋徂冬，席不暇暖。且出入兵間，咸爲先君危，先君神色自若，賦詩有「縱横戎馬地，義重此身輕」句，紀實也。時先君日侍行幄，遲回至歲暮，成議忽中變，先君撫躬内疚，重以積勞，遂病風寒及呃逆，症幾瀕危殆，尋診治就愈，而氣體内虧，蓋隱痛深矣。前歲，先君追記甲子宫門變故始末爲《甲乙紀事》，致慨於養癰致寇，惜綢繆之不早，將繼是記辛壬間事，遲回未忍下筆。去冬忍痛屬草，未及半以病輟，卒不克就。僞滿甫立，隨扈入都，先君以斯邦肇建，宜崇尚廉退，上疏懇辭。參議新命。未幾被任爲臨時賑務督辦，明年夏承乏監察院長，又明年正月，改行帝制，先君在職數年，累上疏，皆格不行，且衰病日甚，冬季感寒喘咳，彌月不瘳，行二三十步即覺胸痛，又時患失眠宿恙，不任繁劇。再三乞休致，至四年四月，始得請，退寓旅順，閉門習静，著書自遣。或摩挲金石，評騭書畫爲笑樂。春秋佳日，必詣闕並與朋輩話舊，歲以爲常。年來國是翻覆，民生塗炭，先君悲天憫人，益鮮歡悰，力圖挽救，百無一遂。又以南中烽火，先壟久闕祭埽，時時疚懷，氣體愈衰，偶觸風寒即病，胸痛亦時發。去春病頭眩，久之方愈，今年春初，微染風寒，纏綿未已，至二月中旬突轉肺炎，醫者謂先君年高，病勢可慮，不孝孫承祖侍側，惶急不知所措，乃私封臂肉和藥以進，月餘以後，遂日見康復，醫以爲異，不孝等則私慶大耋可期，詎意五月初旬，發胸痛宿恙，旋作旋止，然飲食起居無殊常日，且親詣醫院診察，謂肺部已全平復，胸痛係胃酸過多，亦無妨礙。十三日昳，尚與客從容坐談，乃入夜痛作，不能安眠，至翌晨侵曉，痛勢頓劇，急延醫來診，謂心臟驟變，施針術救治，痛未能遏，延至巳刻疾革，春秋七十有五，事聞賜奠醊、賜誄、賜祭，予謚恭敏，賞給陀羅經被，循舊制也。先是甲子夏，先君蒙賞在紫禁城騎馬，及入直後，歷蒙賞御書匾額、春條、御容，六十、七十生辰，兩蒙賜壽，賜御書匾額、楹聯、壽佛、如意、紗縠，先君居恒念以疏逖受殊知，擢近侍，謹記恩遇以示子孫，世世毋敢忘。先君稟賦素弱，早歲揞拄家計，溺苦於學，遂得不寐疾，家貧不能詣醫，任之自然。壯歲後，體氣漸充，辛亥以還，轉徙江海，憂心君國，鬚鬢早蒼，而神采轉健。甲子、辛未兩役，以一身膺艱鉅，祁寒盛暑，志氣彌厲。先君賦《羸叟吟》所謂「中歲歷艱虞，偶亦不自揆，頓若忘駑駘，超騰追驥駬」者也。嗚呼！數十年家屯國難，極人世之至哀，奔走勤劬，極人世之至瘁，悲憤鬱結，無可告語，如萬潮奔騰，遏不得發，極人世之至苦，論其摧剥，金石可銷，矧在血氣，卒之天未厭亂，賫恨終古，痛哉痛哉！旅東之年，值鼎革，報紙妄信無稽，肆口詆毀。先君見之，作書與争，復爲文斥正之。因念南中穢史，揑造事實，汙及宫闈，宜將列朝實録恭刊行世，日月既出則爝火自息。丐柯蓼園學士言之史館當事，拒不納。至是滿日文化協會成立，先君被推爲會長，首以是倡議，得會中贊決，乃中間阻厄横生，勉强觀成，先君自記，謂即此區區草野微忱，亦歷百艱而始達，有餘痛焉。先曾祖妣、先祖妣兩世劬勞，門户賴以不墜，先君每深風木之悲，擬改淮陰老屋爲祠堂，以奉饗祀，收田畝爲義莊，以贍族之貧者，乃事事牽掣不果行，畢生以爲恨。好善出自天性，先祖妣秉質慈祥，見人有急難，雖典質俱窮，亦心思所以拯之，鄰曲有以困厄告，無不勉應，有以窘迫及他故自殺者，每命先君儲藥以待，雖深夜必令親往，歲輒活數人，故棄養之日，鄰右多哭失聲。先君繼志以飢溺爲懷，親故有貧乏者分金賙之不少吝，而自奉儉約，數十年如一日，自己未辦豫賑以來，凡善舉無不與，每恨災巨力薄。京口完節堂，邑紳鮑氏所創，丁丑京口被兵，堂中孀嫠幾遭强暴，主事者鮑君敦典長叙冒白刃力争，闔堂得全，而資給恒産悉没於兵，勢岌岌莫保。先君感鮑君風義，措資維持，值南北匯兑阻絶，乃託人展轉匯致，久不得報，彌留猶念之不置，於以見先君樂善之誠，不以死生易念如此。先君畢生致力於文字考據，而論學則未嘗祖漢以絀宋，嘗論國朝學術昌明，義理訓詁，奄有前代之長，中葉以後，偏重訓詁名物，不能無失，至於今日，人倫攸斁，聖學垂絶，非講求三千年精神文明，不能救人心之陷溺。歲庚子，應中日文化協會之請，爲講國朝學術源流派别，論列大旨，又應金州士紳請講《論語》於文廟明倫堂三閱月，以滿洲兵事輟。咸同名宿汪梅村先生外，若寶應成芙卿先生孺、烏程汪謝城先生日楨、會稽李蒓客先生慈銘，皆曾奉手受教，交口延譽，並世學者則嘉興沈乙盦尚書曾植、宜都楊惺吾舍人守敬，及柯蓼園學士、王忠慤公，而與尚書忠慤論學尤契合。少負傳古之志，庚子至辛亥十餘年間海内書器日出，以一人資力蒐聚之，考訂之，傳播之，嘗自謂平生百不稱意，獨文子之福，有非乾嘉諸儒所及。王忠慤公序《雪堂校刊羣書叙録》稱先君博識毅力，譬之奇節獨行之士。恒出於衰亂之朝，則以一代興亡，與夫萬世人紀之所繫，天不惜生一二人以維之，學術亦然，若黄、鮑諸家，篤古好事，則人臣生無事之世，當官守法而已，又稱先君以學術爲性命所寄之軀體，思所以壽此軀體者，與常人之養口體無以異，推服至此。顧先君猶以心贏力絀爲憾。自旅東以迄居遼，校刊書凡四百餘種，自著書凡百三十餘種，晚年伏案把卷，不自暇逸，有所述作，輒手削草，不孝等私以節勞爲請，不可。前歲手訂兩年來文字爲《後丁戊稿》，又述石刻軼聞爲《石交録》，皆未及授梓，他屬草未寫定者尚十餘卷，南中兵事未寧，不克歸葬先壟，謹遵遺志於八月廿八日寅時卜葬於旅順水師營西溝屯西南山之原。配先妣范淑人，連平候補光禄寺署正諱玉麟公長女，繼配吾母丁淑人，山陽廩貢生諱荀公次女。子五人，不孝福成出爲佩南公後；福同殤；皆范淑人出。福萇劬學早卒，王忠慤公爲作傳，載《觀堂集林》；不孝福葆宫内府掌禮處長；不孝福頤國立中央博物館學藝官；皆丁淑人出。女三人。長次適丹徒劉大紳、阜陽程傳鑣，程先卒，皆范淑人出；三適海寧王潛明，丁淑人出。孫七人，繼祖，福成出；承祖、繩祖、興祖、紹祖，皆福葆出；承祖嗣福萇後。緒祖，福頤出；希祖，福葆出。孫女八人，長福成出，適山陰樊豐齡；次福萇出，殤；三福葆出，適丹徒劉厚祜；四、五皆福葆出；六福頤出；七福葆出；八福頤出。曾孫一安國。曾孫女二，皆繼祖出。不孝兄弟愚騃無識，於先君志節出處，知有所不能詳，言有所不能盡，謹據平昔趨庭所聞，及先君《集蓼編》所自記，粗陳梗概，絓漏實多，伏乞當世立言君子，錫以傳誌，世世子孫，感且不朽。

不孝羅福降成（葆、頤）泣述

愚姊壻何福謙頓首拜填諱

《先府君行述》，乃予庚辰（一九四〇年）代先君、先叔撰。先祖棄養之初，《哀啟》乃陳君英三（邦直）所撰，陳君時供職于滿日文化協會，奮筆代勞。第其與先祖非素稔，未能傳先祖心事於楮墨，語甚泛泛，予遂于苫塊之餘寫此，時年未及三十，乃初學乍煉。次年《貞松老人遺稿》付刊，用作附録之一。今時殊世異，將輯入《家乘别録》，于字句間略作改易。

一九九三年四月初旬繼祖謹識

永豐鄉人行年録

羅繼祖輯述

序

當余幼年，就學於北京清華大學國學研究院時，曾受業於梁啟超、王國維、陳寅恪諸先生之門。初未識雪堂老人即永豐鄉人羅振玉氏。及至清華結業之後，余館於梁先生天津寓廬飲冰室中，時梁先生體弱多病。一日《史記補注》著名史學家張森楷先生自成都來訪，寓於羅氏之嘉樂里。梁先生囑余代回訪張先生，因而得識雪堂老人。比余服務於北京圖書館纂輯《晚明史籍考》，訪書江浙並北上遼瀋，因謁雪堂老人於旅順，蒙慨然以明茅元儀《東夷考略》舊鈔本相假。其提携後進之誼，至爲可感。解放以來，余又與其哲嗣羅福頤先生同學於華北大學政治研究所。六十年代之初，其孫羅繼祖兄自長春吉林大學來北京中華書局校點《宋史》，與之往還尤密，且不吝一瓻之借。嗣後書疏往返，彼此切磋，不恥下詢，獲益良多，遂成通家世誼之好。

若以一分爲二的觀點來看問題。余以爲雪堂老人於清末成爲保皇派，猶且拖着王静安師一齊下水，誤己誤人，自貽伊戚。爾後，羅氏硬把日本的軍閥與日本的學者等類齊觀，進而又勾結日本軍閥，建立僞滿洲國，誠錯上加錯也。禍國殃民，罪無可逭。雖其晚年頗有懺悔之意，也不能辭其咎。然而另一方面，雪堂老人在近代學術研究史上，也確有其貢獻。當清光緒年間，國勢傾危，外患頻仍之際，羅氏於滬上創辦農學會的同時，復從事農業科學書籍之編譯，且於新教育事業多所贊畫。其時清政府政治窳敗，宫廷内部日事鬬争，不理國政，以致於祖國文化遺産若河南安陽所發現之殷虚甲骨，新疆、甘肅羅布淖爾等地所發現之漢晉木簡，甘肅敦煌所發現之唐人寫經及已佚之古代典籍，洛陽、西安等地冢墓中之墓誌銘文以及清宫内閣大庫所貯藏明、清大量歷史檔案等，清朝統治等漠不關心，任其散失。不是流入外國，就是淪爲廢紙。這些文物資料的重要性，見於王國維先生所著《庫書樓記》。後迭經雪堂老人苦心搶救，不惜變賣家産，把許多文化古籍贖回搜輯起來；或者與國外學者交流，把流失到法國巴黎、英國倫敦、日本東京等地圖書館和博物館的遺物，攝影復製，輯爲專書，復由雪堂老人耙梳整理，捃集叢殘，撰爲論著，敍述其源流始末，辨證其内容真僞，發揮而光大之，於學術實有繼往開來之勞。故雪堂老人對於祖國文化事業的業績，理應予以肯定。再者，雪堂老人對於學術事業用力之勤，倡導自由研究的學風，以及嚴謹的治學方法和「鍥而不舍」到老不倦的治學精神，也曾爲同輩人所稱道。

今甘孺先生新著《永豐鄉人行年録》，輯述羅氏生平，資料頗爲豐富翔實，於研究文史之學者有重大參考價值，故樂爲之序。上述管見如有不當之處，敬希讀者評正。

謝國楨　於北京
一九八〇年四月六日

永豐鄉人行年録（羅振玉年譜）

甘　孺*　輯述

清同治五年丙寅（一八六六）一歲

六月廿八日子時，鄉人生於江蘇淮安府山陽縣南門更樓東寓廬。

鄉人家自南宋時由慈溪遷上虞之永豐鄉，遂爲上虞人。傳十九世至鄉人曾祖諱敦賢，字希齋，嘉道間歷佐鹽河幕，流寓江淮。希齋公九子，三諱鶴翔字翼雲，江蘇候補布政司理問，以廉能爲大吏器異。道光廿二年，英人犯長江，以防海勞保知府銜。廿三年以催漕獲盜功保知州。歷知泰興、贛

* 甘孺，羅繼祖先生筆名，此書最早在江蘇出版時，即署此名。

榆、高淳、江寧諸縣事，終高郵州知州，是爲鄉人祖。翼雲公二子，長諱樹勳，字堯欽，江蘇候補縣丞，歷署江寧縣丞、海州州判、徐府經歷、清河縣丞，是爲鄉人父。配范淑人，山陽范詠春以煦長女，生子五，鄉人次居三。堯欽公始定居淮安（按：鄉人先世無達者，據《上虞羅氏支分譜》，其上虞本支通朝籍者，惟八世名禄，恩貢生，歷桃源、新繁、天長三縣知縣；十一世名康，嘉靖己酉舉人，直隸武清縣知縣，敕授文林郎；至希齋公以佐幕積俸，從事懋遷，而未嘗以書商爲業。溥儀《我的前半生》謂鄉人出生舊式書商家庭，乃嚮壁之談，殆以鄉人好著書刊書，遂附會爲此説，以熒視聽歟？○鄉人生，桐鄉勞玉初乃宣與堯欽公有昆弟之盟。適游淮安，預於湯餅之會。時已有長姊寶□，長兄振鋆，次兄振鏞。鄉人次居三。

清同治六年丁卯（一八六七）二歲

叔父仲宣公膺鄉薦。仲宣公諱樹棠，官終遂昌教諭。

清同治七年戊辰（一八六八）三歲

鄉人生而羸弱，冬始免乳。

清同治八年己巳（一八六九）四歲

三月，長妹寶書生，後適山陽范氏，婿湘谷雲，范太淑人猶子也。○本年堯欽公以納粟捐得江蘇縣丞。鄉人從長姊問字，至冬識字千餘。

清同治九年庚午（一八七〇）五歲

入塾，受《毛詩》。○塾師李岷江導源，山陽拔貢生，堯欽公受業師也。

清同治十年辛未（一八七一）六歲

受四子書。四月，次妹寶珊生，後適儀徵汪氏。

清同治十一年壬申（一八七二）七歲

病項間腺腫，讀書即發，雖受《尚書》，師第令默坐暗誦，成熟後背誦之，以完日課。師爲諸兄講授，旁聽遂漸解文義。師講「先祖匪人，胡寧忍予」句畢，謂古人質樸，若令直斥先祖非人，則不可矣。鄉人起質疑，師曰：汝謂當作何解？曰：此恐與「母也天只，不諒人只」句意通，言先祖亦人耳，人莫慈於祖父，胡忍見子孫苦厄而不之恤乎？師大驚異曰：詩意誠如是，不意予尚昧而汝已明。特召堯欽公告之曰：此子異日必以學術名當世。一日師講「具曰予聖，誰知烏之雌雄」句，謂人皆自謂聖，然孰聖孰否，亦如烏之雌雄莫辨。鄉人質之曰：胡獨以烏爲喻？師曰：汝意云何？曰：鳥獸雌雄往往於其毛色知之，如鷄鳧，惟烏則雌雄毛色不異，無從遽別，猶人之聖否無從一見而判也。師撫鄉人首曰：此足以啟予。師慮其慧而不壽，謂堯欽公曰：此子若得永年，異日成就必遠大。祖母方太淑人亦器異之逾他孫。○十月，三妹寶泉生，後適宛平王氏。

清同治十二年癸酉(一八七三)八歲

雖授《易》，仍以病終日坐書塾默誦。○方太淑人治家嚴，子弟無故不許出塾門。端午節，李師偶携鄉人入市，乍見工人鍛鐵，怪問赤者何物？師告之。仲宣公遂以「鐵打鐵」三字命對，鄉人應聲曰「柯伐柯」。仲宣公疑非己出，更命對，應曰「人治人」。是年，堯欽公赴漣水折獄。

清同治十三年甲戌(一八七四)九歲

醫治鄉人腺腫多投涼劑，遂病喉，月必數發。師命理已授書，不復授他經，且告堯欽公曰：「此子不慮學不成，慮體弱，授書非所急。」

清光緒元年乙亥(一八七五)十歲

六月，弟子經振常生。

清光緒三年丁丑(一八七七)十二歲

十月，四妹寶全生，後適山陽李氏。○始讀唐詩，堯欽公更畀以工部、劍南兩集。

清光緒四年戊寅(一八七八)十三歲

畢讀《易》、《詩》、《書》三經，初學爲詩文及小論。

清光緒六年庚辰(一八八〇)十五歲

讀《禮記》、《春秋》。○五妹生。○初學製印，苦無師承，以百錢從持竿售舊物者得漢人私印一，佩衣帶間，爲有印癖之始。

清光緒七年辛巳（一八八一）十六歲

始學爲制藝。三月，堯欽公送鄉人長次兩兄返里應童子試，命偕往，時八比甫成半篇。至杭，寓板兒巷邵家店。鄉人途次病喉甚劇，水漿不能下咽者十九日，幾誤試期。會值孝貞皇后喪，展試期至五月，遂得留杭醫療。病癒就試，正場首題：皆爲庶人，庶人不傳質爲臣。次題：何謂尚志。詩題：松花滿碗試新茶得新字，五言八韻。經古場題：盧橘夏熟賦。詩題：風摇雜樹管弦聲得聲字，五言八韻。榜發，鄉人入縣學第七名，伯兄佩南振鋆第廿四名。學使太和張霽亭澐卿得鄉人經古卷，欲置第一。尋疑童試不應有此，拆彌封見年十六，益疑之，正場提堂面試，並出賦卷令講解無誤，疑始釋。因勉之曰：「予歷試諸郡，未見才秀如子者。然子年尚幼，歸家多讀書，以期遠到，不必亟科名。」在杭，偕仁和王同伯同謁郡庠觀宋高宗書石經。於堂壁見阮文達元所摹天一閣本石鼓文手墨一本。游西湖，摩挲諸山題刻，流連不忍去，求墨本於坊肆不可得。爲平生癖金石銘刻之始。又於旅舍見桐城吴康甫廷康，年八十餘，長髯修幹，藏專最富。索所著書尚無印本，惟以古琴拓本四紙貽鄉人。在郡城醉經堂書肆遇烏程汪謝城曰楨，謝城，浙西耆宿，博學洽聞，能詩，精疇人術，時方爲會稽教諭。李慈銘、楊峴皆重之。謝城豐體頳顔，不鄙鄉人年幼，呼與談學，一語契合，獎借備至，且手所輯《荔墻叢刻》爲贈。是冬謝城卒官，年正七十（按：鄉人於前輩學人中最推服謝城，光緒末，中朝議奬宿學，鄉人首舉謝城，謂雖已故亦應奬，後惟奬生存者王闓運、曹元弼三數人，汪不預。又鄉人及見前輩學人中尚有寶應成芙卿孺，不知在何年，附識於此。）北歸，蕭山單棣華恩溥，堯欽公摯友也，附舟至姑蘇，日與堯欽公談藝。堯欽公忽問鄉人，汝讀杜、陸兩集，所最服膺之句爲何？鄉人舉杜「致君堯舜上，再使風俗淳」，陸「外物不移方是學」對。棣華遽執鄉人手賀堯欽公曰：此子異日未可以儒生限之，寂寞人寰，何意得此小友！鄉人因以所集陸句「外物不移方是學，百家屏盡獨窮經」乞作楹帖，棣華欣然命筆。鄉人好讀劍南詩，自號「陸庵」應在是年前後。既返淮，堯欽公得藩司檄，委署江寧縣丞，遂往就職兼爲避債計，命鄉人佐范太淑人主家政。鄉人平日足不逾書塾，罕接外人，至是受事惶駭汗出，見司田租者如接大賓，幾不知措詞。久乃相習。○十月，弟振鑾生。○季冬，鄉人長次兩兄完婚，拮据將事。除夕祀先，蕭然無辦。范太淑人命鄉人奔走稱貸，得錢四千，始得卒歲。

清光緒八年壬午（一八八二）十七歲

秋與長兄佩南同應鄉試，報罷，紆道江寧省堯欽公。於書肆見粵刻《皇清經解》，堯欽公以錢三十千購以畀之，如獲異寶。後遂以一歲讀之三周。歸途經揚州，於書肆得儀徵張氏榕園藏石拓本十餘紙，皆出廣陵者，爲儲藏墓誌拓本之始。○本年始治經史考訂之學，以餘力及金石文字。家無藏碑，從山東碑賈劉金科賃碑讀之，一碑錢二十。校勘《金石萃編》，凡訛文誤字悉爲舉正，碑字漫漶可辨而《萃編》失録者亦爲補書。五閲月凡校七百餘碑。

清光緒九年癸未(一八八三)十八歲

八月,弟振鑾殤。冬,始識周至路山夫岯。山夫翰苑世家,祖閏生德又以制藝名于時。山夫以蔭子得官,歷宰繁劇,勤於吏事,顧以悻直被劾去。流寓淮安,築屋於郡城東北隅,以在邊高士壽民葦間書屋之西,遂顔曰「葦西草堂」。至是與鄉人縱談金石考訂之學,相得甚。山夫年長以倍,折節訂忘年交。〇鄉人自去年始,率日釐家事,抵暮讀書,鷄鳴就寢。夏間遂得不寐疾,羸瘠日甚。〇弟子經年七歲,時無力延師,議至十歲遣學賈。鄉人以其資稟可惜,罷學賈議而親授之。〇本年堯欽公從事金陵水利局工程。淮安欽工鎮耕者發古塚,中出器物。鄉人輾轉購得古鏡一,遂爲平生搜集文物之始。

清光緒十年甲申(一八八四)十九歲

春,不寐疾漸癒。四月,娶于范,連平范振之玉麟長女,長鄉人一歲。范原籍粤東,流寓淮安。〇本年方太淑人自仲宣公遂安任所返淮,堯欽公往迎,暫住白下。記校碑所得爲《讀碑小箋》,又取小小考訂爲《存拙齋札疏》,范淑人脱簪珥刻之,爲鄉人著書之始。後德清俞曲園樾採《札疏》語入所著《茶香室筆記》中。俞當世經師,海内遂亦疑鄉人爲老宿,而不知時未冠也。

清光緒十一年乙酉（一八八五）二十歲

十月十二日，長子福成生。〇是冬以上元水災，堯欽公奉差辦四鄉振卹，駐湖熟鎮之昭文書院。即阮氏文選樓舊址。鄉人長兄佩南嘗言士處貧賤，當自奮發，故頗肆力制舉之學。二十外始留意訓詁名物，以爲讀書必先識字，識字以辨别正字、别字爲要，辨别正字、别字以熟讀《説文》及多見唐以前碑版爲要。遂與鄉人共賃碑讀之。分居東西屋，每入夜燈火熒然，伸紙疾讀，煤染於手，十指盡黑，摩挲倦眼則面目亦黝然，兩人相顧絶倒。以爲此樂非他人所能喻，而平日之愁慮抑鬱不覺其若失也。久之成《碑别字》五卷，鄉人爲序之；鄉人亦成《金石萃編校記》、《寰宇訪碑録校議》各一卷（按：《校議》後改名《刊繆》，附刊於《行素草堂金石叢書》本孫書之後）。〇本年長兄佩南應鄉試，復報罷。〇淮入秋苦雨，禾稼不登，斗米千餘錢，路山夫出所藏舊拓《八關齋會報德記》易米，鄉人素習顔書，於顔碑多得善本，尚闕此。亟以白粲五石易之。自記：「夜起展觀，鷄鳴與風雨聲都不復聞，而老友亦得三月飽食，忻快何如？」

清光緒十二年丙戌（一八八六）二十一歲

八月，長兄佩南病殁，年廿四。時貧甚，無以爲殮，范淑人出金飾易六萬錢乃得襄事。無子，以鄉人長子福成嗣之，范太淑人命也。〇本年堯欽公攝淮安府推務冢。撰《毛詩草木鳥獸蟲魚疏新校正》二卷。

清光緒十三年丁亥（一八八七）二十二歲

四月，汪梅村士鐸爲作《存拙齋札疏跋》曰：「羅君堅白以所著《存拙齋札疏》屬予讎正，且丐爲之序。予拭老眼讀之，其書不盈一卷，而考證極多精核。如證《論語》『温故而知新』，『温』即『薀』字。《禮記·中庸》『素隱行怪』，《漢書》引作『索隱』，乃『素』、『索』古字通用。《老子》『夫佳兵者不祥之器』，『夫佳』之『佳』乃『惟』字，非從『人』從『圭』之『佳』，均確然不刊，古人復生亦無以易其説。此外若四乳、水冰、石文成字、廿四月産子諸條，并資多聞。君食貧篤行，敏於著述，年裁弱冠，斐然有成，後來之彦，非君莫屬。予暮齒養餘，目眊意倦，炳燭之明，仰慚前哲。責以作序，實難俞命。然厚意不可辭，爰攬素爲跋并審正其訛字而歸稿於君。」（按：梅村作此跋時，目眊已不能書，口授他人書之。）自鄉人長兄逝後，家計益窮，一門之内，慘戚無歡。方太淑人深以株守爲非計，戒鄉人宜棄産之半以還急債，俾爾得負米四方，乃可復興門祚。鄉人謹受教，維時米價賤，一石纔二千錢，田不易售。鄉人乃質衣物得千錢至江寧謀之堯欽公，堯欽公曰：「今謀食者多于牛毛，有仍歲處謁舍而不得者。爾貿然來，冀以旦暮遇之耶！」聞而嗒然若喪，留三日歸。時鄉人薄有文譽，常爲人捉刀作書院課卷，爲校閲者崇實書院山長南豐劉慈民庠所知，劉老且病，遂請鄉人代閲，割俸爲酬。鄉人勉應之，爲閲卷年餘而却其酬。夏堯欽公管理江寧清節堂事務。〇秋末，堯欽公署海州州判。鄉人撰《俗説》，輯皇甫謐《高士傳》各一卷。

清光緒十四年戊子（一八八八）二十三歲

鄉人自習訓詁之學，不復騖制舉。堯欽公信日者言，謂當得科第，官京朝，令從山陽杜賓谷秉寅受學。家事旁午，兩月纔作三藝。其《肫肫其仁》一藝，賓谷甚贊許，惟謂不合制藝作法。鄉人始悟中式之難，蓋科名得喪全操之於人也。○是秋，勉應試仍報罷。在杭見桐城吳氏藏磚百餘列肆求售，皆《慕陶軒磚録》中物也。歸而病，鎖口牙痛，十九日不能進點水，瘡自頸潰，出膿碗許乃癒，至是遂絶迹棘闈。○夏，長姊適山陽何氏卒。○本年始與山陽邱于蕃崧生訂交，于蕃號「嗇庵」。邱氏自清初以來代有聞人，以政事文學名當世者，先後相望。于蕃時年方壯，先世有遺産足自贍，蒔花種竹於所居，日與朋儔研討詞章金石書畫爲娱樂，或招携爲文酒之會。鄉人得阮吾山葵生《風雅蒙求》稿，以示路山夫與于蕃。路、邱各作序跋，醵金刻行之。

清光緒十五年己丑（一八八九）二十四歲

正月，長女孝則生。○夏以所藏明仿宋慶元晁氏寶文堂本《具茨集》贈邱于蕃，《四庫》未著録。○七月，汪梅村卒，年八十有八。仲秋，校《陳書》（見原書題識）。

清光緒十六年庚寅（一八九〇）二十五歲

正月，館山陽劉氏，歲脩二萬錢，邱于蕃所薦也。本擬薦清河吴氏，脩豐于劉。以吴在大興，館地太遠，遂辭豐而就嗇（據上堯欽公稟手迹，下凡稟堯欽公皆同）。○閏二月十一日，祖母方太淑人卒，年七十。○孟夏訂《陸庵仿秦漢篆刻潤例》：「石章每字半元，象牙竹根黄楊倍價，極大極小倍價，邊跋每五十字洋一圓，劣石及文字不通不刻。」○夏，訂正李氏《紀元編》，取諸史及他紀元專書詳加讎校，訂正百數十處。別爲《考異》一卷，至冬乃畢（按：此最初稿，嗣後遞有增訂，至民國十四年乙丑——一九二五，始刊行。）○九月，次子福同生，八日而殤。○本年又撰《毛鄭詩校議》一卷。○山陽丁柏丞松爲作《陸庵校書圖》，路山夫及山陽顧持白雲臣、徐賓華嘉、成絜生飴皆有題詠（圖已佚）○文有日本人著《和漢洋年契》《史略》跋。

清光緒十七年辛卯（一八九一）二十六歲

秋，至海州省堯欽公。時州議續修志，劉慈民薦鄉人任之。至則州牧邀飲並集州紳商志例。會某某已有成議，懼外人染指，議故弗諧。堯欽公爲言其故，遂托辭謝之。仲秋删釐累年文字爲《面城精舍雜文甲編》一卷。又撰《眼學偶得》、《干禄字書箋證》各一卷，《梁陳北齊後周隋五史校議》五卷。丐友作賃碑圖，志與長兄佩南賃碑共讀事，時長兄殁五年矣。作圖記謂「記我鴒原之痛，且以志寒士爲學之匪易也。」（按圖似未果作。）○本年山東河患頻仍，撫幕妄人主賈讓不與河争地之策，放寬河身，至欲移海内賑助之款助官購民地。鄉人家居聞之而駭，謂今日河身已寬，再寬之則漫溢之害無窮，乃著論千餘言駁之。丹徒劉渭清夢熊見而韙之，以寄其弟鐵雲鶚，時鐵雲方任魯河下游提調，主王景攻沙去淤，與鄉人説十合八九。鐵雲亦以所上治河七説寄鄉人，附書言：羣盲方競，不意尚有明目如公者。尊論淵雅，吾文則如老嫗與小兒語，中用王景名，幕僚尚不知爲何代人。于是罷購地議。東撫張勤果曜，故籍上虞，聞而欲延鄉人入幕，鄉人以不能離家遠遊謝焉。〇有李氏者藏五代楊吴李濤妻誌石，揚州濬漕渠所得，文字漫滅而題署年月具存。乃移石至邱于蕃家，鄉人與吴縣蔣伯斧親施氈墨。〇文有《魏源磨耶墓誌》《北齊劉懿墓誌》跋。存詩有《延陵十字碑》(五律)、《六月廿一日與邱君嗇庵同拜歐陽文忠生日于路山夫丈歐舫聯句紀事》(五排)、《題海州園林寺》(五律)，凡三首。是年堯欽公赴州西房山鎮勘命案，八月赴州東響水口勘盜案。

清光緒十八年壬辰(一八九二)二十七歲

正月，次女孝誠生。〇三月，范淑人以蓐勞卒。淑人來歸，值家中落，斥裝佐饔餐，井臼、洗濯、刀匕、乳哺，一身任之，無怨色。鄉人夜讀，淑人必爲整書卷，理衾枕，已則側坐縫紉。匝月不通一語，恐妨讀也。淑人母顔苦節，彌留以母爲托。淑人卒後，長男鞠于范太淑人，長次兩女寄養外家。〇冬，嫂清河王氏亦病瘵亡，冬末與范淑人同殯于南郭外之五里松成子莊。〇本年鄉人始治譜系目録之學。成《新唐書世系表考證》一卷，《藝文志校議》二卷(按：兩書未刊行，宣統初，鄉人官學部，灌陽唐尚書假去，尚書故，書未還瓻)。又撰《三國志證聞》三卷。清河王壽萱錫祺爲刊《淮陰金石僅存録》一卷于《小方壺齋叢書》中，辛卯夏所輯也。壽萱跋曰：「羅君叔韞，上虞人也，旅居淮陰，嗜金石成癖，藏碑版千百通。念淮陰金石之散佚蕩缺，口涎手胝，摹拓考證，正往史之失，補志乘之遺。必云抗衡阮儀徵、翁大興、王青浦、孫陽湖所不敢知，然于金石可繼張力臣、吴山夫。」吴興施均甫補華從張勤果西征得《漢劉平國治關城頌》、《沙南侯獲刻石》墨本以寄鄉人，屬爲考證。時篋中惟有《裴岑紀功銘》，至是備有西域三漢刻。〇本年文有《長兄佩南先生傳略》、《小學鈎沉續編序》、《黄庭經》《邱珍碑》《化度寺邕禪師塔銘》諸跋。存詩有《人日與成丈味茶》、《邱君嗇庵集葦西草堂同人賦詩紀事用高適人日寄杜拾遺詩韻》（七古）、《悼亡》（七絶六首）、《内子亡後百日賦》（五律）、《十日朔》（七絶）、《快雪時晴顧持白丈招同徐丈賓華路丈山夫段丈笏林邱君嗇庵飲味蔬草堂以詩代柬謹次原韻奉和》（七律）、《顧竹侯文學和其尊人持白先生雪後招飲之作録以見示步韻奉和》（七律）、《持白丈招飲之後七日葦丈復招諸君子飲于歐舫以詩見招屬步原韻》（七律）、《内子既殯之三日往省墓奠之以詩》（七絶）、《雪後見冰筯長至三尺餘者詩以記之》（七絶）、《悶坐書懷呈邱君嗇庵》（五律）、《除夕守歲書感》（七律）、《徐丈賓華用葦丈雪後招飲詩見惠依韻奉和》（七律）、《嘉平十九日持白笏林兩丈竹侯文學招同徐丈賓華路丈山夫邱君嗇庵壽坡公生日于歐舫即事有作》（五古），凡十八首。鄉人痛失賢儷，形影益孤，每每寄之篇什，而嚶鳴求友，亦時有盍簪之樂。

清光緒十九年癸巳（一八九三）二十八歲

春，送弟子經赴紹興應試，於郡紳徐仲凡樹蘭座上識李越縵慈銘，越縵越中名宿，時方官御史，乞假返里，相與論學有契。郡中議修志，越縵擬投劾歸主其事，並約鄉人爲助。明年十一月廿四日越縵遽卒于京師，年六十有六，約不克踐。又識沈霞西處士復粲族孫錫卿延祚，錫卿出霞西《鳴野山房匯刻帖目》稿索爲序。歸舟無事，作《孔子弟子題名碑考》。○夏，撰《補寰宇訪碑録刊繆》一卷（按：此書後附刊於《行素草堂金石叢書》本趙書之後。）、《再續寰宇訪碑録》二卷。校定長兄佩南遺著《碑別字》五卷。○秋，從山陽丁氏假觀所藏元移相哥大王印（移相哥大王見《元史·宗室世表》）。○本年館山陽邱氏（按：邱氏即邱于蕃）。溥儀《我的前半生》掇拾讕言，謂鄉人早歲教書于江西巨紳邱姓家。其家有百數十卷唐人寫經及五百多件唐宋元明字畫，後皆爲鄉人席捲以去，因以發家云云。既誤山陽爲江西，邱爲山陽著姓，至于蕃仍世儒素，而非巨紳。最奇者唐人寫經藏於甘肅敦煌千佛洞，光緒廿六年始被發現，尚不爲國人所知，至卅三年首遭英人斯坦因盜刼，次年又被盜于法人伯希和。前此未聞有大批唐人寫經傳世，殁于光緒卅一年之邱于蕃，于被盜刼之前十三年已藏有百數十卷唐人寫經，豈不駭人聽聞耶？蓋鄉人晚侍溥儀，素不慊于溥之師保左右。時溥方藉宫中寶藏質押以維持其宫廷生活。彼輩任經紀，沾潤自肥，恐鄉人染指，百計萋菲，且不惜爲此含沙之射。溥遂深信不疑。然此只足以誣溥，而不足誣稍有識人也。語云「訛言不實，流爲丹青」，此類是矣。○文有《龍龕手鑒》《雋敬碑》《廣清涼傳》諸跋。存詩有《人日持白丈邀爲詩社婪尾之飲以詩代柬次韻奉和》（五古）、《獨坐》（五絶）、《芴林丈聞予將返浙用坡公送王頤赴建州錢監詩韻賦詩贈行次韻奉謝即以留別》（七古）、《雨夜》（七絶）、《至葦西草堂看梅花時已爲風雨所敗慨然書此》（七絶）、《舟中喜晴》(七絶)、《西陵》(七絶)、《晚次柯橋驛》(五律)、《抵家書感》(五律)、《劉忠介公海天旭日硯歌忠介十一世孫海門秀才徵題》(七古),凡十首。

清光緒二十年甲午(一八九四)二十九歲

夏,范太淑人病瘧,轉時症,鄉人晝夜侍疾。半月後,疾益篤,醫不肯處方,計無復之,乃刲臂肉煎以進,疾得瘳。〇五妹病傷寒卒,年十五。〇孟秋二日,叔父仲宣公卒于杭州客舍。〇冬移館丹徒劉氏,授渭清、鐵雲諸子讀,歲脩增至八萬錢。〇堯欽公署徐府經歷。〇本年日韓交涉起,我軍援韓。鄉人究心時事,日陳海陸地圖觀之。以爲大兵雲集山海關以拱衛京師而沿海兵備虚,竊慮日本避實擣虚,先襲海軍,則全局敗矣。聞者皆笑爲妄,惟劉鐵雲以爲然。鐵雲負才不羈,治河有能名,時方丁憂在淮。日本果由金復海蓋進兵,我海軍熸焉,于是笑者又推爲先識。〇丹徒劉氏爲刻《碑別字》。〇文有《新出北宋石經禮記中庸殘石跋》。存詩有《題笏林秋林習隱圖》(七絶四首)、《閻百詩徵君生日路山夫丈邀諸君子致祭新城祠廟繪圖紀事屬題》(五古),凡五首。

清光緒二十一年乙未(一八九五)三十歲

夏初續娶于丁,丁山陽大河衛籍,其先蒙古人。考荀,字嗣龍,廩貢生,老儒也。時長次二女寄養外家,至是携次女歸。鄉人頻年藉館穀贍家,宿逋未能清償。至是以割産紓急難,請于范太淑人,太淑人許焉。乃售涇河岸薄田百畝得千餘緡,復割越河腴田百畝質于吴縣蔣氏,貸錢二千以償宿逋之尤急者。○時國威新挫，海内震疊。鄉人亦欲稍知外事，乃從友人借江南製造局譯籍讀之，以爲西人學術未始不可資中學之助。稟堯欽公：邑中擬開西學書院，教算學、輿地、時務、外國語四科，聘劉渭清授算學、外文，鄉人授輿地，時務，以無從籌費而止。僅設一算學義塾。時鄉人頗主設學堂，致書越中友人徐以孫維則、蔡鶴廎元培請謀之當道，當道亦韙之，將集事。鄉人又以爲國人安于固陋，人才日衰，皆由於不立學堂之故，今處處有興學之議，又奏辦津漢鐵路，許民間開礦，皆時事有轉機之象。○鄉人素無錢幣之嗜。蔣伯斧尊人敬臣清翊罷宰武義，卜居淮安。與胡石查義贊交，故藏泉頗富，圜泉尤多精品。本年鄉人得縱觀於所居抱布新築而羨之。遂亦稍事搜集。○諸城尹祝年彭壽寄所刻福山王文敏懿榮《漢石存目》，附書言文敏將繼是爲《六朝石存目》，又將爲《唐石存目》，繁賾非旦夕可就。鄉人初校孫趙兩《訪碑録》，苦其多不勝舉，欲斷代爲之，得文敏書喜其與己意合（按：此書與尹所著《魏晉石存目》，後鄉人皆爲補訂，刊入《雪堂叢刻》）。○本年續輯辛卯以後所作文字，爲《面城精舍雜文乙編》一卷。文有《唐福州神樹刻字》《史道暢造象記》跋。存詩有《感事步邱嗇庵韻二首》（按：自辛卯至是凡五年存詩三十八首，寫爲《陸庵餘事》一卷，鄉人弟子經藏之，題後曰：「右辛壬癸甲乙五年古近體卅餘首，叔兄年廿六至卅之作也。憶《感事步邱嗇庵韻二首》，予亦同和。兄于詩喜陸劍南，然自謂所作不工，棄其稿，予拾而藏之卅餘年。頃搜集遺稿，出之篋中，重讀一過，曷禁泫然。時庚辰六月十六日弟常謹誌。」

清光緒二十二年丙申（一八九六）三十一歲

中日戰役之後，國瘠民貧。鄉人念農爲邦本，古人不仕則農，于是有學稼之志。既服習《齊民要術》、《農政全書》、《授時通考》諸書，又讀西法農書譯本，謂新法可增收穫，恨其言不詳。本年春乃與蔣伯斧協商，於上海創學農社，購歐美日本農書，移譯以資考究。至滬後，設農報館，聘譯人譯書及雜誌，自任筆削，伯斧總庶務。○三月，序尹祝年《漢隸辨體》。○五月七日。三子福萇生。○六月十九日稟堯欽公，謂浙省徐宗師致祥爲守舊派翹楚，兒如春間就試，必遭斥。○廿六日，長女許配丹徒劉氏，婿鐵雲第四子大紳，大紳字季纓，從鄉人受業者也。○公車上書後，滬上志士鱗萃，學社報館林立。時推錢塘汪穰卿康年所創《時務報》爲翹楚，聘新會梁任公啟超仕撰述。日以瓜分之説激勵人心，啟民智，伸民權。鄉人稟堯欽公，謂穰卿與兒舊交，《時務報》切中時弊，留心時事者不可不讀，然亦慮當時號稱志士者率浮華少實，異日爲禍爲福，未可逆知，志士過滬者無不署名農社，鄉人顧黯然獨立，不輕與競逐也。○本年編《再續寰宇訪碑録》。段笏林得宋淳熙揚州井闌殘字拓本，以貽鄉人，鄉人跋其上，並訂正阮文達《揚州續志》之誤（拓本今存予所）。

清光緒二十三年丁酉（一八九七）三十二歲

八月，跋《黔蜀種鴉片法》，斥時人擬廣種植挽利權之説。以爲種鴉片不如種桑之利厚，冀賢有司起而行之。○本年有與蔣伯斧聯名致南通張季直謇書云：「前在滬上，得睹光儀，並聆雅教。……農社經營方始，頭緒紛如，刻下草擬章程，寄呈誨正。昨穰公述如皋龍研仙大令願捐如皋沙地若干畝入農會，刻尚未悉田畝數目及地之所在。已函詢龍君，俟得復函，擬先從此處開墾。相厥土宜，再定試種物品。惟弟等於墾荒一事，未經閱歷，且報館事方草創，未得分身。除托朱閬翁就近照料外，似仍須有當行切實之人斟酌督率之。前述之葉君，刻在何處？如能得渠經理，實所翹企，尚求便中代詢爲叩。承允于常熟尚書前致意，請其提倡，率奉章程一册，可否加函寄去。又章程數册，乞代寄都中及外間諸同志，拜懇拜懇。杭省創設蠶政局，仿行西法，擬請教習而難其人。從前康税務司派出學習之寧波某君，踪迹何在？求先生代爲一訪，如能至杭教習，俾中國蠶業日有起色，收回利權，功德不細也。此係杭守林公廸臣所托，尚求贊成之爲懇。昨與穰公酌擬《農報》之首，刊列同人名字，擬借重大名，想不見却。……」（按：此書出鄉人手迹，末無年月，惟注「三日」兩字，以中提杭州蠶政局請教習事，姑列本年）。〇袁忠節昶與堯欽公有年誼。是年過滬，鄉人以年家子晉謁，忠節留談兩日夕，深相期許。欲邀司中江書院刻書事，未果往（據《袁忠節公手札跋》）。〇何益三本年中式舉人。出黄漱蘭體芳門。

清光緒二十四年戊戌（一八九八）三十三歲

四月，下詔定國是，變法維新。〇五月朔，鄉人始創設東文學社于上海新馬路之梅福里。訂學社招生章程。時農社延日本藤田劍峰豐八譯農書，相處頗洽。鄉人謂中日唇齒之邦，宜相親善，共禦西力之東漸。劍峰韙之，凡日本學者來遊中土者必爲之介。謀溝通語言，于是設學社，招生入學，由劍峰任教務，農館籌校費。鄉人與伯斧以農社事繁，舉邱于蕃任校務。時學校尚無授東文者，此社首開風氣，入學者衆，乃添聘田岡嶺雲、上海日本副領事諸井及書記船津辰一郎則任義務教員。○八月政變，校費無出，邱于蕃離滬，生徒散者三之一。海寧王静安國維、桐鄉沈昕伯紘、山陰樊少泉炳清月末考試皆不及格。鄉人念其篤學力行，爲言于掌教，仍許入學。並由鄉人舉私債充校費。鄉人嘗于同舍生扇頭見静安詠史絶句有「『千秋壯觀君知否？黑海西頭望大秦』之句，心焉異之」。（按：觀堂此詩凡廿首，實其少年佳作，鄉人一見奇之而觀堂殊不在意。後其稿由鄉人傳出。）時静安貧甚，乃使治社中庶務，免其各費，俾得卒學。○新政舉行，湘撫義寧陳右銘寶箴舉鄉人應經濟特科，力辭。稟堯欽公，謂「友人中以布衣入政府者不少，自慚疏放，未敢造次，且驟進非福也」。會政變中止。○溧陽端忠敏方以三品卿管京師農工商總局事，鋭意興農，以書問鄉人措施之方。鄉人答書千餘言，謂興農當自畿輔始。昔怡賢親王議興畿輔水利，不果行，公若成之，不朽業也。忠敏得書欣然，乃先議墾張家灣荒地。政變，出任疆吏，瀕行遺書，言君倘願北來，當言于當道。鄉人意頗動，繼念去庭闈遠，且慮任事未必無阻，謝之。鄉人與忠敏訂交實自此始。○政變後，朝旨禁學會，封報館。農館未封，伯斧主自行閉館，奈欠書資。鄉人具牘呈江督劉忠誠坤一，請將館移交農工商局，改由官辦。忠誠不可，令上海道撥款二千圓維持。後官款以償印費無剩餘，伯斧感於時危歸淮安奉母。鄉人乃獨力舉私債繼續之且兼顧學社。○本年上海四明公所地近法租界，法領事思強據之，所人與抗，死十七人，傷二十餘，幾釀大難，幸調解得無事。鄉人事後稟堯欽公説：「前四明公所事，寧人罷市，兒目睹西人欺凌華人，官紳不能保民。因建議創辦民團，意欲四民皆兵，以救孱弱，已作一説帖遍呈當道，當可行也。」（按：此説帖未見。）始識祥符周季貺星詒、嘉興沈子培曾植于滬上。于季貺許見鏡文中紀年號者。

清光緒二十五年己亥（一八九九）三十四歲

春，從仁和魏頌溗索其祖稼孫錫曾非見齋，績語堂兩《碑録》刊本，兩《録》校録精審不苟，而剞劂未竟。後鄉人著《昭陵碑録》及《冢墓遺文》，皆以稼孫爲法。○學社影印日本那珂通世《支那通史》，鄉人爲序之（文實王静安代作）。○四月，四子福葆生。○本年學社以人多地隘，移製造局前之桂墅里。任王静安爲學監，同學多與之不洽，雖罷而致餼如故。○殷卜骨始出于洹濱，爲王文敏所得。○本年始識日本内藤湖南虎次郎，與偕游會稽，探禹穴，至四明訪范氏天一閣藏書，臨歧遲回不忍去。

清光緒二十六年庚子（一九〇〇）三十五歲

春，索居無俚，復理舊業，信筆記所得爲《置杖録》。○五月，舟次爲魏氏兩《碑録》編第先後，各録目于首。○秋，方擬措資編印歷年所譯農書爲叢書百部充農館經費。忽得鄂督張文襄之洞電邀總理湖北農務局，以館事不可離辭，不可，兩日三電促行。時學社擬停辦，學生已提前畢業，遂以館務托沈昕伯，到鄂面辭。文襄問故，以實對。文襄謂叢書可印二百部，當札飭各州縣購之，勿慮。今請君任農局總理兼農校監督，其即日視事，詳察覆我。鄉人以力不勝謝，文襄諭勉爲其難。鄉人既受事，始知農校共農蠶兩科，日籍教習科各二人，翻譯四人，學生兩科總七十人。前總辦（咨調河南特用道桑寶）顢頇不曉事，提調（湖北候補知府汪鳳瀛）則力陳學生窳敗，教習不盡心講課，惟事誅求，意主停校，實則彼輩官場錮習深，上下壅閼，事事倚收支員爲政，譯員中又有陰慫學生滋事者，故校事不治。鄉人事必躬親，力袪舊弊。既一月，革退劣生五人。面謁文襄，陳二事：一請斥不職譯員，暫覓替人，以後廢除，令學生直接聽講；二請撥地爲實驗場以資實驗。文襄大悦，允所請。譯員聞訊辭職，鄉人立許而電召王静安、樊少泉代焉。教員稱便，校風清謐。〇八月，有《白門感事》四絶句（據手迹，自題庚子八月稿）。〇冬，刊累年所作論農文字爲《農事私議》一卷，附《墾荒裕國策》。〇本年，堯欽公署清河縣丞，辦捐輸，令鄉人報捐候選光禄寺署正。〇于劉鐵雲許見山左臨淄新出封泥百餘，勸鐵雲傳拓附于所輯《鐵雲藏印》之後。

清光緒二十七年辛丑（一九〇一）三十六歲

本年鄉人長鄂農局校，事甚簡，王、樊除講譯亦多暇，乃移譯東西教育規制學説爲《教育世界》。初爲旬刊，後改爲半月刊。〇鄉人在鄂，見鄂大小員工于文襄皆陽極趨承而陰肆譏誹，意甚薄之，不欲與伍。提調已改充幕僚，怂鄉人不停校以實其言也，致鄉人數上謁請撥馬場地皆不得見。暑假返滬遂再三辭職。文襄許之，派員接辦，而委鄉人襄辦江楚編譯局。○自鄂返滬，農書未請札發，銷行甚暢，獲利除償本金及任農館學社經費外，尚贏數千圓，悉以償債，宿逋一清。范太淑人慰悦，以鄉人久客獨居不便，遣眷屬至滬。稟堯欽公，謂「眷屬來有三難：慈闈年高，須人侍奉，一也；婦稚同來，用度必增，二也；此間雖是長局，然兒平日守行止自由之説，一旦稍有不宜，輒見幾而作，三也。」○當在鄂時，鄉人頗與宜都楊惺吾守敬，會稽章碩卿壽康討論金石目録之學，以遣岑寂。比返滬，又于劉鐵雲所見殷卜骨墨本，蓋王文敏殉庚子國難，所藏悉歸鐵雲，鐵雲又增益之。鄉人一見歎爲漢以來小學家若張、杜、楊、許所未得見者，慫慂鐵雲盡墨所藏爲《鐵雲藏龜》，且印行之。○冬，十一月四日，鄉人渡日本視察教育事務，奉兩江、湖廣兩督命也。輔行者兩湖書院監院劉聘之洪烈，自强學堂漢教習陳士可毅、胡千之鈞、田伏侯吴炤、左立達全孝、陳次方問咸凡六人。以該日上午九時登神户丸行。逾日抵長崎，七日抵馬關，八日抵神户，九日上午十一時乃抵東京，寓京橋區西紺屋町五番清净軒旅館。其地對古城址，老松羅列，風景佳絶，旅館亦楹几楚楚，座無纖塵。至十三日又移寓麴町區永田町二丁目二十八番地。屋在山巔，頗净爽。十八日以體中不適赴箱根浴温泉，寓塔之澤福住樓。地在山腹，泉聲如驟雨，令人心脾俱爽；且四山環抱，林木森鬱，雖山骨壁立處亦有蒼松翠篠。廿一日返麴町寓。卅日因病足至横濱求醫，醫診爲脚氣，服藥久不效。旋又就醫於小西氏及漢醫淺田氏恭悦（淺田爲名醫淺田宗伯之子，東邦漢醫世家）。皆言非脚氣，乃水蟲病，服其藥漸癒。遂在海東度歲。是役于調查教育外兼及財政，以財政爲百務根元，財政不修，百爲都廢，教育亦無由振興也。

清光緒二十八年壬寅（一九〇二）三十七歲

孟春三日發東京。翌日午前九點十分抵京都，寓柊家客寓。六日至奈良，寓對山樓旅館。七日午車至大坂，寓北川旅館。八日至神户，登博愛丸。風静浪平，身體大適。九日風雨大作，舟極顛簸。夜抵長崎。登岸觀長崎農事試驗場。時試植大小麥，分畦列表。部署井井，並觀柑橘園及暖房、分析室等。返舟風大，静臥半日。十二日午刻抵上海。此行爲期兩月零八日，甚短暫。所接觸東邦人士有近衛公爵篤磨、長岡子爵護美、文部大臣菊池、外務大臣小村、貴族院議員伊澤修二、高等師範學校校長嘉納治五郎、普通學部局長澤柳、日本中學校校長杉浦重綱。所視察學校，東京有農科大學、高等師範學校、高等工業學校、中學校、府立師範學校、私立女子職業學校，京都則有京都第三高等學校、師範學校、高等女子學校、美術工藝學校、濟美尋常小學校。凡學彼邦人士所考究，守令演説教育事十日。所擬教育制度允商江督會奏。次謁忠誠，以臥病由幕府傳語，亦深以所擬爲然。將由江鄂兩督聯銜出奏，候黄仲弢紹箕，來核議具稿，黄方襄鄂督幕也。當在鄂，京師有人挾蘇歸寓輒篝燈記之。○既歸，首謁文襄，文襄接見五次，囑于督署學務處爲幕府及各學堂提調教習與書《黄州寒食詩卷》真迹謁文襄者，文襄歎爲平生所見蘇書第一。張宴召端忠敏、梁節庵鼎芬、馬季立貞榆及鄉人賞之。忠敏適撫鄂，鄉人遂得與相見于官寺。忠敏題贈秦石權拓本，又出示所藏秦權十有一，累累列几上，皆吴氏窓齋故物也。○山陽張郁齋紹文時在江寧，取鄉人筆記草稿清繕爲《扶桑兩月記》。鄉人自序略曰：「在東僅僅兩月耳……時日苦短。又語言不通，致多閡隔。其所敍述，詞在達意，隨得隨記，亦無倫脊。……」郁齋跋曰：「記中于東邦教育，鈎玄提要，如指諸掌，且于財政治體風俗，稽考尤詳。披覽一過，不啻置身十洲三島間也。君少時鋭志撰述，著書等身，壯而留心當世之故。每慷慨身世，輒劇談抗論。流俗多遜避之。頻年乃專意農學與教育二者，以爲教養兩事實爲政治根本。瘏口焦唇，日聒之于當世，冀一挽今日之厄運，言論滿天下，此記其一斑也。」且以日本尊攘時期教育家福澤諭吉相比。此記光緒壬寅三月教育世界社石印本，即張手寫，其間頗著議論，兼存軼事，録數則于此：「聞客言，日本去歲商船學校諸生畢業學駕駛，舟行不遠而沉没，學生數十人皆無踪跡，此成績大不良，然後來投考入校，乃較多于前，此可見彼邦人之勇猛勵學，遭失敗而不懼，可敬可畏也。」「今日言理財者，尚膠執商爲末富之言，謂與其加農税，無寧取商税，此大謬也。農工商三者同爲國家財政之樞要，譬之人身，農猶咽喉也，工猶胃腑，商則大腸也。若咽喉無病，飲食入胃，而大腸窒塞則胃不消化，咽喉亦不能獨奏養生之功矣。此理淺近易知，而多昧昧者，不可解也。」「予嘗與友人論人禽之界在用外界之力與用一己之力之分而已。禽獸之力僅恃爪牙之利，羽翼之豐，蹄足之捷耳。人則能以絲布爲衣被，鑄金鐵爲戈矛，服牛馬以奔走，求知識於世界。蓋取之于一身，其力有盡，借助于外界，其力無窮。世之欲成事業成學問者，皆非借助于外界之力不可，況于宰治天下者乎？」「日本實業多師法各國，如製茶哺鷄皆聘中國人爲教習，鉛字印刷機器亦薩摩藩遣人就上海所購者，今則其技精出中國之上矣。又聞醫術中之按摩法，西洋初無之，後自荷蘭人得其法於日本，始傳入歐洲。今西人按摩法乃遠過東邦。冰寒青勝，前事可師，我邦人其勉旃勿耻學步也。」「考日本婚姻之制，大約男子三十而娶，女子二十而嫁，但離者多，故夫婦之道頗苦。按其統計報告，明治卅二年間，結婚之數，凡男女二十九萬七千一百一十七偶，而是年中離婚者，男女六萬六千四百一十七偶。又其國私生子之數亦不少，就明治卅一年考之，其公生男女各六十餘萬人，而私生子之數，男女各五萬餘人。」「日本赤十字社，規模甚宏大，近年社員已至五十七萬，此其國家文明之一大徵證也。按之中國古代，似已有此制，司馬法曰：『敵者傷者，醫藥歸之。』又宋襄公言君子不重傷，不擒二毛，不鼓不成列，此必司馬法中語，襄公引之耳。古人引書多不明著出典，襄公非仁者，觀其生平至以人爲犧牲，安能爲爾許語乎？此均古代亦有救護軍人一視同仁之據。彼執俘獻馘之制，殆出之三代之末季也，著之以質之歷史家。」「京都疏水者，導琵琶湖水，洞三山逾高地而溉田，凡長十餘里，其高地雨水斷絶處，用電力引鐵索曳舟遵陸而上，由此水達彼水，如中國之過壩然，往來不絶。聞初倡此議者爲西京府知事某君，當時嘲謗交騰，及渠成而利大興。今農民擬鑄金爲某君象，以爲紀念。凡民可與樂成，難與圖始，中外古今一轍矣。」視察之餘，遍閱書肆，每每得異書，然已不如昔日之多。大雲書庫所藏《梵唐千字文》、影宋本《三因方》、《祖庭事苑》、《食醫心鑒》、影元本《儒門事親》、影宋本《本事方後集》、《濟生續方》、《備急灸法》、《唐六典》、《列子鬳齋口義》、森立之影摹《唐新修本草殘本》，皆是行所得也。而粱李暹注《千字文》著録于日本圖經者，實僞書。此行又識河井荃廬仙郎、日下部鳴鶴東作，縱談金石學。兩人爲東邦雅士，鳴鶴書名尤震。此行尚有可記者三事，具見鄉人晚年所著《集蓼編》。〇二月下旬應新寧召至江寧。廿九日與張季直同謁新寧，上先立師範中小學議，新寧韙之而司道交阻，不果行。具見季直日記。〇三月，應蘇撫恩藝棠壽招，赴蘇訂中學堂課程又赴南通視季直所建校舍。稟堯欽公，謂「頻年江湖奔走，深以綆短汲深爲懼。只有虛心勉學，庶有成就」。時編譯局實無一事，以素餐爲愧，遂並謝之。適上海南洋公學增設東文科，設分校於虹口。主事者延鄉人爲監督，藤田劍峰爲總教習。諸生勤學者多，成績頗可觀。〇十月，路山夫卒，年六十四。鄉人本年積俸入得二千圓，以贖越河質産。〇經濟特科復開。鄂督張文襄、郵傳部尚書長沙張文達百熙、法部侍郎歸安沈子敦家本、漕運總督陽陳筱石夔龍交章以鄉人名應。陳督摺稱：「留心時務，爲學切實不浮。考究農學及教育各事，皆可坐言起行。現在江鄂辦新政，皆賴以釐定。」（《庸庵尚書奏議》卷二，《保送經濟特科人員摺》。）沈子培與先生書曰：「沈侍郎保特科七人，以大名冠首，曾沅帆、士可、王星垣暨讓三均列其中。此非雅意所存，而侍郎慕向之意，在今時亦難得也。」（據沈書手迹）後以丁憂不與試。○得宋高宗、馬和之《唐風圖卷》，顔所居曰「唐風樓」。

清光緒二十九年癸卯（一九〇三）三十八歲

正月廿四日，以事至蘇州。越日得急電，知范太淑人病亟，星夜遄返，五日抵家，則太淑人已于發電之日逝矣，享年六十三，喪逾百日，堯欽公恐鄉人過哀致疾，促速返理校務。○六月，三女孝純生。○九月，卜葬范太淑人於淮安東南鄉之黄莊。○十月，粵督西林岑雲階春煊聘充兩粵教育顧問。欲謝不往，家人勸行。鄉人以嶺南風物爲平生所未見，姑應之。到粵住粵秀書院。顧問爲閑曹，無所事事，惟將南洋公學東文科高材生數人補官費留學海外而已。粵書價廉，鄉人乃日至雙門底府學東街閱肆。時南海孔氏嶽雪樓藏書，後人不能守，方出售，鄉人乃盡薪水所入購之。藏書自此始。（按：鄉人藏書善本多得之孔氏，若《明宣宗實録》、《憲章録》、《皇明大政記》、《泳化類編》、《明列卿記》、《嘉靖以來首輔傳》、《皇明職方地圖》、《皇明制書》、《圖書編》、《高氏三宴詩》等皆是；餘則松江沈氏、上海徐氏，見于《大雲書庫藏書題識》者，不過十之一二。）○九曜石中藥洲一石，舊在藩署。英兵入廣州，石爲某教堂所得。張文襄督粵，索歸置督署。鄉人來粵，叩之督署諸人，無知者。一日制軍招飲，無意中得之花臺竹陰下，與蔣伯斧各拓數紙。○本年刊《五史校議》五卷。影印吴縣潘氏鄭庵所藏封泥爲《陸庵孴古録》（後知非鄭庵藏，傳之者妄，見鄉人《齊魯封泥集存自序》）。

清光緒三十年甲辰（一九〇四）三十九歲

春，再赴粤，至暮春遂托故辭歸滬，以素餐爲愧也。〇孟夏，購愛文義路地九分，築樓三楹，迎養堯欽公。既至，以眷口衆，新築狹，乃别賃宅西門外。〇六月，鄂撫端忠敏移撫蘇。過滬訪鄉人，聘充江蘇教育顧問。〇七月，赴蘇受事。忠敏爲進呈所譯印《農學叢書》五集，具摺曰：「竊據候選光禄寺署正羅〇〇呈稱，于光緒廿三年春間，邀集同志於上海創立學農會，考究農學新理新法，譯印報章兼譯學新書。廿四年，經故督臣劉坤一奏明改爲江南總農會。數年以來，所譯農學新書，日以增多。兹特匯齊裝訂，都爲五集，懇請進呈御覽前來。臣伏查該員羅〇〇力學深純，心術正大，曾赴日本遊歷，于學堂教育之法，夙有探討。近來在江浙廣東等省辦理學務，皆相倚重。該員創設農學會，業已有年。家本寒畯，雖經改爲江南總農會，公家並未助給經費，而所譯農書裒然成帙，皆係該員獨力支持，未嘗中輟。較之妄出報章有害人心、希圖漁利者，用心相去不啻霄壤。……觀其考核之勤，采取之博，自應將原書進呈御覽。」（《端忠敏公奏稿》卷四，《進呈農學書籍摺》。）〇十一月，創立江蘇師範學堂，卜地於撫標中軍操場，先繕紫陽校士館（故紫陽書院）爲校地。忠敏奏陳辦學情形：「先於蘇州省城兩級師範學堂，先招講習科生四十人，速成科生一百二十人，以應目前興辦學堂之急需……以光禄寺署正羅〇〇爲該堂監督。該員明于教育管理之法，若能假以事權，始終經理，將來必有成效可睹。」（《端忠敏公奏稿》卷四）鄉人薦藤田劍峰爲總教習，徐賓華爲監院，而忠敏已於九月權署江督去蘇。當未去時，鄉人見虎丘塔爲童子探鷇毀磚甚多，慮其崩圮，建議鳩工補磚，防以鐵闌；獅林爲吴中名勝，兵燹後荒圮而樹石具存，建議修葺爲公餘休憩談藝之所。忠敏皆欣然允諾而未克踐。〇本年文有《前安徽建德縣知縣直隸用路府君墓誌銘》。

清光緒三十一年乙巳（一九〇五）四十歲

四月，五子福頤生。〇長女適丹徒劉氏。校中添設體操專修科。五月，講習科及體操專修科畢業。六月，鄉人應忠敏召赴長沙。時忠敏移撫湘，旋又奉入都覲見之命，與鄉人會於漢口，偕入都。七月十九日，自都返滬。招初等本科生八十人，八月朔開學。設附屬小學校，招初、高兩級生六十餘人。九月，作《學部設立後之教育管見》，凡二十二條，末曰：「若循此而力行之，二十二年間，謂不能與日本教育争烈於東亞者，吾不信也。」載《教育世界》。嗣後又有《學制私議》、《教育五要》、《擬訂尋常小學校課程表》、《各行省設立尋常小學堂議》、《設師範急就科議》、《江蘇教育辦法説帖》、《與友人論中國古代教育書》諸文，似皆作於此年前後，故匯記於此。是月邱于蕃卒，年四十八。鄉人序《江蘇師範學堂一覽》，謂「規模略具而學生未能符定額與夫待設施者尚多，窘於財力不能竟全功」。〇十月十三日，丁堯欽公憂。乞假扶柩返淮，暫停南門外僧寺，借寺屋爲堊室。〇鄉人任校事一如在鄂時。日至講堂督課，至齋室視察諸生行檢。課暇分班接見諸生戒以敦品立行，俾不愧「師範」二字。揭示皆手書，不假手屬員。除休沐日，跬步不離校。學生初憚其嚴，尋亦安之。按察平湖朱竹石之榛以講習科畢業蒞校，昌言於衆曰：「羅君治校，如嚴父之訓子弟，如李臨淮之治軍，故使校風清謐如此。」〇紫陽書院祀典久廢，鄉人有意振興，並取以往山長學行足爲師表等附祀其中，以資觀感，以事冗未果。院本有春風亭故址，已不可復尋，乃於荷池旁構小榭，揭三字榜以存其名。捐經史書籍置其中。於門庭植花木，宿舍前雜植桃柳，池中補蓮。〇當事招人購領城内廢基隙地建屋。鄉人謀迎養，遂購操場旁官地二畝許，建樓五楹，旁造平屋十餘間，足容全眷。功未竟而堯欽公卒。〇本年得《北宋拓蘇書豐樂亭記》，首缺十九字，以「豐樂」名堂。〇王壽萱以商破家，爲債家所訟繫。鄉人亟白之忠敏釋之。並爲介入江南通志局。〇文有《隋梓州舍利塔銘跋》。

清光緒三十二年丙午(一九〇六)四十一歲

春，卜葬畢，返滬。擬俟百日後赴蘇辭職，而值江蘇教育會逐客事。方招生時，忠敏告鄉人，此校雖爲蘇設，然蘇寧一省，不應分畛域。於是有投考者，與揚徐淮海一律憑文録取，遵忠敏旨也。蘇紳滋不悦。蘇紳素多請托，招生時，以簡牘至者，不盡副所請，益不滿。至是遂由教育會會長張謇氏出名登報紙，謂鄉人在蘇築屋佔校地，因新築去擬建新校地僅數十步也。張與鄉人素稔，不圖一旦以戈矛相向。乃上書朱按察，謂屋地非私佔，公所知，校地已築圍牆，亦人人知之，初不必辯。此屋本以奉親，今親故，不忍復居，願以此屋捐公。朱按察初聞蘇紳事已憤甚，及得鄉人書益不平，覆書謂有更以誣謗相加者某當之。鄉人再書請勿校。按察知鄉人意已決，乃出官款還購地及建築費。

〇百日滿，鄉人至蘇辭職，蘇撫及按察皆慰留，不可。既去，職員亦堅求去不肯留。當在校時，凡公家一切款目，預戒必日一清揭，俾隨時可交出，至是果然。當報紙出，錢唐汪頌穀詒年不平，謂鄉人，君不校，人且疑真有佔地事。遂用鄉人名代作答辯書，亦揭之報紙。教育會乃噤不一聲。蓋意惟在逐客，客去願達，遂不更煩筆墨矣。鄉人晚年作《集蓼編》述其事，而歎若朱若汪皆不愧古之遺直！堯欽公喪費，鄉人獨任。諸庶母庶弟迎居上海半歲，請返淮，復措資送歸。時更樓東寓居賃於人，以別宅居之，以田租所入充歲用。鄉人自維行年四十，於世態思之熟，今民德如此，官場積習如彼，用世之志爲之灰冷？幸子職已盡，將謀爲遯世計。忽得端忠敏電，云學部初創，榮相國慶長部，已奏調君到部行走，請即入都。鄉人辭以居喪，忠敏援滿人百日當差例慫恿之。鄉人復以漢人無此例，不可自某始。忠敏迫以即不就，亦當入都一見榮相。不得已入都上謁，榮相慰勉曰：「君不欲援百日當差例，聽以素服出入，君所不欲，皆不相强，但必助予。」鄉人見榮相意誠切，諾以暫留數月。派在參事廳行走，月致餼七十圓，堅却之，至服闋始受餼。（按：鄉人入學部，《集蓼編》但云得端電。劉鐵雲光緒三十一年乙巳日記云：「八月十三日，午後至喬茂軒處談，至夜歸，議舉羅叔藴入學務處，允爲作函。」又「十月十四日，再拜喬茂軒，知奏調摺子已發。」「三十日，接上海信，知羅叔藴丁憂，官運可謂不佳矣。」則此事發軔尚在上年八月。其年鄉人曾入都，學部尚未正式成立，殆未成立前，先設學務處，喬則學務處主持人之一也。喬、劉皆推轂者，十月奏調，忽值丁憂，故劉記云云。及翌年春卜葬畢返滬，似尚在百日前，又猝值江蘇教育會逐客，辭職離蘇時日雖未詳，要必在春末夏初矣。）○七月，劉鐵雲得《漢劉熊碑》於京師。存字獨多，出四明范氏、松江沈氏本上。鄉人推爲海内第一，爲篆首並作跋尾。八月，鐵雲又得揚州成氏所藏《魏崔敬邕墓誌》，石久佚，流傳者一兩本而已。招同好銅梁王孝禹瓘、定海方藥雨若及鄉人同賞於其抱殘守闕齋，各題名册尾（按：此誌劉氏曾在日本影印百本，首冠四人小象，册尾鄉人題名，獨無印記，以在制中）。○九月八日，學部奏派鄉人及田吴炤、劉鍾琳、張煜全分赴直隸、河南、山東、山西四省視察學務，鄉人視察直隸、山西。現尚存《山西學務調查報告》印本一册，指陳利病頗詳。○歲末多暇，取所爲金石題記擇可存者録百餘則爲《唐風樓金石文字跋尾》。（原已刊於《教育世界》，至是單刊别行。）○本年得吴越投龍玉簡，因顔所居曰「玉簡齋」。○重刊孫本《王無功集》，蔣伯斧跋之。○文有《直隸候補直隸州知州邱君墓誌銘》，及《秦孝公量》、《三國魏張普先君墓磚》、《北魏魚玄明磚誌》、《造三丈八彌勒二菩薩象記》、《汝帖殘本周秦篆譜復刻本》、《朱文公書黄中美神道碑》諸跋。

清光緒三十三年丁未（一九〇七）四十二歲

春，鬻滬宅得萬元。○眷屬入都。農教兩館不能遥領，均停止。鄉人創辦《教育世界》，雖頗取法泰西、日本，特審度時勢以濟中土教育之窮，而教育宗旨仍原本中國儒家學説。中有《論語講義》兩則，首言「孔子爲亞洲第一教育大家，《學而》一章又爲論教育第一綱領」。又言「宣聖爲教育家山斗，中國家有其書人誦其説而顧昧其義，蓋由於童稚之年不通文理，昧然口誦，及既成長，又溺於制科，學而不思，而一二考據家僅知辨析訓詁之毫分，較量家學之同異，以致聖學似明而實晦，似存而實亡」，但兩則以後未續作。時部中將奏派頭二等諮議官，鄉人以爲虚名無補，堂官謂他部皆有，學部不可獨異，卒奏派廿餘人。鄉人與蔣伯斧亦列二等。學部以鄉人前所擬草案——《學部設立後之教育意見》，交各省提學司督飭所屬核議具奏。〇學部奏派視察河南、山東、江西、安徽四省學務。（鄉人于視察有報告，載《教育世界》，惟今所見不全。）至濟南，東撫泗州楊文敬士驤，鄉人總角舊交，其尊人仲禾鴻弼又與堯欽公爲通譜昆季。文敬既貴，遂不通往還。至是相見甚歡。文敬以東省學風囂競，欲得幹力提學使，意在鄉人，謂可密商榮相。謝不可。鄉人欲觀聊城楊氏海源閣藏書，托文敬爲介，以不通鐵路，往返辛苦未果往。至江西，南昌知府中江王聘三乃徵約遊匡廬，以雨未果。四月至安慶，識皖撫長白恩忠愍銘，相與扼腕論時政，極契合。一夕，忠愍携榼至行館就鄉人飲，微醺，慨然曰：「予待罪安徽。省治瀕江難守，一旦兵事起，郡縣將瓦解，宜徙治太平，然何從得此費，即有之，一啟口即遭駁斥矣。」因太息罷杯勺，似已預燭事變將發者。至六月，忠愍果被難。鄉人晚年爲忠愍作傳，歎其「懷抱大略，鬱不得施，而瀕危定難，有古大臣風」。歸途出江寧謁端忠敏，索觀所得東漢弘農刑徒墓磚。忠敏導至一水榭小廡，時已向夕，聚蚊成雷，秉燭摩挲，汗下如雨。又見忠敏觀政歐西時所得《涼王大且渠安周造像修寺碑》墨本，碑在新疆，爲德人掠去。字體方勁如《爨寶子》、

《嵩高靈廟》。鄉人既校録其文，並加考證。○八月，張文襄自湖廣内召，授體仁閣大學士，軍機大臣，管學部事務。到部日旅見，文襄止鄉人曰：「今日不得接談，明日幸過我。」如約往，文襄曰：「君到部甚善，勿再言去矣。」答以：「愚憨不通世故，不久乞歸，求中堂諒許。」文襄莞爾曰：「我必不任君去。」隨諮鄉人以在湖廣奏設存古學堂事。鄉人曰：「中堂維持國學之盛心，某所敬佩。惟國學浩博，今年限至短，復添科學，恐成效難期。」文襄曰：「極是。不加科學，恐遭部駁，成效雖微，究勝並此無之。」鄉人曰：「某曩有説帖乃推廣中堂之意：請於各省設國學館，内分圖書館、博物館、研究所三部，修學應多讀書，考古宜多見古器物，研究所則選國學有根柢者，無論已仕未仕及舉貢生監入所研究。不定門目，不拘年限。而選海内耆宿爲之長，略如舊制。研究有成果者，由館長移送當省提學司申督撫送部。果學術精深，徵部面試，其宿學久知名者則由部奏獎。」文襄欣然，謂當謀奏行。鄉人又言：「以前奏定學校章程，乃以日本爲藍本，尚有應增損者，《六諭》、《廣訓》可援日本《教育敕語》之例宣講。至大學章程，經科宜增曆法，文科宜增滿蒙回藏文，此皆我藩屬，又爲考古所必需。原課表反有埃及古文，雖亦象形，與我國文字故非同源也。」文襄首肯者再，令據以補正前章，備具奏更改。鄉人乃一一加簽呈堂，堂官以爲非急務，擱置之。及文襄引疾，此事遂罷。○冬，得古俑二於廠肆，肆估言俑出中州古冢中，鬻古者不知其能貿錢也，皆舍勿取。鄉人告以墟墓間物，皆有資於考古，示以《唐會要》所列明器之目，令畢致之。○本年學部考試留學生，奏派鄉人充同考官，閲農科試卷及各科國文卷。○影印顧雲美書撰《河東君傳》手跡。刊《唐風樓金石文字跋尾》。校《唐昭陵碑》亦始於本年夏，日一二碑讀之，就前人著録校注其上，以爲程課。○文有《姑母何太宜人七十壽序》（適山陽何竺卿其厚官高郵州學正，早卒。太宜人忍死撫孤，門户再興。）、《隋趙洪專志跋》。

清光緒三十四年戊申（一九〇八）四十三歲

春，服闋。○鄉人充殿試襄校官。○長子福成授室山陽何氏，鄉人姊夫何益三福謙長女，母即鄉人長姊，早失恃，堯欽公爲訂婚。及先後丁范太淑人及堯欽公憂以出嗣佩南公，長房承重，至是服闋始在淮成禮，時年廿四。四月相偕入都，寓魏染胡同。鄉人自丁未北上，初居魏染，後移宣内象來街，至辛亥又移新帘子胡同，凡三遷。○六月，劉鐵雲在南京以庚子擅售太倉粟及購浦口地事，樞府電兩江緝捕。旋遣戍新疆。鐵雲嘗謂扶衰振敝當從興造鐵路始，路成然後實業可興，國可富。既議建京鎮鐵路不成。又佐晉撫開晉鐵，名佐歐人，受其廩餼，服用豪侈，於是羣目以「漢奸」。庚子，剛毅遽以通洋入告，在滬獲免。鄉人屢以危行遠害進規，鐵雲韙之而不能用。謂其子季纓曰：「汝師爲我甚至，我豈不自知。」而鄉人亦語季纓：「而翁不聽人言，今何世乎？奈何甘蹈危機。」晚年幾至避面而交誼無他。其抱殘守闕齋長物本分儲寧、蘇、京三處，前一年冬，將京所儲悉數運南，至是除抄没者外，悉爲戚屬乾没無遺。○秋，充學部考試襄校官，閱農科卷及各科國文卷。○冬，奏署參事官。○次女適阜陽程氏，婿傳鑣，壯勤公文炳長孫。鄉人乞假親送至滬。俄德宗及慈禧太后相繼崩，宣統嗣位，醇王載灃監國。德宗遺命欲治袁世凱戊戌政變罪，以張文襄一言而止，惟放歸田里。時令内閣于大庫檢清初攝政典禮舊檔不得，因奏庫檔無用，請焚毁，已得旨。會寧海章一山梫，偶于庫書中得宋人玉牒殘葉，影照以呈文襄。文襄異焉，以諮鄉人。鄉人曰：「此即《宋史・藝文志》之《仙源》、《宗藩慶系》兩録。南宋亡，元代試行海運，先運臨安國子監藏書，故得在此。且大庫即明文淵閣故址，其中藏書必多，曷以詢閣僚乎？」文襄歸詢，果有之，但謂皆殘破。鄉人乃以《文淵閣書目》進，且告文襄，宜歸部保存，備將來貯之圖書館。文襄以爲然，乃委員檢查，且命鄉人時往相助。鄉人於庭中見紅本高若丘阜，結束整齊，既詢知爲奏燬物，大駭，亟言於文襄，謂是皆重要史料，不當燬棄。遂與會稽司長任丘宗梓山樹楠謀，裝爲八千麻袋移貯部中，已又移貯南學敬一亭。時海鹽張菊生元濟在滬營商務印書館，鄉人書詢宋玉牒如願印，可商量借出。張答以恐難銷售而罷。（見其《與孫伯恒書》）歲暮整比近三年金石見聞爲《俑廬日札》一卷。順德鄧秋枚實爲刊入《國粹學報》中。〇先是廠肆估人挾諸明器來，俑以外，伎樂、田宅、車馬、井灶、杵臼、牲畜諸物略備，鄉人皆酬以值。估人利得酬，大索芒洛間，遂充斥都市。俄關中明器踵至。鄉人初購盡所有，已選其尤精異者。不逾歲乃盈几案，室隅座右亦羅列。客入齋，僉愕然謂是畢良史「死軒」也。故以「俑」名廬。〇本年又撰《昭陵碑録》三卷，《札記》一卷。計廿七碑，每一碑多校至十餘本，補正前人或至數百字，或竟至倍。又輯成《戊申碑録》十二卷，大抵據所見墨本，爲後來纂録《蒿里遺文》之嚆矢。托婦弟范緯君兆經拓所藏古刀幣千三百餘品，圜錢千品，迫冬乃就，裝爲十二册，顔曰「不貧於古」。○狄楚青葆賢輯印《中國名畫》第二集，鄉人爲序之。（按：此文實王静安代作，前誤收入《外集》。）○文有《宋游相本定武蘭亭卷》、《莽量》、《高句驪好大王碑》、《宋劉懷民墓誌》諸跋。

清宣統元年己酉（一九〇九）四十四歲

春，奏補參事官，充殿試襄校官。○閏二月，京師大學堂籌設分科大學，經、法、文、格致、農、工、商凡七科。以鄉人充農科監督。○五月奉部命赴日本調查農學，於端午後一日挈范緯君離京過津。九日赴塘沽。十日正午自塘沽上營口丸東行。次晨抵芝罘，晚抵大連。入市閑覽，問茶肆人以日本在此情況，對以頗安静，然受侮亦不少。問以地方裁判，對小事本地判之，大事由旅順日官判之。十五日入門司港。十六日抵神户，午後六時抵京都，寓麩屋町繹文旅館。拜京都大學長前文相菊池大麓，菊池謂：「大學修業僅三四年，而真正修學則在卒業以後，卒業得留校任教師，凡新理新説皆須參考，教學期内皆修學之時。又加以社會之閲歷，故當世大人物多出其中。今貴國于學生畢業時，多不就其所學而漫授以職務，雖卒業時成績至高，亦日牯亡而已。」鄉人歎其論至精確。晤内藤虎次郎、桑原騭藏、狩野直喜、富岡謙藏，皆東邦績學士也，又邂逅藤田劍峰。連日淫霖，又正值各大學忙於畢業，農科大學約定陰曆七月十五日以後方能接待參觀，以時日可惜。廿五日至札幌，寓山形屋。廿七日，訪農科大學，校長佐藤昌介爲言：「設備初定卅萬，今用至六十萬，經常費歲廿萬圓，文部省支出與農場收入各半，臨時費難固定。」其校室，計普通校教室一，化學實驗室二，林學教室一，每一教室旁即附以器械室、教員室、藏書室。又有植物標本室，多至五萬種。該校演習林凡三所，相距懸絶。次日又往觀其養蠶、昆蟲教室、第一第二農場、製乳室、農具室、水産教室及標本室。從山東留學生牛獻周許見山東沂水縣所出三葉蟲化石。廿八日，本約觀北海道牧場，以當事人不在而罷。晤華僑許士泰，爲言：「日本農租日增，彼於明治四十年納所有税一千〇四十餘圓，去年增至一千七百餘圓；又言近食鹽歸政府專賣，價幾與糖等」；又言「日開拓北海道，廿年乃納税，每畝開荒費約三四圓」。午後與八田博士同觀真駒種畜場，八田，其國動物學專家。其場經始於明治九年，規模日擴。所有種畜如牛、馬、羊、鷄，馬、牛種皆良，母牛産犢已七閲月，日猶出乳一斗二升。廿九日，返函館，寓北辰館。六月一日，渡海至青森，改乘火車。二日後抵上野。田伏侯爲言都中報紙有詆鄉人語，問所詆爲何？曰「嗜古多藏」，鄉人付之一笑。四日，觀駒場大學，叩以該校每年經費，言十五萬圓，臨時費則每年由文部省支派，不能劃一。觀農林二教室及林産物試驗所、養蠶室、農具場等，於養蠶室見方作種種試驗，塗桑葉以何色，即吐何色之絲，前此所未聞。五日，觀駒場農藝化學及獸醫兩講堂、圖書閲覽室。八日，與彼國吉金文字會員見於上野鶯亭，後藤學士舉酒演説，鄉人囑田中救堂慶太郎傳譯以答，賓主盡歡。會員高田忠周出示所著《説文段注疏》稿，纔成三篇，册已二百，鄉人嘆其勇。廿日，自東京返國。廿一日至京都，夜抵神户。廿二日，乘阿波丸行，次日午後抵門司。廿六日晨八時抵上海。廿八日，抵南京。卅日，乘小輪赴太平，看程氏次女，入署謁程壯勤，年七十六，矍鑠如昔，次女孕已五月，相見甚歡。七月二日，抵南京，寓大觀樓，舟中見黄者滿，昔日巨匪也，今爲守備，已罷職，年七十一，尚有精悍之色。四日抵滬，留三日。八日，登新濟輪北行。此行計時兩月餘，逐日記事爲《扶桑再游記》一卷。鄉人在東，除重點視察兼訪其國首長且爲部中聘日本技師外，即訪求秘籍，拾黎庶昌、楊守敬兩家之遺。每涉一地，必遊書肆。在東京由島田翰介至宫内省圖書寮觀書，多見秘本，其私家所藏，亦得縱觀。有可述者六事：一、於日本宫内省圖書寮見古寫本《春秋經傳集解》全本。二、南宋刊《世説新語》三卷本，與前書皆楓山官庫舊藏。三、于德富氏成簣堂見宋刊本《廬山記》，存卷二三，餘三卷鈔補。此書佚於明初，金山錢氏守山閣刊《四庫》本，則僅存前三篇耳。四、貴陽陳氏重刊宋本《二李唱和集》，中有闕葉，後板歸德清傅氏，又轉歸鄉人。是行，忽於富岡氏桃華庵覯一本，與陳刻款式同而闕葉在，乃影寫歸補刊焉。五、平子尚爲言正倉院藏《王子安集》殘卷，寫於唐慶雲間，爲本邦寫本之最古者，中多佚文。迫不及往觀，以寫影爲請。後鄉人於其中得佚文五，以贈蔣伯斧，以伯斧先德著有《王子安集注》也。六、於宫内省圖書寮見南宋初刊本《王文公集》，目次與明刻不同且有佚篇。乃記其目次於册。歸以示合肥蒯禮卿光典。蒯篤好王集，常恨不得見宋本。既歸，田伏侯復於東京某故家，爲購得古寫本《尚書》孔氏傳《周書》、《洪範》等五篇殘卷。書法樸雅，千年物也。〇七月初八日，劉鐵雲卒於迪化（今改烏魯木齊），年五十三。(按：鄉人民四乙卯作《五十日夢痕録》，中詳敍鐵雲生平一段，而終之曰：「君既受竊鈎之誅，而彼賣祖宗之天下者，且安榮如故也。然則莊生之言，寧爲過乎？至於君既受廩於歐人，雖顧惜國權，卒不能剖心自明於人，在君烏得爲無罪？而其所以致此者，則以豪侈不能自潔之故，亦才爲之累也。噫！以天生才之難，有才而不能用，執政之過也；懷才而不善自養，致殺身而喪名，吾又焉能不爲君疚哉。」可作鐵雲小傳讀。)○返京後，聞有法國大學教授伯希和者訪古於我國西陲，於甘肅敦煌鳴沙山石室竊運所儲古卷軸大宗以去。地方官無權過問，當道懵不知。過京，賃宅蘇州胡同，其所得已先運歸國，尚有携在行篋者。伯氏托其友爲介，欲見鄉人。乃以中秋晨驅車往，見所携唐人寫本及石刻，詫爲瑰寶，與商影照十餘種，約同志數人觴之，爲鄉人得見敦煌卷軸之始。作《鳴沙山石室秘録》一卷，即伯氏所携卷軸之提要也，刊入《國粹學報》；又與同志編訂其文字爲《敦煌石室遺書》。武進董氏誦芬室爲刊行之。當晤伯氏時，伯氏爲言石室尚有卷軸約八千，以佛經爲多，曷早購致京師，否則將爲人篡取無遺。鄉人欣然，以語學部喬左丞樹楠，請電護甘督毛實君慶蕃爲購致學部，並擬電文。喬携電白堂，時代榮相長部者爲灌陽唐春卿景崇，允發電而購致需款頗遲疑。鄉人意甘省貧瘠，若令甘督任此，事必不諧，乃提議由大學任之。大學總監督德化劉幼雲廷琛亦謂大學無此款。鄉人激之曰：可由農科節省充之，即予俸亦可捐充。劉始允。逾月，得覆電言購價三千圓。部中初疑價昂故遲疑，今價廉遂留之不歸大學。○八月，張文襄卒于位。學部奏設京師圖書館，作籌備。○直督端忠敏緣事革職，退居京邸。○鄉人校古寫本《尚書·周書》，與《史記·微子世家》所引孔傳十合八九，成《校勘記》一卷。○殷虚卜骨出於光緒己亥，至是十年，中間僅集拓爲《鐵雲藏龜》一編行世，而未暇考究。瑞安孫仲容詒讓據以作《契文舉例》，爲斯學拓荒，曾以手稿寄鄉人，鄉人頻年南朔奔走，未遑有作。本年日本文學士林泰輔始爲考揭之《史學雜誌》，郵致鄉人。鄉人服其賅博，惟尚有疑而未決者。於是以退食餘晷，盡發篋中刻辭墨本，又從中州估人博觀所得，遴選尤異，並詢知發見之地乃安陽縣西五里之小屯而非湯陰。又於刻辭中得殷帝王名謚十餘，乃恍然悟此實殷王朝之遺物，太卜之所掌。其文字可正史家之違失，考小學之源流，求古代之卜法。○十一月，借觀唐咸亨四年弘文館寫本《金剛經殘卷》於端氏寶華庵。敦煌經卷具年月及書人名者甚罕，留齋頭十日，跋而歸之。○本年番禺沈氏爲刊《昭陵碑録》於《晨風閣叢書》中。○文有《敦煌本西州圖經殘卷》《慧超往五天竺國傳殘卷》《摩尼教經殘卷》《西夏姓氏録》《貨布文字考》諸跋。

清宣統二年庚戌（一九一〇）四十五歲

正月，補刊《二李唱和集》中闕葉並改正誤字，作跋。○二月，作《殷商貞卜文字考》一卷答林氏，於所未達者一一加以剖析。五月，取付石印，爲鄉人考究甲骨文字之始。繼念寶物之幸存者有盡，而骨甲古脆，易就澌滅，出世十年，世人尚不知貴重。不亟亟搜求，則出土之日即澌滅之期，且考釋之事，有賴多見，時見才數千，巾笥所儲纔七八百枚耳。於是遣廠友祝繼先、秋良臣大索於洹水之陽，一歲之間，數達兩萬。汰其贋作，得優異者三千餘。弟子經及婦弟范恒齋兆昌相助拓墨。几案充斥，積塵滿襟，擬類次其文字爲《殷虚書契前編》，考釋則爲《後編》。〇去秋，伯希和言昭陵新出數碑，本年秋，徑郵《程知節》等四碑至，而日本京都大學教授内藤湖南又益以宇文士及碑。適病痔累旬，鍵户索居，乃輯録爲補遺。〇甘省解送敦煌卷軸委員贛人傅某至京，不先詣部而主其同鄉李某家，某以藏書名，乃日夜與其儕輩竄取菁華，數不足則割裂以充之。事頗露，部中有主究詰者，尼傅不放行。經人關説，以爲事無佐驗而罷（按：吴昌綬《松鄰遺札》中有《致張祖廉書》云：「堂憲本不深求」，蓋時大學總監督亦贛人也）。鄉人雖預聞其事，然到部後不得見。後日本大學諸教授來觀，因便纔得窺大略而已。〇八月十六日，京師圖書館延鄉人及柯劭忞、王壽田、董康、吴昌綬、震鈞、蔣黼、淳于鴻恩八人爲名譽經理員。〇鄉人感於舊學日荒，有糾集同志創辦《國學叢刊》之約，歲成六編，區以八目，曰經，曰史，曰小學，曰地理，曰金石，曰文學，曰目録，曰雜識。先擬序言（按：鄉人言：序言成，就商於王静安，静安於「矧兹宗國，尚有典型」下，爲添「老成未謝，睹白首之伏生；來者方多，識青睛之徐藍」兩句）。以質端忠敏。適忠敏偕同人往西山翠微峰作重九，次日於靈光寺歸來庵復書曰：「今承學之士新學半襲皮毛，而舊學已歸荒落，國學雜誌之作，將以商舊學而廸新知，此舉良不可緩。偃息山廬，晴窗日暖，取大序往復讀之。欲以通新舊之郵，而承其流失，察古今之變，而觀其會通，微獨其旨遠詞文也，其用心亦良苦矣。方所爲斷斷博物館之成立者，蓋與君有同意焉。……凡可以效綿蕞之助者，苟力之所逮，一唯公之所命之。寶、李兩侍郎聞公斯舉，亦忻然思有以輔翼之，公正可以時就商之也。……隋唐志，請將拓本交去力携回，藉快先睹，如定購，再求費神。近來所得即徑送博物館中，能用資少廉，尚可爲博收廣求之助，但此等古物近爲外人所争涎，而吾國又無禁古物出口之法律權力，則區區之愿力，益難盡達矣。」（按：鄉人《國學叢刊序》後署「辛亥春」，端氏此札首言「昨書來，適將偕同人往西山翠微峰作重九」，末注「重陽次日書於靈光寺歸來庵」。蓋動議在本年秋，至次年春始編輯出刊，此所謂「重九」，乃庚戌之重九也。若辛亥，則端氏八月已殞於資州矣。寶、李兩侍郎謂學部左侍郎寶熙、右侍郎李家駒，三年二月，李擢資政院副總裁去，林紹年署，林不久又去，于式枚署。）又以質沈子培，時沈官皖藩，答書曰：「大著三編，盡一日夜之力竟讀之。地學精確，石史甄核，固已軼駕前賢，而殷篆一篇，絶學創通，遂令吾國小學家言，忽騰異彩。公自今在環球學界偉人中高踞一席矣，可賀可賀！常謂近日九州文獻聚在京華，外間學界則日益疲劶，至於士君子之知識胸襟，皆如奴隸於外界粗淺之浮言、簡單之俗論，甘放棄其神智之自由，而猶沾沾以政治教育文其愚蔽，亡國士夫，可爲寒心。如公所著，懸之國門不若懸之東洲大學。正恐如司馬《通鑒》求一卒讀者不可得，而轉望得之於東西洋之學者也。《國學叢刊》，鄙人極表同情。要當以世界眼光擴張我至美至深至完善至圓明之國粹，不獨保存而已。而亦不僅僅發抒懷古思舊之情抱，且不可與《國粹學報》復重。公果且有意於斯，鄙固愿隸編摩之末也。大例若何？幸望詳示。……賞析之歡，京外殆無第二處。九衢廣廣，無人不忙，國力殫於『豫備』二字，學力止於『普通』二字。恍惚爲因，粗厲得果，奈之何哉！奈之何哉！」（按：此書末云「公寓館在何街？迄未得知，故頻年不能通信，此信由筱珊處轉寄」，末注「臘後一日」，則歲末矣。）○十月四日，繆藝風荃孫到京就京師圖書館監督職，館暫設辦事處於地安門廣化寺内，副監督則臨清徐梧生坊也。弟子經自淮安來京。○本年鄉人充學部考試提調官。○文有《説文二徐箋異序》、《善業泥跋》。

清宣統三年辛亥（一九一一）四十六歲

正月，《殷虚書契前編》二十卷成。前三卷影印入《國學叢刊》。○二月，田伏侯歸自日本東京，以所得竹添氏舊藏宋本《莊子》示鄉人。前五卷有音義，南宋本；後五卷無音義，北宋本也。伏侯爲僚屬償虧欠，售諸廠友譚篤生。鄉人亟假歸校勘，記異同于浙局本上。八日，校竟兩卷，而洛中運《魏燕州刺史元颺》及《元使君夫人王氏》、《齊郡王妃常氏》三志石至，督工燒燭拓墨。九日，田伏侯、董授經康、方地山爾謙先後至，終日聞打碑「登登」之聲。月望又從譚假得金鳳翔過録何義門校本（金爲義門弟子），時以陪祀關帝齋宿大學，復以成元英本與何校互勘，識以朱筆。是日囑弟子經赴豫訪殷虚遺物。是行除卜骨外，凡得古獸骨骼齒角及犀象、雕器、石磬雕戈之屬各若干事，皆精巧絶倫，幾與彝器刻鏤同，古良工遺制也。後鄉人裒輯寫影爲《殷虚古器物圖録》，子經亦記是行所歷爲《洹洛訪古記》（民國丙子上海蟫隱廬石印本，一九八六年陳鴻祥爲作校注，由河南人民出版社重印)。○本月山陽丁衡甫寳銓以江陰繆藝風、山陽段笏林朝端所編《傅青主先生年譜》屬增補。鄉人病其簡略，爲別撰一編。衡甫，丁淑人族兄，時方官晉撫，刻《霜紅龕集成》。○五月，學部奏開教育會於京師，以張謇爲會長，張元濟、傅增湘副之，鄉人亦爲會員與議。六月廿二日開會，會中有議新教育當定爲軍國民主義，令各學堂練習軍事，實彈打靶，蓋欲隱寓革命勢力於學生中。鄉人燭其隱，與二三同志抗議；又有人倡議廢讀經，亦力争，議皆寢。當抗議時，侍郎賀縣于晦若式枚過寓，言深佩君執義不回，但彼黨焰張甚，幸勿再攖其鋒。鄉人謝之曰：「今日之争已晚，異日不更難乎？」侍郎曰：「某非以畏難阻君者，某異日亦誓犧牲此身以救國。」自五月政府宣布鐵路收歸國有。鄉人私慮將釀亂，以爲今之秉鈞者，於國家大政靡不因循規避，但圖目前苟安無能爲國家計久遠者，今破除積習，一無瞻顧，可喜者一；路歸民辦，觀成無日，改由國造，成功易期，此可喜者二。然此議一出，危機四伏，其可憂有不可勝言者，憂喜相權，可憂遠逾於可喜。兩謁端忠敏，欲面陳補苴之策，皆未得見，退而上書痛切言之(兩書今惟第一書存，見外集三)。時忠敏方謀出山，未暇計此。七月而四川抗路事起，匆匆統兵入川矣。○鄉人目擊時局阽危，以爲禍且不遠，不忍聞，不忍見。欲謀出京而長物累累，行資無措，會日本友人有借所藏書畫百件赴東展覽者，擬售之充行資而久不得報。○汪穰卿時主《芻言報》，已抱病，猶日日草論抗時潮，鄉人嘗書「獨立不懼，遯世無悶」楹帖贈之。○八月十九日，武昌變起，湖廣總督瑞澂逃上海，大局陡變，京師人心惶惶。穰卿赴津，招鄉人往，言留屋三間相待。鄉人以行資無措，謝之。至廿二日，廷議用袁世凱督湖廣，穰卿在津方晚食，聞訊遽於座中委化，而蔣伯斧亦於數日間染時疫歿。袁再起，偃蹇不受朝命，而朝野翻倚重以爲可幸無事。及奕劻内閣辭職，舉袁代之，袁立至。鄉人知事變愈亟，欲去而徘徊無計。知交中惟王静安充圖書局編譯在部。乃與約，兩家各備米鹽，萬一有變爲效死勿去計。一日，日本本願寺教主大谷伯光瑞忽遣其在京本愿寺僧來，言其法主勸鄉人渡海東，以其住吉驛二樂莊假栖眷屬。鄉人與大谷伯未識面，無因至前，方猶豫未有以應。而京都大學舊友内藤、狩野、富岡等亦來書勸駕，且言藏書可寄存大學圖書館，並即爲備寓舍。鄉人乃商之藤田劍峰，時劍峰適在京。由劍峰定計，應京大諸君約，而由本愿寺擔保運書物，到彼後償其運費。劍峰且願先返國爲籌備一切。鄉人乃以十月初請假出都，携眷赴天津待船。時大沽已將結冰，商船惟末班温州丸可乘，小僅千噸。時鄉人與王、劉（長婿劉季纓）三家上下約廿人，船艙已滿，權栖眷屬貨艙中，船長以其室讓鄉人。途中風浪惡，人皆嘔吐。七日乃達神户，劍峰等已在彼相迓，即日赴京都田中村僑寓。東京文求堂主人田中救堂亦遠來相助；狩野夫人則爲備客中饔飧。圖書長物運之逾月乃竟，又棄重大不易致者。方出京，侍郎寶瑞臣謂曷稍待，俟必無可爲乃行。鄉人諾以送眷即返。故抵東京三日，又附商舶至大連，遵陸赴京。比至，衆亦謂大事已去，無可挽。留旬日，復東渡。○初分科大學立，行政皆總監督主之，分科監督畫諾而已。七科皆在馬神廟，本某駙馬舊府，地狹無可容。鄉人請於管部，奏撥西直門外釣魚臺地建農校及試驗場。溽暑嚴寒，皆親往監工。本年秋落成而國變作。〇本年輯印《國學叢刊》，纔三册遽止；又輯刻藏書中稿本及罕見者若干種及所藏宋元刊本之罕見而精者，依原本影雕，擬分別匯爲叢書，功皆未竟。又見後周三臣之一《韓通夫婦墓誌》墨本，知其葬地爲洛之平樂鄉杜澤里，欲購石並求其地重爲封樹，亦迄未果。〇在京數與繆藝風、董授經、吴伯宛昌綬、王静安宴集，縱談版本目録源流。藝風以爲入京來第一樂事。見其日記。〇文有《敦煌本論語鄭注子路篇殘卷》《波斯教殘經》《玄真一本際經》諸跋。

中華民國元年壬子（一九一二）四十七歲

在日本京都。〇一月十二日，清帝遜位詔下。〇京都舊稱山城國，田中村者，京都鄉村，風景幽勝。三家眷口多，屋不能容。鄉人乃别賃宅以居王、劉兩家；弟子經客授奉天（瀋陽），亦寄資接其眷屬來東。初居田中村，後移神樂岡。三家居比舍，隔籬呼答，悉作鄉音，雖僑異國，尚不岑寂，惟鄉人居稍遠，相距約百餘武耳。三家，鄉人月致餼各百圓。東俗席地凭几，猶存古風。窗外山光嵐氣，朝暉夕陰，奇瑰難名，繞屋溪流如帶，日夜淙潺，或以「世外桃源」擬之。鄉人以言語不通，與東人過從甚簡，惟京都大學教授三五輩以文字往還耳。然宗國俶擾，不聞不問，心滋戚矣！〇秋，以寓舍隘，藏書又權寄大學，檢讀不便，乃謀之藤田劍峰，擬别築新居。日本國制，外國人居國内有建屋權，無購地權。乃假劍峰名，於市内净土寺町購地數十坪，建樓四楹，半以栖眷屬，半以祀先人、接賓友，門側構小榭，植松杉十餘株、雜卉木數百本，取顔黄門《觀我生賦》語，顔曰「永慕園」。尋又增建書倉一所，篋中舊藏北朝初年寫本《大雲無想經》殘卷，爲梵漢兩藏俱逸之秘籍，日本松本博士文三郎録其文入日本《續藏經》者，顔曰「大雲書庫」。殷虚甲骨經轉輸不無損壞，幸墨本具存，〇本年冬乃取舊稿重編定爲前編八卷，先付工精印，將以次爲續編後編。自序曰：「喪亂以來，忽已匝歲……天既出神物于斯文垂喪之時，而予又以偷生忍死之餘，倉皇編輯……斯世誰復有讀吾書者，亦且抱此遺文以自慰藉而已。」自號「商遺」，顔所居曰「殷禮在斯堂」。自是遂以著述遣日。〇本年京都大學總長請藤田劍峰爲介聘鄉人爲大學講師，堅謝之；都人有以聘鄉人爲清史館纂修書至者，焚其書於園池。《題比睿僑居圖》詩有：「故園薇蕨已全空，來作三山採藥翁。夢繞觚稜餘涕泪，心傷知舊半飄蓬。」及「六年去國成先兆」（原注：予四十一歲至都下，言此行能行吾志未可期，六年更無所成，出國門不復入矣，不幸成讖）諸句；王静安亦有《定居京都答鈴木豹軒虎雄枉贈並柬君山湖南君撝諸君子》句云「邂逅喜來君子國，登臨還望帝王州」、「故人不乏朝衡輩，四海相看竟弟兄」、「猶有故園松菊在，可能無賦仲宣樓」及《壬子歲除日即事》「可但先人知漢臘，定誰軍府問南冠」等句。〇文有《楊和甫先生遺墨》《澄清堂帖》《金玄悟老人書心經》《朱文公書易繫辭刻本》諸跋。

中華民國二年癸丑（一九一三）四十八歲

在京都。三月十三日長孫生，福成出，至是鄉人始抱孫，喜而名之曰繼祖。五月，上海友人請續

《國學叢刊》，如前兩月出一册，古籍之外，開以新著，王静安代作序（此叢刊後各自爲書，易名《雪堂叢刊》，共五十二種）。時静安迫於生事，鄉人乃以編校之事委之，月致餼二百圓。秋，輯法國伯希和三年來次第郵政其所得敦煌鳴沙石室唐人卷軸寫本《隸古定尚書》殘卷以下影片凡十八種，爲《鳴沙石室佚書》，付工精印，佚書者，其書久佚而幸存於石室者。往與伯氏約寫影，端忠敏慨允出資。後忠敏廢罷，鄉人乃與滬上商務印書館構合，償忠敏金，由商務任剞劂，鄉人任考訂。數年彼不踐約。至是乃由鄉人節嗇衣食，獨力任之。自夏徂秋，考訂藏書，各繫跋尾。自序謂：「茲編之成，欣戚交并。今赤縣崩淪，而予顧汲汲爲此，急若捕亡，揆之時勢，毋乃至愚。」英人斯坦因先伯希和一年於我國新疆、甘肅兩省竊取漢晉簡牘千餘，載歸其國。鄉人恨未得見。嗣知法國學者沙畹已爲之考釋將成書，遺書沙氏，欲得其影片。至是沙氏寄其手校本至，考釋爲歐文，移譯始可讀。乃與王静安重加編訂，名以《流沙墜簡》。其出土地凡三：一爲敦煌迤北之長城，二爲羅布淖爾北之古城，三爲和闐東北之尼雅城及馬咱托拉拔拉、滑史德三地。敦煌皆兩漢物，羅布淖爾大抵自魏末，迄於前涼，和闐旁三地不過二十餘簡，無年代可考，其最遠爲後漢，近亦隋唐。乃區分爲三類：小學術數方技書、簡牘遺文各一卷，鄉人任之；屯戍叢殘一卷，静安任之。各爲考釋，屬稿於歲杪，至明年二月，稿乃具。鄉人曩於敦煌遺籍中得見唐寫本《李氏再修功德記》補石本闕泐百餘字，已印入《敦煌石室遺書》。本年六月復據李氏此記及《索勳碑》作《補唐書張義潮傳》，以補兩《唐書》記載之訛闕，附刊《張延綬別傳》後（按：向達《張傳補正》謂石室原文，「義」俱作「議」，與後來之曹義金同，作「議」者其原名，作「義」者史家之改稱，見向著《唐代長安與西域文明》）。義潮於宣宗大中初年崛起敦煌，逐蕃歸唐，以瓜沙十一州圖籍上獻，使河西遺黎復睹漢官威儀，厥功至巨，故唐以歸義節度授之。惟中遭篡奪，史闕記載，以敦煌卷軸分在英法，不獲盡見。敍義潮本末之《敦煌新録》著録於《直齋書録解題》者，乾隆時見於《四庫存目》，又佚不傳。鄉人曾再三修訂，未臻完備。至民國卅七年漵浦向覺明達兩履敦煌，始據所見遺文爲補正數事（按：《別傳》敍延綬世系不明，其人殆無表見，鄉人約略定爲義潮孫行。今據向氏所見巴黎藏張景球《歸義軍節度使檢校司徒南陽張府君墓誌銘》云「府君諱淮深，字禄伯」，而《別傳》稱爲「張公字禄伯第三子」，則延綬確爲淮深之子，義潮孫行無誤。）〇九月輯《齊魯封泥集存》成，以静安熟精《史》、《漢》，請其仍吴氏《封泥考略》之例類次之。是輯實包丹徒劉氏，濰縣郭氏及鄉人於宣統紀元所得出於山左滕縣之紀王城者，去其復重，爲數四百有奇，以玻璃版精印，濃淡逼真，無異毡墨。以十之九出山左，出蜀中者僅一二，故顔以「齊魯」。〇本年文有《學部候補郎中二等諮議官蔣君墓誌銘》，《秦泰山殘刻》《魏百峰山諸刻》《北宋拓豐樂亭記》《宋拓巴州東坡蘇公帖》諸跋。

中華民國三年甲寅（一九一四）四十九歲

在京都。先是上年劉季纓返國就上海商務印書館編輯之聘。至是弟子經亦於首春挈眷返國，假寓滬上，與友人合資營食舊廛書肆以爲生，會以事興訟而罷，嗣又於漢口路設蟫隱廬以自給，遂終其身。○鄉人本擬至淮安展墓，過滬，以漕渠水淺，道阻而止。比自滬返，楊惺吾至舟中相送，以所注《水經注》序爲托，惺吾時將應徵北上，鄉人勸止行，惺吾有難色。及返東，又投書言此行乃謀刻所著書，非求仕，仍申前請。○二月，《流沙墜簡》付印。鄉人前補張傳以爲邊裔石刻裨益史乘尤宏，遂將篋中所儲益以江陰繆氏藝風堂所藏，得十五碑，録其文爲《西陲石刻録》。又檢篋中歷年所儲冢墓之文得千品，分地次第編録，從芒洛始，先成《芒洛冢墓遺文》三卷。鄉人謂河朔古刻往往朝出重泉，夕登市舶，故著録之事，不容或緩，所謂金石雖壽，轉藉楮墨以永之也。○四月，三子福萇授室儀徵汪氏，鄉人第二妹女也，父母早喪，鄉人撫之如己出。福萇時年十九，早慧，鄉人長江蘇師範學校時，方八歲，親課之，校中庋置教科書，暇輒取讀，略能瞭解。又從藤田劍峰習日文，常默記日本地圖諸道地名，舉以難劍峰，劍峰或不能對，伏其膝，一一備舉，至數十百不爽失，劍峰摩其頂寵異之。及至都門，習法語，至日本習德語，又從榊博士亮三郎習梵語，頗瀏覽釋藏及流略，欲窮究梵學，又與兄福成同習西夏文。鄉人年來校印西陲卷軸，傳譯歐文，皆出其手。○《殷虚書契前編》既印成，將繼是爲《考釋》，以人事乖午，因循經歲。本年冬乃發憤鍵户者四旬，成《考釋》六萬餘言。自序以爲生三千年後欲根據遺文，補苴往籍，實有三難：史公最録商事，本諸《詩》、《書》，旁攬《系本》，今《商頌》僅存，《系本》久佚，津逮莫由，難一；卜辭簡質，字多假借，難二；古文形象，繁簡任意，倒寫合書，易生炫惑，難三。欲袪三難，先究文字，由許書以溯金文，由金文以窺書契，窮其蕃變，可識之文，不逾五百，稽其所得，則有六端：一曰帝系，二曰京邑，三曰祀禮，四曰卜法，五曰官制，六曰文字。又自述四旬以來之經歷，概以八言曰：「冥行長夜，乍睹晨曦。既得微行，又蹈荆棘。積思若痗，雷霆不聞。操觚在手，寢饋或廢。」稿成，静安爲手書上版，且製前後序各一，其言曰：「觀其學足以指實，識足以洞微。發軫南閣之書，假涂蒼姬之器。會合傍旁之文，剖析孳乳之字。參伍以窮其變，比校以發其凡。悟一形繁簡之殊，起兩字并書之例。上池既飲，遂洞垣之一方；高矩攸陳，斯舉隅而三反。顔黄門所謂『隱括有條理，剖析窮根源』者，斯書之謂矣。」（前序）又曰：「余爲商遺先生書《殷虚考釋》竟，作而嘆曰：『此三百年來小學之一結束也。』夫先生之於書契文字，其搜集流通之功，蓋不在《考釋》下，即以《考釋》言，其有裨於經史諸學者，蓋不讓於小學，以小學言，其有功於篆文者，亦不讓於古文。……古文之學，萌芽於乾嘉之際，其時大師宿儒，或殂謝或篤老，未遑從事斯業。儀徵一書，亦第祖述宋人，略加銓次而已，而俗儒鄙夫不通宗例，未習舊藝者……肆其私臆，無所忌憚……而古文之厄極矣。近惟瑞安孫氏頗守矩矱，吴縣吴氏獨具懸解……先生早歲即治文字故訓，繼乃博綜羣籍，多識古器……書契之出，適當先生之世……余從先生遊久，時時得聞緒論。比草此書，又承寫官之乏，頗得窺知大體，揚榷細目。竊嘆先生此書銓釋文字，恒得之於意言之表，而根源脉絡，一一可尋，其擇思也至審而收效也至宏。……至於分别部目、創立義例，使後人治古文者於此得其指歸，而治《説文》之學者，亦不能不探源於此。……」（後序）鄉人於簡首録沈子培、柯鳳蓀劭忞寄懷兩詩，謂予性孤冷少交遊，自江海長往，惟子培方伯，鳳蓀京卿時時詒書海外，共勉歲寒。去歲知將有作，先後贈詩，相期至厚，而予之樗散放廢，卒能寫定，亦得於二老敦勉之力爲多也。鄉人自題《考釋》有「并世考文誰史許，當年抱器感箕微」及「摩挲法物窮鑽仰，學易曾聞屢絶韋」諸句（按：此書初印本出静安手寫，不知者遂生異論，以爲係静安代庖，鄉人酬以五百金。及静安自沉，又妄疑静安之死出於鄉人逼債，種種奇談，莫可究詰。陳夢家曾親見鄉人手稿者，其《綜述》一書於前者已加質疑剖析，當爲學者所共見，不煩辭費矣）。○本年鄉人著書除上舉三種外尚有十二種：一、《殷虚書契菁華》。鄉人所得甲骨最大者，懼損文字初未拓墨，又不忍使湮没不傳，遂影照精印，而以拓墨復爲前編所遺脆弱易損者數十枚益之。二、《秦金石刻辭》。嬴秦文字存於今者，石刻與詔版權量虎符耳，琅邪石刻毁於火，惟存「泰山」十字，詔版權量藏者推簠齋陳氏、愙齋吴氏兩家，後吴氏所藏多歸端氏陶齋，陳藏間流海外。鄉人曾得《錯金書陽陵虎符》爲秦文之冠，至是，就所藏與所得墨本，録爲一書，分金、石、陶三類。三、《唐風樓秦漢瓦當文字》。自《澠水燕談録》載羽陽宫瓦，《東觀餘論》據益延壽瓦訂小顔《漢書》注文之誤，爲瓦當著録與以瓦當文字考古之始。至林侗朱楓乃有著録專書，嗣是若《兩漢金石記》、《金石萃編》等，遂於金石之外兼收瓦當。其文字，或記宫觀殿闕陵廐闕倉之名，或著吉語，或寫物象。時代上起周秦，下迄六朝（今稱秦漢，乃總括言之）。出土地，秦、齊、燕、魏遠及歸化城。著録之書，乾嘉以前，程氏《秦漢瓦當文字》爲詳，道咸以後僅王氏《竹里瓦當文存》。愙齋欲續未就，簠齋具稿未刊，鄉人此書搜討益備，而考辨加精，汰僞存真，數逾三百，選工鐫勒，大勝舊譜。四、《四朝鈔幣圖録》。四朝者，金、元、明、清也。鈔幣源於《周官》里布，後世則唐之飛錢，宋之交子，省民間轉輸之勞而流弊實甚。鄉人輯金以來鈔幣及鈔版之傳世者爲圖録，疏釋其文字，並揭製鈔以來弊害於編首。五、《蒿里遺珍》。鄉人既編録《冢墓遺文》，更欲拔其殊尤影印傳世，乃於什一之中選地券四、冢記一爲此書，皆久佚而傳拓至罕者。六、《歷代符牌圖録》。古者合符以徵信，著録最先者爲《續考古圖》之漢濟陰虎符、唐廉州魚符。嗣是則真贋錯陳，考訂粗疏。鄉人既得秦虎符，擬類聚藏本，勒爲專書，懼見聞未周，遲回數歲。浮海以來，恐不復能有增益，今我不作，後來何述。因輯由秦逮金符五十有二、遼金至明銅牌十有八爲此録，牌亦符類也（此書後加增訂，易景印爲鈎模石印）。七、《高昌麴氏系譜》。本年夏，鄉人觀大谷伯所得高昌墳墟遺物，皆在麴氏有國時，麴氏撫土有民者百四十餘年，西土小康，而諸史紀傳疏略牴牾，今藉遺物補正，衍爲《系譜》，不知蓋闕。八、《瓜沙曹氏系譜》。曹氏繼張而帥瓜沙，兼事遼宋。薛歐兩史附事實於《吐蕃傳》，而云史失其紀，《宋史》雖立《沙州傳》，疏略更甚。鄉人此譜，合薛、歐、宋、遼四史紀傳及《續資治通鑑長編》、《册府元龜》與敦煌遺籍考之，尋元忠之卒年，訂延禄之名誤，於是曹氏世系釐然可徵（此二書，後來皆加增訂）。九、《西陲石刻後録》。鄉人既成《西陲石刻録》，以爲遺漏必多。嗣見元和葉氏視學甘隴時所得墨本六十餘種目，而未及校録其文；又聞新城王氏儲關門以西石刻至備，遺書乞觀，久不得報。夏六月，大谷伯陳所得西陲古物於武庫郡別邸，鄉人冒暑往觀，手拓《武周康居士寫經功德記》殘石，其高昌朱書專誌十餘，不能施墨，則手寫其文，成《後録》一卷，其葉王所得則將編爲《三録》、《四録》。十、《唐三家碑録》。三家者，李、于、臧也。李碑三、于碑五、臧碑三。鄉人皆據整本及翦裝本精校編録，勘正前人奪誤臆定處不少。十一、《續滙刻書目》。自顧、朱兩家書行世，承學稱便，時且三十年無賡續者。鄉人爰就大雲書庫所儲，補録光宣兩期叢刻及刊於光宣前而爲前目失載者得三百餘種。有闕則假之同人，日本高麗諸叢刻則藉助日友。十二、《鶴澗先生遺詩》。鶴澗，明遺民萊陽姜實節也。工詩畫，著《焚餘草》，久佚。鄉人於畫迹中輯其遺詩。跋稱：「鶴澗生於順治四年，守先人之訓，高不仕之節。彼龔錢身食朝禄，名滿當代，一旦盡喪生平，視之能無愧死？」所刊書有影北宋天聖本《齊民要術》殘卷（存兩卷，日本高山寺藏而寄存京都博物館者，刊正明以來各本訛奪不少。「通」字闕末筆乃北宋避劉后父諱，的出北宋）。日本古寫本《古文尚書・周書》、日本古寫本《隸古定尚書・周書》兩殘卷（前者宣統紀元所得，後者藏於宜都楊氏，鄉人從楊影寫）。〇王静安從鄉人治古文字之學，遍覽所藏金文墨本及行世著録諸書。本年夏秋之際，成《宋代金文著録表》一卷、《國朝金文著録表》六卷，與静安新著如《洛誥箋》、《明堂寢廟通考》、《釋幣》、《鬼方昆夷玁狁考》等十餘種，皆刊《國學叢刊》中。〇本年文有沙畹《漢兩京石刻圖象考序》、《魏崔敬邕墓誌跋》。

中華民國四年乙卯（一九一五）五十歲

在京都。○正月，輯丹徒劉氏藏龜墨本之未入《鐵雲藏龜》者，爲《藏龜之餘》一卷。十四日，長孫女瑜生，福成出。○二月廿四日，携福成歸國掃墓，是日先赴神户，廿五日，辰刻登春日丸巳刻開行。廿八日未正抵滬，住白爾路婦弟范緯君兆經家。廿九日，訪沈子培。去春曾相見，今年歲首，子培致書略云：「望七衰翁，神明衰竭……所懷萬端，非面不罄，而久病動止須人……公能一來收其囊底，死且不朽。著述久已絶念，舊稿發端在東西學者之前，問世已落東西學者之後……今亦不願再觀。生死書叢，蟫枯蠹化，或留少許根因，他生乘願復來，冀公證我於三生石上耳。亦作詩，止於和韻，亦對客，止於自言，亦讀書，掩卷即忘，亦構思，虚空無盡，公試一揆此情，得無已入鬼趣邪？」鄉人私憂之，既見則健談如昔。鄉人問今滬上爲四方人士所輻輳，所識潛學未彰之士幾何？子培舉元和孫益庵德謙對。○三月朔，遣福成至蘇接程氏女及外孫家茀至滬相見，程氏女嫁未久而寡，惟一子。四日子正，抵淮安西門外，比入城南老屋已丑初。五日，謁姑母何太宜人，時染病，就臥榻見之。又見李氏妹，鄉人同母女兄弟六人，存者僅此妹，所遇亦艱苦。六七兩日至南郊外五里松及縣西七十里西黄莊掃墓，西黄龍樹獨茂。九日，以先人周忌冥壽，延僧誦經一日，衣冠肅客至夜分。鄉人不以禁延僧誦經爲家法，其言曰：「古者遇祭日，致齋致思，誦經，亦致齋致思不忘追遠之意也。

鬼神有無，聖人言之已明，一則曰：『祭如在，祭神如神在。』再則曰：『視之而弗見，聽之而弗聞，體物而不可遺。』夫曰『如在』，曰『弗見弗聞』，非謂確有鬼神也。曰『體物而不可遺』，物者事也，謂徵之人事不可忽忘。蓋鬼神之有無，於人之心斷之，使人子而有追遠之念者，則無鬼神之説不忍言也。禮家言夏用鬼器，商用人器，周兼用之。今之誦經祭奠，人鬼兼用，猶周人之旨也。」又曰：「古聖人宰治天下，道德立其本，刑法齊其末，頑梗不化之徒，出於道德即入於刑法。夫簞食豆羹得之則生，弗得則死，斯時也，父不能保其子，君不能有其民，必欲使蚩蚩之氓，顧義而懷刑，勢有甚難。爲希望斷絶之人造出希望，使有所顧忌，有所忻慕，則宗教家之天堂地獄輪回果報之説有其作用，故宗教可濟道德刑法之窮，而於中人以下化導之力爲尤宏。」十二日離淮返滬。鄉人鄰舊多老壽至八九十者，惟貧窶日甚，鶉衣百結，日或不得一飽。鄉人臨行留三萬錢，俾李氏妹分給之。十三日暮抵滬，静安與樊少泉來，静安與鄉人有同遊魯衛之約，故自東返其海寧故里祭掃，約在滬會合。是日從少泉得貴陽陳松山田消息，松山光宣間官掌印給事中，抗直不阿附，爲權貴所側目，累疏劾慶親王奕劻誤國，又拒北洋賄買。鄉人欽其風節，納交晚而每談必移晷。國變，貧不得歸故里，鬻所藏明人集數百種，乃得依其弟于常德。後明人集歸日本文求堂，鄉人聞而又從文求堂購歸。十六日，命福成先返東寓。廿二日，因静安病目留滬醫療，乙夜，鄉人獨乘滬寧汽車赴浦口。次日過兖州。翌晨乘汽車至曲阜驛。距城尚十八里，乘步輦(人力車)行八里臨泗，人負之而濟，既濟，行沙上至艱苦，如踰小磧。下午入城訪勞玉初，丈人行也。玉初歷宰近畿，辛丑，鄉人始與相見於滬上。又十年辛亥冬，任京師大學堂總監督，學部侍郎，鄉人已避地矣。亂後重逢，悲喜交集。玉初言亂後寓淶水，僑青島，移此。民俗樸僿，物價甚廉。近來世家日貧，鄉紳多鬻田宅者。廿五日辰刻，與玉初同謁孔廟。翌日，與勞篤文健（玉初次子）同謁顏廟，出廟謁孔林。篤文以示斷截古陶登，詢何物，云得之郭外某廢壟中，累積盈數畝。鄉人悟其地當爲古之廢窑，廿年前臨淄出三代古陶登及量、缶至多，其地亦廢窑也。出城以連日盛雨，泗漲不可涉，乃却回兖州。丑初乘汽車赴天津，過岱嶽已入睡鄉。廿七日，在車中聞人話都門賭風大熾，某政客以一夕負萬金，某某以半日負三十萬金，又某某以一時間負二十萬金，爲之駭絶！下午抵津，閱骨董肆，購鐵權一，漢碑墨本三，又一《故左郎中鄧里亭侯沛國豐張盛墓碣》，則晉石。以前中州出石刻，估人不肯拓墨，懸高價亦不可得，今則自知拓墨，雖值昂，究有利於流傳。骨董客某言，古物近無受主，西人亦鮮購者，勸鄉人入都一行。以不忍重見國門，謝之。廿八日，從方藥雨得知王孝禹身後所藏書畫，佳者鬻已垂盡，墨拓惟抱殘守闕齋舊藏之《崔敬邕》以千金售之都市，餘尚無恙，不及往看。於骨董肆見濰縣高翰生鴻裁藏六朝墓磚三存肆中，借楮墨手拓之。翰生篤嗜金石，收藏磚瓦璽印尤富，鄉人唐風樓瓦當文字中，采所藏至數十品。廿九日將赴彰德，不欲經都門，乃取道保定，鄉人往歲視學於此，壬子遭亂兵焚掠，今廛市全非。於骨董肆得漢磚誌一，曰「安熹丞劉」、唐磚印一，曰「博陵郡之印」，陽文，斷師比、矢鏃具鋌者各一，古矢鏃具鋌者至難得。三十日，抵彰德，寓人和昌棧。賃車至小屯，其地在郡城之西北五里，東西北三面洹水環之。《彰德府志》以爲河亶甲城，宋人《考古圖》載古禮器出於河亶甲城者不少。近十數年龜甲獸骨悉出於此。土人云出甲骨之地約四十畝，因往履其地，則甲骨之無字者，田中纍纍皆是，拾得古獸角一，甲骨盈數掬。土人每刈棉後，即事發掘，深者兩丈許，填土後復種如初。所出之物尚有蜃殼，多與甲骨等，以前未知也。古獸角亦至多，非今世所有，土人目爲龍角。往歲得石磬三於此，形似犁錧，與《爾雅・釋樂》「大磬謂之馨」與郭璞注同，意是殷制與《周官・考工記》所記異，宋《博古圖》所載古磬二與殷虚同，蓋殷物也，定名磬，殊精確。定名磬，鄉人常語王静安「宋人考古之學不讓乾嘉諸老」，静安謂然。今復求磬，已不可得。又舊所得尚有骨鏃、象匕、骨匕、象揥、骨箭、石刀、石斧，天生物有象齒牙，今亦罕見，然得一貝璧以蜃殼爲之，雕文如玉璧，已碎，奇品也。入城閲骨董肆，得土偶四，乃辛亥磁州出土，精逾芒洛所出。又獲磚誌五，骨董客言磚誌多出彰德，洛以南無有。逆旅主人李姓，頗知古器物出土地，爲言古骨貝銅貝出磁州講武城，磁枕出彰德北關外顔家莊左近故窑中，磁人磁馬磁狗之小僅半寸許者，出彰德西六十里王家窑；宋元磁酒瓮白地黑花者，出山西陽城，亦故窑中物；連布出衛輝以東，垂字幣出彰德。出土地于考古極有關係，前人多忽之，良以古物多得之估人，往往諱不言，或詭言以應。如龜甲獸骨，估人言出湯陰，使昧所出。則殷虚末由斷定矣。逆旅主人少從軍，故詳知南陽謝總鎮寶勝事跡，鄉人曾爲作傳，見《雲窗漫稿》。○四月朔將赴洛，而土人及骨董客以古物乞售者麕集，得瓦鴞尊、斝、土偶各一，山西出土，三代物也。鄉人曩所得，由隋唐迄宋元，此行得磁州六朝器，又得此，歷代明器備矣。二日，午正抵洛，寓天保棧，棧在邙山之麓，古冢彌望，有大冢當棧門者，司馬文宣王陵也。入城閱骨董肆，古物寥寥。洛人言都中某勢家子搜求古物，畜洛陽估人數十輩於邸中，掘丘摸金。以厚值得「女年九歲」殘碑一紙、魏晉間分書，出金墉城遺址，問石所在，秘不肯言，洛人頗傾詐。鄉人言此行所經，保定民俗最良，天津次之，彰德又次之，洛爲下。三日，卯刻賃車遊伊闕，南渡洛水，午初抵龍門，崖壁遍刻龕象，仰視久，肩項酸楚，至賓暘洞，有駐兵數十，與商良久得入。駐兵飲食坐臥於是，並於象側作炊，象黔如墨。至老君洞，佛像多失首，聞是廠估等以錢貿乞兒於深夜私鑿以售諸外人。入城與會友齋商拓龍門造象全份二十部，與定約，凡僅存一二字者屏之，其無年月而文字稍可屬讀者仍拓之，期以三閱月。凡遊龍門者皆以籃輿，鄉人初不知，以車往，道途傾危，顛簸如舟駛巨浪中，歸後憊甚。洛下私掘古冢，約分三類，一爲貧民，欲得以貿錢，二爲勢家購人發掘，三爲外國人盜掘。隴海路鐵路工程局長徐世章言鐵路總醫官歐人某多得古物，得即寄歸，不知所得何物。司馬文宣冢亦早爲盜發，其技至巧，先爲隧道通墓中，中已空而崇封巋然如故，人不覺也。令劉估往拓崇高三闕題字，惟黄小松本有，而他本無者兩處，共十餘行。又據《嵩洛訪碑日記》，《堂谿典請雨銘》「其言惟」以下，一石尚存二字，令併拓之，並拓諸畫象。鄉人此次洛游殊減興，惟此差可慰。近數十年私家藏石風盛，非古刻之福，石入人家，禁拓墨，一也，子孫不知愛惜，或以鎮肉奠柱，二也，轉相售鬻，無定所，三也。公家若關中之碑林、洛下之存古閣，如典守不嚴，亦有逸失。劉估言：辛亥之變存古閣失數石，李超志爲某學官携去，士人争之復反。鄉人在學部，有丹麥人何樂模謀竊關中《景教流行中國碑》，贋刻一石將以易之，方藥雨之弟爲何舌人，以告藥雨，藥雨以告鄉人，亟白部，電陝撫及學使，由金勝寺移入碑林，何乃運贋石去，此特千百中之一二耳，其密輸以去者，不知幾許。七日，鄉人冒雨游汴書店街，得《康熙紹興府志》。紹志乾隆以後未續修，康熙志尤少。十餘年前鄉人在滬與郡紳徐仲凡議修志，謂可仿四明六《志》例，取宋二《志》，明一《志》，清康乾二《志》刻之，而附以會稽三賦，乾隆以後爲續志，前志疏失爲補正，刻之湘中，四五千緡可辦。徐欣然，將以校勘委鄉人，而自任籌資，乃未久徐謝世遂罷（按：《外集》四《失題》六絶句之一：「李徐舊約隔重泉，西顧鄉閭意黯然。從此遺書亡《越絶》，遠輸《齊乘》有成編。」即指此，李指越縵，《齊乘》成編，似指光宣間新修《山東通志》）。九日，從河南歸德之朱集汽車至牛王堌，易騾車行七里，復易東段貨車。十一日，辰初到滬。静安目疾十愈七八。十四日，與静安同乘春日丸東渡。十七日晨入神户港，將夕抵家。鄉人此行往返凡五十三日。〇六月作《五十日夢痕録》記之。〇長夏取篋藏後出漢魏石刻咸同諸家未得見者二十餘種，日鈎模一二紙，逾月得十五種爲《漢晉石刻墨影》，蓋師趙撝叔《二金蝶堂漢碑十種》例（趙書未刊，曾藏鄉人所）。鈎模能存原形，愈於傳録及摹寫。同時又鈎模洛中所出漢刑徒墓磚爲《恒農冢墓遺文》，其大半藏湹陽端氏，餘不知藏誰氏。鄉人序謂：「此皆刑徒執役而死之埋銘，時代由永平訖熹平，刑名有髡鉗、完、城旦、鬼薪、司寇之殊，籍里則幾遍郡國，而不詳其所役。」（按：磚出地，賈人妄傳靈寶，鄉人則以恒農名之，即弘農，避清帝諱改。鄉人於「無任」闕釋，張政烺《漢代的鐵官徒》謂即《墨子・號令》篇「無害可任事者」之簡稱，相當於「弛刑」，即現在所謂「假釋放」。餘見後。）〇鄉人夙癖印，後知其有裨於小學、地理、官氏諸學，好之更篤。居京求之廠肆，累歲不能逾百，遣估人至歸化城購之，先後遂得璽印千餘，既製爲「罄室所藏璽印」矣。及旅栖海外，鬻之以佐朝夕。至是又先後得璽印四百，復製爲「赫連泉館古印存」，九月爲序千數百言，歷舉其裨於考證者八事。前人譜録多收贋品，鄉人謂至近代「雙虞壺齋」、「兩罍軒」、「共墨齋」、「十六金符齋」諸譜，抉擇始精，陳簠齋「萬印樓」譜尤爲海内巨觀。鄉人常恨金石刻歸異域，有寫影無拓墨，經學者考證成書者，不過一二，何殊再入重泉。旅東以後，頗見日本公私所藏古石刻，又從歐人著書及遇我國估人之商於域外者，輒疏記其品目，積久凡得百有四十種，九月遂編爲《海外貞珉録》，所謂録十一而遺千百也。冢墓遺文既定分地輯録，秋冬之際除芒洛續得三卷外，襄陽、廣陵、吴中、三韓亦次第寫定；又成《石屋洞龍泓洞造象題名》各一卷，補阮氏《兩浙金石志》之遺。〇吴愙齋大澂著《權衡度量實驗考》，自許爲前人所未道必傳之書（見顧廷龍《愙齋年譜》與侹本善書語）。撫湘時，欲補完未果而卒。鄉人知其書而未見，旅東後，忽見之河井荃廬許，爲鳩工重刻。今年遠遊歸，遂印行且序之。〇秋又因事至滬，於廬江劉氏得《愙齋續百家姓印譜》手稿。此外尚有沈周《杜東原年譜》、無名氏《襄理軍務紀略》（記英人及各國兩次據天津鄉紳張錦文辦團防事）、常茂徠《洛陽石刻録》、翁大年《陶齋金石文字跋尾》、鈕樹玉《匪石文集》、丁晏《頤志齋文鈔》及《感逝詩》，皆一一爲之跋，後並刊入《國學叢刊》中。他文尚有《後周韓太尉墓表陰側記》、《濯足圖跋》（舉三證定爲洪谷子筆）。○先是宣統元年五月，陝甘總督升吉甫允疏阻立憲免職。三年秋，陝西獨立，詔起署陝撫，督陝甘軍務，率甘軍與革命軍力戰，連克長武、永壽、邠、醴泉、咸陽諸州縣，方攻乾州而遜位詔下，解甲。吉甫仍招舊部謀再起，且間關萬里聯蒙日爲援。本年旅日，寓東京深田氏别墅，一日介文求堂主人以所爲詩文就正。鄉人與素無一面，惟於抗疏事，心儀其人，至是乃亟赴東京面晤，握手勞苦若平生歡。吉甫素負伉直聲，光緒甲辰，慈禧后七十壽，奕劻、張之洞聯名電各省疆吏，例外加貢。吉甫時撫陝，據以糾參，摺留中。壽日，吉甫惟循例進如意一柄，無加貢。旋降調察哈爾都統，能言人所不敢言，時比其疏爲朝陽鳴鳳（按：此事見陳叔通《百梅書屋詩存・雜憶廿首》之十，鄉人《吉甫七十壽序》但云抗疏止之，不如陳詩之詳）。後督陝甘，葉昌熾提甘學，稱其剛直不阿，不愧社稷臣（見葉氏《緣督廬日記鈔》）。時寄孥青島，饔飧不給，鄉人約同志時周給之。

中華民國五年丙辰（一九一六）五十一歲

在京都。○正月四日，王静安應英人哈同氏之聘返國，眷屬已先期返其海寧故里。七日抵滬，寓愛文義路大通路吳興里三百九十二號(按：　鄉人《外集》四《失題》一律曰：「山館分携暮色微，歲寒情話尚依稀。湘江壯節期無恙，遼海孤踪安適歸。池水照顔予髮短，春明入夢昔游非。階前苔蘚無人跡，尚冀重來一款扉。」味其詞意，乃别王之作也)。哈同者，名歐司愛，英籍猶太人，上海法租界工部局董事、富商。去年設倉聖明智大學及廣倉學會，擬編印《學術》、《藝術》兩叢編，既聘海寧鄒景叔壽祺主編《藝術》，故以主編《學術》屬王，且雅慕鄉人海外著書，欲出資助刊。然哈與其用事者姬某皆絶不知學，某且挾主人勢，有陵轢一切之意(此節静安來書語。按：　後來鄉人印書資不濟，哈同確亦幫忙印過幾部書，不應忘記)。○二月七日，鄉人携三子福萇返國，本擬赴淮掃墓，嗣念紹興先壟已三十年無人去，遂改旅程赴紹。(按：　此行，福萇有函記到紹展墓事，函稿亡于「文革」中，未及補入。)本月影印《續百家姓印譜》，序中舉正愙齋誤釋數事。鄉人於殷商卜辭既編之釋之，意區宇之大，必將有嗣我而闡明之者，乃久而闃然，一若發潛闡幽爲一人之責者，益自厲。三月歸自紹，復摭《前編》所未備者得千餘片，爲《後編》二卷，付哈同影印於其《藝術叢編》第一集内。○鄉人自旅東以來，與王静安共數晨夕，研討不倦。静安去，則每隔數日必通函札。五月廿三日，静安來書曰：「一别五月，公致書在篋中已盈半寸有餘，維卷紙二束亦已用罄，其中十分之八九乃致公書，兩人書中雖有他事，而言學問者約居其半，中國恐無第三人。今日易紙作書，乃憶及之。」○六月五日，袁世凱謀稱帝不成而憤死，柯鳳蓀自京師遺書曰：「元兇已伏天誅，遼東皂帽，曷歸來乎？」答書曰：「郿塢雖傾，李郭尚在，非其時也。」〇十一月以淮安家事拂鬱，又伏案過勞，病胃。静安來書曰：「得公書，想懷抱不暢……公書時以家事爲言，此正無法，大抵有可補救則補救之，無則姑置之，憤怒憂鬱，無補於事而徒傷於身。公精力兼人，最不喜閑……用心與動作不能爲公病，惟鬱結爲致病之源，須以動作與閑散二法排遣之。前年《殷虚書契考釋》成時，印公寫照，維本擬題詩四首，僅成一首，故未題。詩云：『不關意氣尚青春，風雨相看各愴神。南沈北柯俱老病，先生華髮鬢邊新。』現鳳老不知何如？乙老多痰，然無甚病，足支十年，公年力俱尚未艾，學問上之活動總可繼續廿年，試思此十年之成績以度後之廿年，所得更當何如？公之事業未及半，切勿以小事介於懷抱，使身體受其影響，此非維一人之私望也。」〇本年鄉人仍殫心著述，每月必成書一或二三種不等。正月一種：曰《南宗衣鉢》。鄉人以爲山水畫雖導於魏晉，實啟宇於李唐，開元之際，王李挺生，兩宗并峙，而南宗孳乳獨繁。因取南宗古今名跡，約爲四期：六朝隋唐迄五代爲上古，宋元爲中古，明爲近古，清嘉道以前爲今代。按期摹印，遴選務嚴，一洗十年來譜録糅雜無紀之弊。取材多出自藏，各繫跋尾，以誌管窺。三月三種：一曰《古器物範圖録》。製器必有範，傳世以泉範最早見，嗣又見衛字瓦，尚方鏡及弩範。光緒丁未，鄉人於京師廠肆得斧範，後又於齊魯間得矢鏃沙範、師比沙範、元銅犁範。且此諸範分藏私家，墨本難致，鄉人恐不能與世人以共見，乃匯爲一編。泉範多，選其精異者，至前人誤以刊書之模式爲書範，則舍之。二曰《金泥石屑》。所録皆金石小品，或以亡佚，或墨本難致，爲書二卷。三曰《歷代符牌後録》。拾前録之遺，凡符八、牌三十有八、及新獲三牌，雖未賅備，視瞿翁兩家爲贏。四月一種：曰《殷虚古器物圖録》。鄉人曩於殷虚獲古器物若干事，嘆得睹三千年前良工手跡，以爲必不止此。去年涉洹親訪，則寶藏幾空，僅得一珧璧。至是乃薈萃爲此，長短大小一依原器，惟尤大者則縮而記其尺寸，考證所得，别附圖後。五月一種：曰《殷虚書契待問編》。許祭酒序《説文》有云：「於所不知，蓋闕如也。」鄉人謂形、音、義三者不備知，則曰闕也，此例後人罕用，惟吴氏《説文古籀補》附録不可識之字於末，能得許君遺意。因念束廣微之於「汲冢古文」，未必遽勝許君，乃一一寫定無疑滯。又宋人之釋金文者，每字注以今文，不復闕遺，後者後人尚可糾正，前則無能爲矣。此編所疑諸字，於形或音義非盡不可知也，然有一不知則闕以待問，師許君遺意而以廣微爲戒。且謂諸字古今異體者什二三，古有今佚者什六七，今日不知，異日或知之，我所不知，他人或知之。六月一種，曰《高昌壁畫菁華》。古代名工畫壁，壽命有時不如縑素，鄉人生長江淮卑濕之鄉，其地無百年不毁之古刹。北來後，聞河北真定隆興寺有畫壁，趙州松林寺有吴道子畫水，恨皆不得觀覽；又聞磁州響堂山六朝畫壁無恙，亦不果往。宣統紀元見伯希和行篋所携敦煌高昌壁畫影片爲見古壁畫之始，時方究心古卷軸，於壁畫僅影寫其一二。來海東於大谷氏許見敦煌壁畫數十，皆劖削於屋壁，載歸，間有施之縑素者。已又見德人勒柯克氏《高昌訪古志》中有壁畫數十，尤精絶，勒氏書，中土稀見，乃選其尤精者二十幀，而以大谷氏之二縑畫附焉。其時代，縑畫前於唐開元，高昌更在其前。我國梵畫，六朝以後稱大小尉遲，洹陽端氏藏尉遲天王象，已流域外，則此編可償其失。七月一種：曰《石鼓文考釋》，鄉人駢羅石鼓古今各本，校其異同，以爲阮摹雖晚，實最精善，顧研本亞之，甲秀本又亞之，既辨點畫爲譜，復説解其文字爲《考釋》。八月兩種：一曰《古鏡圖録》。鄉人於古鏡，賞其刻畫精巧，文字瑰奇，詞旨温雅。在京師每省俸錢購之，隨得隨失。惟所集墨本幸存，乃就千鏡中擇其優者爲圖録。二曰《鄴下冢墓遺文》。墓誌出於彰德安陽者次於洛下，顧估人售石不售墨本。此所録雖已二卷六十餘石，而不得拓本不克入録者，數且至倍。九月兩種：一曰《墨林星鳳》。碑版之有拓墨，肇始有唐，然真唐拓難徵信。惟敦煌所出《温泉銘》、《化度寺塔銘》、《金剛經》允爲唐拓無疑，付工精印，目以星鳳。觀《化度寺》翦裝成葉、《温泉銘》翦成卷，知後來翦裝與裱軸兩法，唐時已然。二曰《隋唐以來官印集存》。考歷代官印者，瞿中溶、翁大年兩家，瞿有成書，失附印文，翁惟草稿，零落不完，且印文亦多紛失，鄉人以爲美猶有憾。三十年來，搜討甚力。兹先斷自隋唐以來，凡得二百二十有五。出前人舊藏而據打本入録者十六七，手鈐者十三四，有知印已亡而打本幸存者，序中並訂正前人訛誤。鄉人於著録金石文字，二十年前即有龐大計劃，擬區分爲兩大類：金文以古禮器及庶物銘識斷代爲書，若殷，若周，若秦，若兩漢，若新莽，若三國，至於六朝，各爲一集，總名曰《集古遺文》。其中或更依物分類，若貞卜文字，若古匋文，若古兵，若符牌，若物範，若鈔幣，若釋老造象，若明器，若泉布、專甓、瓦當、璽印、封泥、鏡鑑之屬，總名曰《集古圖録》。石文依文體類次，其大要若頌，若序，若記，若神道碑，若墓表，若墓誌，若造象記，若刻金記，若題名，若詩詞，羅列衆本精意校寫，總曰《寰宇石刻文編》。其不能賅於兩類之金石小品，則別爲一編以薈集之。數年來，鄉人所著，大抵以此爲指歸，惟限於資力，不克一一就。晚歲序《石交録》，尚以宿愿未能畢償爲憾。本年刊印之書亦夥，有《六朝寫本禮記子本疏義》（日本田中伯光顯藏，中有「灼案」字，乃陳鄭灼鈔皇侃書而加案，疑出灼手書），《古寫原本玉篇言迄幸部殘卷》（亦田中伯藏，黎氏刻入《古逸叢書》，有校正，但摹寫失真），《宋本東漢刊誤》四卷（日本福井氏崇蘭館藏，中土佚書），《唐寫本世説新書殘卷》（即《新語》，《新書》乃初名，已分爲四截，分藏四家，鄉人假而合影之），《日本古寫本悉曇字記》（唐釋智廣撰，中土無傳本，不知何時流入日本，鄉人曾托楊惺吾刻於武昌，辛亥後板佚），《北宋景祐本天竺字源》（日本高山寺舊藏，其書雖見著録而久佚，獨存於日本，中有缺卷，以日本嘉禄二年僧喜海《字源私鈔》補之，惜過略），《南宋本文殊指南圖贊》（日本神田氏藏，南宋臨安衆安橋南街東開經鋪賈官人宅刊，圖畫極精，中土久佚），又《三藏取經詩話》、《三藏取經記》（前者三浦氏藏，宋人平話之一種，後者德富氏成簣堂藏，名異，實爲一書），又《周密草窗韻語》（宋季刊本之至精者，不見著録之孤本。後歸烏程蔣氏，以「密韻」名樓），凡九種。此外若翁氏《古兵符考略》殘稿，鄉人就其叢殘爲之校理，手寫付印。謂「雖零落散佚之書，不忍自我湮没」。〇本年文有《藝術叢編》《適園叢書》《台州金石録》序，《魏章武王妃盧氏墓誌跋》。

中華民國六年丁巳（一九一七）五十二歲

在京都。〇正月，姑母何太宜人卒，年八十。二月，王静安撰《殷卜辭中所見先公先王考》，鄉人聞之，索觀甚亟，静安以草稿寄東，鄉人讀之積痾若失，復書爲證成「上甲」二字之釋，又謂卜辭之⊞即「上甲」二字合文，——許書「帝」，古文作[illegible]，注：「古文諸『丄』字皆從一，篆文皆從二，二，古文『上』字。」考之卜辭及古金文帝示諸文，或從二，或從一，知古文二亦省作一，⊞者「上甲」也。許君之注，當改正爲：古文諸「丄」字或從一，或從二，一與二皆古文「上」。「或洨長原文如此，後人轉寫失之耳」。時鄉人新得商三句兵嗣又發見二⊞，則竟作「上甲」，載《後編》中，亟函告静安，静安即附兩書於考後。静安以河北易州，静安謂：「此等處要亦殷之畿甸，《山海經》、《竹書》之有易，恐竟是易水左右矣。」又有書云：「先生平日爲學於人甚益，於己甚苦，如録碑文諸事是，宜暫行停止。消遣之法，以看畫及閲《莊》《列》諸書或詩文集爲宜。處今之世，煩惱由外，慰藉不能求之於心，乙老詩有二句云：『萬感尊前現在身，寸心幽國光明燭』，此老有此見解，故雖羸老，而神明不衰。」沈子培遺書則以學佛爲芹獻，大旨謂鬱結關於心理，理恕情遣，非取材内典，無以釋此結。魏晉人寄情莊老，及今乃知其身世之感，不得不然，彼時莊老書多，足以供學人求取，今僅郭氏一家，師説又已久絶，玄文妙理，超世之旨，大都入於釋門，吾輩不取于是，復焉取之。又語静安，鄉人之病，乃因性質偏於實踐，佛家心法須將無作有，以妄塞悲。三月，四子福葆授室山陽李氏，鄉人第四妹女也，至淮親迎。鄉人因處分家事，擬親送至淮並掃墓，以病胃不果行，乃手疏處分條目，令長子福成赴淮傳達（詳《外集》三）。會東醫診鄉人病，有勸轉地療養者，旋復赴滬。於張菊生許見《窓齋集古録》稿，菊生擬付印，丐爲序。鄉人又輯彝器中以干支紀名者若干器爲《殷文存》，付廣倉刊印于其《藝術叢編》中，王静安代作序（此序代作，故不入集）。本月編印《鳴沙石室佚書續編》凡四種，其《老子化胡經》殘卷、《摩尼教規》、《景教三威蒙度贊》，早印入《敦煌石室遺書》中，姚秦寫本《大雲無想經》殘卷，日本收入《續大藏經》，今《遺書》存本垂盡，《大雲》又無單行，故同印行，以附《石室佚書》之後。五月，皖、冀、晉、豫等八省以反對對德宣戰，宣布獨立。（《張元濟日記》于此年五月十六日記：「羅叔韞住打鐵浜吉益里十六號」一語，似此時鄉人曾到滬，豈與前記「張菊生云云」爲一事，待考。打鐵浜乃劉大紳住所地名。殆在滬寓劉家。）六月十四日，安徽督軍張勳入京調解。二十八日，康有爲自津入京。七月一日，張、康擁遜帝在京復辟，稱宣統九年。此事醞釀久，與聞其事者半爲青（島）滬寓公，若劉（廷琛），若勞（乃宣），若沈（曾植），若章（梫）。鄉人初未參預，静安寓滬，耳目差近，時與鄉人書道及（按：五月八日沈子培應召北上，行踪甚秘，静安往訪，家人尚詭云赴蘇，此静安來書語）。三日，段祺瑞在馬廠誓師討張。六日，馮國璋就代理總統職。十二日，段軍占領北京，張勳逃入東交民巷荷蘭使館，復辟瓦解。静安十七日遺書曰：「情勢大變，北軍已多應段，戰事即將起於京津間，結果恐不可言。北行諸公恐只有以一死謝國，曲江之哀，猿鶴蟲沙之痛，傷哉！」又曰：「此次負責及受職諸公，如再覥顔南歸，真所謂不值『一文錢』矣！諸公中以横渠（指張勳）最可惜，素公（升允）、玉老（勞）當能不忘久要，寐叟（沈）於前日已有傳其南歸者，恐不確。止庵（瞿鴻禨）乃無心肝，竟有電辯明心迹。」夏，鄉人赴成崎浴温泉，歸而京坂大熱，不能執務。遂逭暑蕉窗下，命三子福萇檢所藏石墨比較新舊本異同以遣日。率日校一碑，由福萇手記之，纔至隋而秋風起，乃擱置。〇本年河北諸省大水，以河北之天津、保定，山東之德州，河南之彰德爲甚。鄉人鬻長物以助賑，得兩萬圓，以爲不過大地上一微塵。沈子培則作詩張之，有「羅君章有唐年雪，揮手能療天下飢」句。謂所鬻長物中有王右丞《江山雪霽圖》卷，馮夢禎得之以「快雪」名堂，後附董其昌借閲三札者也，但沈全詩未見。鄉人又力疾作篆書四尺對剖條幅百紙，每紙售十圓，四紙全售則三十圓，寄京師托董授經代售，附書言：「平生不欲以薄技娱人，今爲災黎作書，固所愿也。」往年日本火山震災，鄉人曾作隸書横額二百，得二千圓，此爲第二次。爲籌賑，鄉人與授經書論災情曰：「今日接上海寄來濟生會員報告，知津埠以鄰國爲壑，無水者百餘村盡成澤國。……然則白河水口既淤，此百餘村之水何從宣泄？能秉三希齡辦理水利賑務，不知所司何事，豈所拯救僅在津埠一隅耶？曷先以工代賑，急購挖泥機器，佐以人力，先將白河口疏通，則積水乃有歸路，此爲至當不易之辦法。弟世外陳人，不欲爲彼等言之，公仁人也，曷參與其間，明白以兹事相告耶？又聞滬上賑務三團體共捐不及二百萬，災區如此浩大，同好義士如此之寡，盛宫保後人，居然獨賑十萬，差强人意。弟矢盡售所有，然售物至難……」又曰：「聞津沽排水已將竣事，恐亦以鄰國爲壑，若僅恃堤防，則租界以外益不堪，雖期已屆，水將歸宅，然未涸時，人將何堪？此次放賑以開設粥廠爲宜，因災民無從得燃料也。然往往擁擠至踐踏以死，又朔風凛冽，待粥至苦，究以何者爲善，亦祈速決，愈速愈妙。」冬，鄉人再至滬，並遣長子福成與婿劉季纓先赴河北籌辦賑事。本年著書凡五種：一、《夢鄣草堂吉金圖》。鄉人少好古器，三十後客滬，偶從故家獲一二。與劉鐵雲同好，居又密邇，鐵雲藏蓄多，每就觀賞窮日夕，或手自拓墨。十年後官中朝，京師人海，萬方百物所萃，世家舊藏與齊、魯、晉、鄭、衛、燕、秦古物新出者，時於肆中遇之，盡傾俸錢購之，不償所欲，然所得已充斥。三移居，長物多于家具。既避地海東，藉鬻長物以給朝夕。尋復悔之，更圖聚積，所得又多珍奇，若商之句兵、秦之虎符、鏤金之雕戈、異文之短劍、鶏鳴之戟等等，輯爲圖録三卷。二、《恒農專録》。鄉人既鈎摹刑徒墓磚爲《恒農冢墓遺文》矣，惜陶齋所藏未備見。明年友人自關中見寄，合得三百卌有三，皆陶齋物也，而《陶齋藏磚記》遺其大半，因校正《藏磚記》訛失，復一一校寫爲此録。三、《芒洛冢墓遺文續補》。由曹魏迄五季得二十有八品，補前録之遺，至是凡爲編四。四、《六朝墓誌菁英》。六朝墓誌傳世罕而文筆華贍，書法雋異，鄉人選所獲墨本中尤精者十有八品爲此編。近年所出，山左有劉懷氏，關中有楊胤，幾等麟鳳。五、《兩浙佚金佚石集存》。所收若晉楊紹買地莂，唐國清寺《心經》銅磬，《阿彌陀經》銅鐘，聚慶、包公夫人、周文遂三磚誌，宋嘉興、元奉化上虞三銅漏銘，皆浙中佚金佚石拓本極難得者。所刊書除《鳴沙石室佚書續編》

外，尚有《鳴沙石室古籍叢殘》一書，即石室所出六朝至唐寫本經籍，今有傳本可資校勘者，分爲「羣經叢殘」、「羣書叢殘」兩部。前者十一種（同書而異者不計），後者八種，皆各作跋尾，詳論其與今本得失，與石室佚書併行。另種則有日本古寫本《史記·殷本紀》殘卷（日本内藤氏藏，鄉人見其每帝皆跳行別書，又卷中凡「太」字皆作「大」，與殷虚卜辭同，又今本「弟沃甲」之「弟」，此作「帝」，當在宋本之前），影宋槧趙注《孟子》（日本德富氏藏覆宋小字附音注本尚存趙本原來面目，可與微波榭本併行，其佚葉以内藤氏藏本補之，且參合兩本，擇用其明晰者），元槧本《廬山記》（此書原本五卷，《四庫》著録不全，佚其大半。日本富岡氏藏此足本，缺葉以東邦元禄本互爲補足），元槧《國朝風雅》殘本（存七卷，當時隨得隨刊，故與後刻本家數，編次不盡合），《永樂大典》本《宋吏部條法》（存二卷，日本富岡氏藏），鈔本《黄山圖經》（題宋無名氏撰，鄉人考成于元時），松江石本《急就章》（正統間松江據葉石林臨本刻石，丁未得之京師廠肆，以甚難得，付之影印），《石渠寶笈三編總目》（原本未刊，其大半部稿本，爲日本山本氏所得，卷帙過巨，僅印其總目三卷）。蔡鶴廎長北京大學，擬聘静安爲教授，授中國文學，静安謝不就。以告鄉人，鄉人贊之；以告沈子培，沈謂如有研究或著述相囑可就。然卒未果往。〇本年文有《端忠敏公死事狀》、《何宜人家傳》、《釋鑰》（本年於京師琉璃廠得漢雍庫鑰，不完而形制可窺，鄉人本之作此文）、《與林浩卿博士論卜辭王賓書》，《愙齋集古録》《傳樸堂印譜》序，《韓熙載夜宴圖卷》《金蘭坡先生尚友圖卷》《唐京兆男子杜并墓誌》諸跋。

中華民國七年戊午（一九一八）五十三歲

在京都。春，力疾携福成返國與滬上紅十字會員散放保定清苑、淶水兩縣春賑，遂重入都門。時浭陽端氏舊藏，與山左諸舊家遺物充斥都肆，且有新出泉壤者，市舶不通，遂争來求售，謝之不可。與約延償金之期，復得三十餘器，若昆夷王之鐘、列國之弩機、新莽之水槃，皆其殊尤。吴縣王君九季烈，鄉人學部同僚也，辛亥後棄官留沽上。于侍郎亦于國變後圖復辟不成。乙卯殁于崑山舟中，或云袁項城遣人鴆之，至是鄉人與君九議鳩合舊日朋僚，呈請遜帝優卹，得謚文和。鄉人見君九先世文恪公鏊《五同圖卷》，會鄉人亦藏一卷，遂併歸之。〇歐戰告終，疾疫大作，家人多抱病，福萇病肋膜炎，四兒婦李病肺爲尤劇，鄉人問醫量藥，心緒不寧，《雪堂所藏金石文字簿録》不復能續完矣。四兒婦李返國醫療，不效，六月卒於淮。鄉人嘗得清聖祖書「雲窗」二字横額，懸之寓樓，晨夕瞻對，自謂此即明顧雲美處士之松風寢也。本年長夏，鄉人擬編録所藏古書畫於此，以消永晝。區以七目，曰天章、天潢、玉碗、景行、資聞，而殿以書録、畫録。鄉人以爲書畫者，觀感之所繫，學術之所資，非徒供玩賞已也。秋夜方長，病者漸起，乃就景行、資聞兩録中品物，日寫一二則，久而成帙，顔曰《雲窗漫録》（按：此録有序見《外集》一，而稿未見，疑後來編《雪堂書畫跋尾》，即取《南宗衣鉢》中諸跋與此合爲一編，惟有割捨，鄉人手寫者不一本，刊於《遺稿丙集》之《宸翰樓所藏書畫目録》即手寫之一，惟非最後定稿）。本月，鄉人又輯《王子安集佚文》、《臨川集拾遺》各一卷，前者東遊得見正倉院所藏子安佚文五首，以畀蔣伯斧，俾刻附其先德《子安集箋注》後。伯斧欲更求宜都楊氏《日本訪書志》中佚篇十三首，未及刻而伯斧殁。至是鄉人從神田喜一郎獲見正倉院王集之全，凡文四十一首，不見今本者廿首，取核楊志，始知所謂十三首者實僅六首，綜前後所得共廿四首。其見今集之廿首，亦校其異同爲校記。又蔣注以十年之力成之，故至精密，有四處竟與古寫本暗合。後者所據爲日本宫内省圖書寮之宋槧《王文公集》及歸安陸氏《續羣書後補》，凡得詩八章、文六十首。而數年來鄉人所編著、校刊羣籍序跋若干篇，則輯爲《雪堂校刊羣書敍録》上下卷，並付滬上刊之。王静安敍《羣書敍録》曰：「近世學術之盛，不得不歸諸刊書者之功。刊書之家，約分三等，逐利一也；好事二也；篤古三也。……吴縣之黄、長塘之鮑、虞山之張、金山之錢，可謂好事者矣；若陽湖孫氏、餘姚盧氏，可謂篤古者矣。然此諸氏者，皆生國家全盛之日，物力饒裕，士大夫又崇尚學術，諸氏或席豐厚，或居官師之位，有所凭藉，成書較易，其事業未可云卓絶也。若夫生無妄之世，《小雅》盡廢之後，而以學術之存亡爲己責，搜集之，考訂之，流通之，舉天下之物不足以易其尚，極天下之至艱而卒有以達其志，此於古之刊書者未之前聞，始於吾雪堂先生見之。……案：先生之書其有功於學術最大者，曰《殷虚書契前後編》，曰《流沙墜簡》，曰《鳴沙石室古佚書》及《鳴沙石室古籍叢殘》，此三者之一，已足敵孔壁汲冢之所出。其餘所集之古器古籍，皆間世之神物，而大都出於先生之世。顧古物初出，舉世莫之知，知亦莫之重也。其或重之者，搜集一二以供秘玩斯已耳。其欲保存之流通之者，鑒於事之艱巨，輒中道而廢，即有其願與力矣，而非有博識毅力如先生者，其書未必能成，成亦必不能多且速。而此間世而出之神物，固將有時而毀且佚，或永錮於海外之書庫中，雖出猶不出也。」又曰：「先生獨以學術爲性命，以此古器古籍爲性命所寄之軀體，視所以壽其軀體者，與常人之視養其口腹無以異，辛亥以後，流寓海外，鬻長物以自給，而殷虛甲骨與敦煌古簡佚書先後印行。國家與羣力之所不能爲者，竟以一流人之力成之，他所印書籍，亦略稱是。旅食八年，印書之費以巨萬計，家無旬月之儲，而先生安之。自編次校寫選工監役，下至裝潢之款式，紙墨之料量，諸凌雜煩辱之事爲古學人所不屑爲者，而先生親之。舉力之所及，而惟傳古之是務，知天既出神物，復生先生於是時，固非偶然者。……余從先生游久，知之爲最詳，故書以爲之敍。」（案：此敍無一貢諛語，宜非静安不能爲此言。鄉人常言平生未嘗求人爲書作敍，汪梅村《跋存拙齋札疏》，出他人代求。《殷虛書契考釋》，静安前後兩敍及此敍，亦皆静安主動爲之，非徇鄉人意也。）八月，次孫女玖生，福萇出。静安於滬上識高郵王氏後人字丹銘者，見所藏乾嘉學者遺石臞念孫、文簡引之兩世手簡，共六十餘通，皆商討學術，無泛泛酬應語，以告鄉人，鄉人亟假付影印，署爲《昭代經師手簡》初二編而敍之，略曰：「（汪）庸夫先生論當世學術『經術則程戴，史學則錢邵，小學則段王』，而以文章自許，品藻諸賢，洵爲精當。……（孫）季仇先生駢儷文字，根矩齊梁，當時之士，莫與抗手，而考證之事多疏……册中諸簡其有關史事者，如王蘭陔紹蘭中丞以李許齋賡芸方伯之獄被黜，讞是獄者，實爲文簡，今觀蘭陔致文簡書作於歸田以後，情好敦洽，其虚心請益，不異弟子之與嚴師，此固蘭陔之虚衷宏量，益見文簡之至公無私。蓋閩獄之興，實由制府汪稼門志伊。稼門堅愎忮刻其不能受同僚之規正可知。蘭陔必諫而不見聽，卒至爲人分過而絶無怨尤。文簡之于蘭陔亦不以夙好而屈法，兩先生皆古之人也。……至若《字林考逸》校于（臧）庸堂，端臨遺書成于（寶應）朱氏；又如閩中積學之士，因（陳）左海簡牘得傳其名字，海東之書舫，因（汪）孟慈之札，知其嘗至吳中。凡是之類，並資多聞。」九月，有請編歷代仕女畫者，乃搜集舊藏爲《廿家仕女畫存》，始唐終清，爲幀二十有九，而以刻絲二附焉。○冬，以事再入都，寶瑞臣爲介，得高郵王氏手稿數事，一、石臞《羣經字類》，原書五卷，佚前三卷。二、文簡應製詩及讀《文選》札記。○仲冬，鄉人慨慕明季吳中節義之盛，以爲志彌貞、遇彌苦、學彌醇，首推亭林（顧炎武）、俟齋（徐枋）。亭林學行，二百年來，闡揚至矣盡矣，俟齋獨黯黮，遺集雖間有傳本，而祠墓久廢。乃摭拾事迹之載本集及他家記録者，爲《年譜》一卷。載筆貴在徵實，於流聞不根，惑世誣賢，三致意焉。同時又著《地券徵存》一編，得十有九品，鉛玉各一，它皆磚與石，出於鐫刻者十有八，書而未刻者一，昔有今佚、昔完今毁者三，又高麗僧世賢者一，當金皇統間，其制與中土無殊。而《楚州城磚録》則卅年前所著《淮陰金石僅存録》，清河王氏爲刊入《小方壺齋叢書》之附録也。淮安城隍築於南宋初，其磚多記燒造之地及軍署名，間有提點官將及作頭姓名。鄉人年弱冠，每周巡城垣訪之，遇文字新異者輒操氈墨就拓，以補前人著録之未備。今則蓄磚零落，拓墨爲朋好取携垂盡，刊本罕傳，乃重校印並單行之。○歲末成《萬年少壽祺年譜》一卷，年少明季寄迹淮安，鄉人常訪其遯居之地曰隰西、曰南村者不得。後得《徐州二遺民集》，始得讀其遺文，又苦多删節。冬間著徐譜，乃復取年少事迹譜之，又頻見其手迹，以爲餘藝流傳，亦足千古。○所刊書則有日本古寫本《史記》殘卷（一、《河渠書》後半，神田氏藏；二、《張丞相傳》後半至《酈生陸賈列傳》，彼邦列入國寶，書法清勁快厲，皆千年前寫本），古寫本《文選集注》殘卷（日本金澤文庫藏，無撰人姓名，李善及五臣注外尚有陸善經注，有音訣、有鈔，皆不見著録，於唐帝諱或缺或否，其出於唐人或海東傳抄未能定。昭明原本卅卷，善注析爲六十，此又析爲百二十。殘卷分藏各家，鄉人薈萃印行，共十六卷），《金石萃編未刻稿》（凡元碑八十通，鄉人十年前得之京師廠肆，析爲三卷），《浣花詞》（海寧查容手稿，小楷甚精）。○本年沈昕伯卒於倫敦，喪歸國，静安爲鄉人撰挽聯曰：「問君胡不歸？赤縣竟無乾净土；斯人宜有後，丹山喜見鳳凰雛。」又自作曰：「壯志竟何爲，遺著銷烟，萬歲千秋同寂寞；音書凄久斷，舊詞在篋，歸遲春早憶纏綿。」○日本米騷動事件起自京都，而大阪而神户，幾及全國。《静安遺書》曰：「此次係社會風潮恐較前此政治風潮爲嚴重。中國政治前途誠無就安之象，然社會貧富懸隔，尚不如他國之差。現在彼風潮未定，誠無可活動，稍定，公亦不可不預爲避地計也。」又曰「公歸計如決定，而經濟不能如意，或以書畫向蔣孟蘋汝藻抵押數千，聞其在哈爾濱作珠寶買賣，甚獲利」。又述上海社會情況曰：「此間無論公私，皆腐敗顢頇，至無可言。如吴下曹君者，蔣孟蘋延之校書，乃終年未有一字，編通志者，亦大半如是。若商務印書館者，其中辦事督責，可謂認真矣，乃終年孜孜矻矻，作有害之物……至於政局，則係此種腐敗局面之放大而又極端者。……若在廿年前……當有彭剛直、沈文肅者處以極刑矣。現在竊鈎竊國，同一無罪，此後不爲安南、朝鮮人不可得矣！」又述書林瑣事數則：一、劉葱石世珩北行至浦，因路斷折回。所携書籍，分置浦口客棧，適遇火災。聞蜀本《家語》、小字本《周禮》、元貞本《論語》疏與杜詩均在劫中。二、張菊生竟以七百圓購得孔氏嶽雪樓所藏《宋本通鑑》（中字）、《周易兼義》、朱子《綱目》，凡宋本三，又加以王刻《史記》，書舖中人皆健羡不置。三、藝風新得《施注蘇詩》四卷，爲嘉泰刊本，中有一卷爲宋牧仲藏本所闕，白棉紙，初印，精妙無倫，遠在《草窗韻語》之上。藝以百二十圓得諸通州人，頃聞售諸南海潘某，有成議矣。〇本年文有《釋叔》、《昆夷王鐘》《魏宜陽郡王元寶建墓誌》《華陽觀王先生碑》《朱文公論語注殘稿》《張孟公先生手校世説新語》《徐貫時詩翰卷》《宋緘夫丹荔珍禽圖卷》諸跋（緘夫，商丘人，佚其名，又稱宋隱山，摹宋人畫能亂真，不肯自署名，與丁儉卿晏、周介存濟素交）。

中華民國八年己未（一九一九）五十四歲

春，謀携家返國，海東友人聞之多方縶維，有欲於吉田山爲築精舍且致月餼者，堅謝之，乃免。瀕行，兩京神坂耆舊數十人公餞於京都圓山公園。鄉人賦詩爲謝且志别曰：「祖筵悵將夕，暮色何蒼茫。主人意自厚，賤子情自傷。憶作滄海客，荏苒經七霜。國步猶未寧，歲月逝堂堂。久抱虚生愧，愿言理歸裝。一昨夢觚稜，疑綴鵷鷺行。又夢游京洛，故宫禾黍長。一心交欣戚，志意方彷徨。晨鷄警虚枕，乃知身在床。今日良宴會，不忍揮清觴。敢陳恤鄰義，脣齒毋相忘。矧復迫外侮，胡不同舟航。邦人昧遠圖，不知戒閲牆。覊臣口銜闕，憂憤結中腸。請誦《伐木》詩，載賡《棠棣》章。」又題小象留别東友曰：「八年浮海鬢成霜，魂夢依然戀首陽。他日盲翁傳話柄，小臣有墓傍先皇。」蓋是時有卜宅淶易以終老之想也。捐浄土寺町寓宅於京都文科大學，俾鬻之爲影印東邦所藏古寫卷子本書籍之資，托内藤、狩野兩博士經理其事。後陸續刊行凡十集，即所謂《京都大學文學部影印唐鈔本叢書》也，子目具見上海圖書館編《中國叢書綜録》總目部分。（按：鄉人居日本八年，閉户著書外，惟務訪求海東秘籍，影印流傳，冀拾黎楊之遺。日本友好出示所藏相與觀賞商榷者，鄉人或假印，或爲題識，口碑在人。乃不知誰何造作蜚語，謂日人請蓋鑑定圖章，一次收費三圓，又仿刻古人名章印在無名字畫上，加上鑑定字。溥儀信之，筆之於其《我的前半生》，不獨厚誣鄉人，且視東邦人士亦幾等白癡，任人蒙騙而不悟矣。溥左右于鄉人訾毁殆無不至，此僅其一端，自不值識者一笑。他尚有兩事須辯：一、葉德輝《書林清話》（九）「都門書肆之今昔」一條，書行七古中有「近貪玉簡利」句，自注「羅某在日本賣書買書，頗獲利市。所刻《玉簡齋叢書》甚精」。鄉人祖遺薄産，推讓庶弟，京曹清俸，罄於訪古，避地海東不得不藉鬻長物以代采薇，辛苦著書，不無贏利，然此自與賈販「本一利萬」者不能同日語。且先著後賣，葉氏不言「著」而獨標一「賣」字，豈非著書遂與逐利伍邪？

至《玉簡齋叢書》，巾箱小帙，初非精刻，葉氏云云，則不虞之謍也。二、孟森《上虞羅氏所刻山中聞見録題跋》(《明清史論著集刊》下册)指摘此録前刊缺三、四、五三卷，後刊補足，但卷中出現「滿洲國皇帝」字樣，孟以作者生於清初，不及見乾隆時改定本《太宗實録》及王先謙《東華録》，遂斷言爲鄉人作僞，此亦全出臆測。續得之本，今已佚失，未由取核。記此本鈔手不舊，前有董洵小印，洵字小池，乾隆時人，惟此書是否董鈔不可知。鄉人於此書未加校讎，其原本誤字，如孟所舉「屯也」、「令今」、「函酉」之類，仍其原誤，又前已印行者未將佚卷加入，致完闕兩本並行，孟氏責之是也。「滿洲國皇帝」云云，蓋亦誤襲原本，若謂係鄉人所改，不知改此何爲？不見書中「建人」、「建兵」、「建州主」字疊見，胡不悉改之邪？)〇春末抵滬，寓長樂里。忽與伯希和博士邂逅，亂後重逢，相得益歡，暢談兩時許，户外大雨如注，若弗聞也。歐戰時，伯氏執掌兵間。至是將返巴黎，重莅講席。福萇手録其所訂《敦煌古籍目録》。鄉人略依四部類次，復記之於《凝清室日札》中(壬戌七月稿，未刊)。五月伯氏返法(見《張元濟日記》)。〇四月，三女孝純適海寧王氏，婿伯深潛明，静安長子也(按：溥儀《我的前半生》信妄人説，謂静安之女適羅子，後被休回母家，羅、王之隙緣此起，真不啻盲人道黑白。溥日處深宫時，惟左右妄言是聽不足怪，後來著書猶篤信不加審正，已爲咄咄怪事，而讀溥書猶有信之者，不更可駭異邪？)預於津沽賃樓三楹，貯運歸之長物書卷。另托王君九别覓宅以栖眷屬。天津金浚宣與鄉人不相識也，慨然以其英租界集賢村别業廿餘間相假。金沽上甲族。浚宣官民部，海桑後不復出仕。○淶易間卜宅事未諧。南豐趙聲伯世駿勸居都門，謂後門有宅價至廉，數千金可得。會梁節庵爲師傅，有疾，鄉人與夙好，往視之。報紙遂載梁傳將薦鄉人代彼。鄉人知雖謡諑必有由，遂謝聲伯，決居津沽不他徙矣。○十月，躬詣梁格莊叩謁德宗山陵。梁節庵病逝，鄉人知其清貧，爲騰書滬上同志，謀集賻取息，以贍其家。沈子培與鄉人書曰：「節庵遽逝，接電心膽墮地。廿四日，於清涼下院通知同志十餘人，設位公祭，聞而來拜亦有卅餘人。一山出公手書遍示坐客，羣服公之高誼，而集賻之舉，未能集也……」○十一月，繆藝風卒，年七十六。○本年二月六日，上海人力車夫二萬人反對增加盤剥大罷工事起。静安十五日來書曰：「此間罷市，已逾七日，今日有開市之説。此七日中名爲罷市，然除南京大店全閉外，其餘小店往往上排門數扇，小作交易，而食物店除飯館外均開市如故，小菜場亦有菜蔬可買，故人心尚不至大恐慌。工界有一部分罷工，亦未普及，尚不至滋生大事端，然此七日中，亦岌岌矣。此次事故，有國際競争，有政争，最可怕之社會運動，恐亦有之，而在表面活動者，皆爲利用而不自知，以後利用此舉者，當接踵而起。有人自北來，言北京政象極險，軍隊欠餉數月，頗有異心。此次保定騷動，已其發端，如危險思想傳入軍隊，則全國已矣。」又有書曰：「公在滬所得金文拓本中有兮田盤，是否爲第三份？願以嚴九能元照文稿及信件等與公易之，因玁狁三器，永有其二，而此盤最難得故也。此盤爲宣王五年三月物，而《竹書紀年》尹吉甫伐玁狁事亦繫於宣王五年，召伯虎敦則宣王六年鑄，中有『王在葊』之文，葊即方，則囂虘當是彭衙耳。」

（按：後静安又益以梁伯戈爲記獵犺史事四器，見《遺書》别集《梁伯戈跋》。）○鄉人返國後，胃疾自愈。人事旁午，不能如在海東之閉户殫精，故本年校補徐、萬兩譜外，惟成《雪堂所藏古器物圖録》一編，皆所藏畸零小品無可歸類者，若齊瓦量、瓦登（此物完整者極少）、旋蟲（懸鐘之鈕，程瑶田《通藝録》以意定其狀，未睹實物）、鸞刀（柄首有鈴）、銅匕、三鋒矛（隅有刃），西漢四時嘉至殘磬（存十一字）、機輪土範、弩機銅範、北齊瘞玉（二十五字，四角有穿，疑施之衣物）、明湯若望製日晷（黄宗羲舊藏，後歸全祖望，全有詩）之屬，以行程匆促，未及附説於後，後五年甲子始補作，又九年癸酉，始刊入《遼居雜著乙編》中。刊書惟《羣經字類》、《明季三孝廉（徐枋、李確、萬壽祺）集》兩種。○蔡鶴廎長北京大學，欲邀鄉人往授考古學，且以治考古學爲問，鄉人堅謝之，而作答書數千言。後别刊行，名《古器物學研究議》，編入《雲窗漫稿》時，又易名爲《與友人論古器物學書》。○本年文又有《古玉刀墨本》、《古玉墨本》、《陶齋吉金録》及《續編》、《唐賈玄贊殯記》、《僞周張懷寂墓誌》、《高昌寧朔將車麴斌造寺碑》、《麴信墓誌》諸跋。

中華民國九年庚申（一九二〇）五十五歲

春，以事至青島。○三月，跋所拓《甲秀堂帖》（光緒辛丑得之歙縣鮑氏）。○六月，購法租界秋山街地築宅。鄉人往輯《海外貞珉録》，欲並録流入域外之吉金，以不能盡舉其名而中輟。返國逾年，見古器之入市舶者日益衆，合以往日所記，數逾二百，乃寫爲一卷，中以流海東者爲多，歐美各國百纔一二而已。七夕，又據所藏所見宋元槧殘《藏經》作《宋元釋藏刊本考》一卷。○九月，新宅告成，名之曰「嘉樂里」。於寓宅西偏辟屋三間爲書鋪，售在海東編印各書，取龐德公語，以「貽安」名堂，命長子福成司之。另兩小宅租賃於人。○秋，柯鳳蓀抵津，與鄉人議鳩資二三千圓辦京旗冬賑，以京旗鼎革後無以資生，死亡枕藉，當道復不加顧恤也。鄉人以爲此但可緩須臾之死，所裨至微，不如寬籌款項，辦一京旗生計維持會。鳳蓀韙之，而慮巨款難集。鄉人檢所藏書畫金石刻數百品，托秀水金頌清興祥於京師江西會館開「雪堂金石書畫京旗義賑即賣會」。三日間，得資二萬圓以爲之倡，以萬八千圓爲會中基金，二千圓賑豫災。復至滬廣募義金，先後共收十三萬餘圓。乃於十月望放急賑，推及遵易東西兩陵，並於京師設文課以恤士流，設工廠二所以收少年子弟。○冬，四子福葆續娶貴陽陳氏，陳松山第四女。松山返京後，生事無資，有人爲介入清史館，館亦資絀，薪不時發，勉給朝夕而已。○本年鄉人自編次所作文字爲甲乙丙丁四稿，計《雪窗漫稿》一卷，《雪堂校刊羣書敍録》二卷，《金石文字跋尾》四卷，《書畫跋尾》一卷，總名《永豐鄉人稿》，付工刊板。○文有《夢庵藏印序》。○王静安爲蔣孟蘋藏書編目，書告其史部書極佳，遠在丁氏之上，恐陸氏亦不能抗也。

中華民國十年辛酉（一九二一）五十六歲

鄉人自去冬奔走南北，匍匐賑災四閱月，幾廢讀書。○本年二月塵勞小憩，乃取殷虛文字可識者，三日夕集爲百聯，佐臨池之需。鄉人鬻書，本爲賑災，踵有來乞者不能拒，因師板橋故事，訂潤例，自本年始。〇金息侯梁氏瓜爾佳，杭州駐防，建議維持京旗生計須由銀行入手，乃於義金中提五萬圓並招集商股設東華銀行，慨任其事。鄉人又設博愛工廠於津，分織布、織帶、織巾、織帘、製漆布沙紙諸科，命四子福葆經理之。〇六月，勞玉初卒於青島，年七十九。〇八月，作《補宋書宗室世系表》，汪容甫有此表不傳，惟一序見《述學》，故鄉人爲補之。〇小盂鼎器久佚，惟濰縣陳氏有精拓本。鄉人借其本影印百本行世。〇九月，三子福萇卒，年二十有六。福萇字君楚，病積年不愈，最後胸瘍潰而不收口，氣血虚耗，以至不起。福萇劬學，當居滬病榻中猶習英俄語不輟。遺著多未就，以歐文記者尤叢雜不可理，約可寫定者，爲《夢軒瑣録》三卷，即古梵學書序録及攻梵語之作，《西夏國書略説》一卷，《宋史夏國傳注》一卷，譯沙畹、伯希和二氏所注《摩尼教經》一卷，《古外國傳記輯存》一卷，《大唐西域記》所載《伽藍名目表》一卷，《敦煌古寫經尾題録存》一卷，倫敦博物館、巴黎圖書館所藏《敦煌書目》各一卷（按：《西夏國書略説》曾刊行，《宋史夏國傳注殘稿》刊入北京圖書館西夏專號，弟福頤《增補》與《略説》同收入《待時軒叢刊》。《古寫經尾題》附刊《永豐鄉人雜著續編》後，倫敦、巴黎兩目刊西夏專號中）。其在海東日，鄉人每使將命於諸耆宿，耆宿多愛其才秀，沈子培尤激賞。既卒，爲作墓碣，繫以銘曰：「昌黎之稱李觀也，曰才高乎當世，行出乎古人。我儀圖之，君楚其倫。民興泯棼，揚僞屈真，庶孤學之必顯，勒隱痛於貞珉。」王静安爲作傳曰：「余初見君楚時，君楚方六七歲，蓋親見其自幼而少而長而劬學而著書。君楚爲學，有異聞必以語余，余亦時以所得告之。余作《西胡考》，君楚爲余徵内典中故事，君楚所釋《華嚴經》刻本，於其殁後數月始得考定爲元初杭州所刻河西字《大藏經》之一，恨不得以語君楚……君楚殁，海内知參事及君楚者無不痛惜，沈乙庵先生與余言君楚，輒涕泗不能禁，然則君楚之死，其爲學術之不幸何如也。」○番禺商承祚從受業。○仲冬，陳松山卒。鄉人糾其平生執友前學部左侍郎寶熙、典禮院學士柯劭忞、署安徽布政使沈曾植等二十餘人，臚其節行呈内務府請恤，略曰：「前掌印給事中陳田，以光緒丙戌科進士起家，授職編修，戊戌保送江南道監察御史，壬寅轉山西道，巡視東城，乙巳升補給事中，丁未補授掌印給事中，辛亥冬請假去官，以今月身故，年七十三歲。查該諫臣……風裁嚴峻，憂國如家，封事屢陳，不爲苛細，擿奸回於未發，燭禍亂於幾先，僉壬爲之側目，朝野誦其諫書。平生冰蘗自甘，蕭然儒素。辛亥以後，欲首丘故里，行至湖南之常德，兵阻不得前，……以友朋資助得復歸京師，寄食僧寺，而貞壯之概，不減平昔，憂恨成疾，再更寒暑……職等往弔，見其被服不完，有寒畯所不能堪者……緣是叩請加以褒恤，用風當世。」呈上，賜金治殮具。○本年文有《説文古籀補跋》（舉其五失，一、古籀文字不宜下及貨幣陶璽，二、正編附録有時倒置，三、所見古文字尚少，誤釋不免，四、附録中有確可識者應入正編，五、説解有誤）、《宋拓蘇帖跋》。

中華民國十一年壬戌（一九二二）五十七歲

去秋，福萇病亟，婦汪刲股療之。本年正月二日，汪亦以瘵卒，年廿五，去喪未百日也。閩縣陳弢庵太傅寶琛上聞，褒以「至情奇行」四字。王静安爲作《羅君楚妻汪孺人墓碣銘》。〇二月，次孫承祖（後改名律）生，福葆出。鄉人命嗣爲福萇後。次女孝誠旋亦以病卒於潁州，年三十。〇内閣大庫史料以鄉人力得保存。辛亥後移於午門樓上所謂歷史博物館者，越十年，館中資絀，且以爲舊史料無用，斥其四之三鬻諸故紙商，其數以麻袋計者九千（按：前云八千，此作九千，皆據鄉人原文，當有一誤），以斤計者十有五萬，得銀幣四千圓，時辛酉冬日也。鄉人二月間以事至京師，於市肆見洪承疇揭帖及朝鮮國王貢物表，識爲大庫物。何以流落市廛？急踪迹之，得諸紙舖，則庫藏具在，將毁之，以造俗所謂還魂紙者，已載數車赴西山。鄉人三倍其值償之，稱貸京津間，得銀萬三千圓，遂以易之。於是此九千袋十五萬斤之文書卒歸於鄉人，而歷史博物館之剩餘則爲北京大學取去。鄉人既得此，無從得庋置之屋，乃權賃彰義門之善果寺貯之，充閭塞棟，不可展閲，而四方友好聞訊，多書詢中何所有，無以應，乃運其少半至津寓，分置天井四周廊下，僅得整理其十之一。沈子培欣然遺書問何時可畢事，鄉人報曰：「檢理之事，以近數月爲比例，十夫之力，約十年當可竟。顧檢閲須曠宅，就理者須部署庋置，均非建專館不可。以前稱貸既竭吾力，將何從突兀見此屋耶？即幸一二年間，此屋告成，天假我年，得竟清釐。典守傳布，又將于誰望之？……若得三五同志協力圖之，一面鳩金建築，一面賃大屋，從事檢理，隨時刊布，假以月成百紙，則十年得萬餘紙，是檢理告終，緊要史材亦得大要矣。」子培復書曰：「尊論不刊，天壤之大，德必有鄰。鄙人將傳布公旨，冀以殘年得觀盛事。」閏五月十七日張元濟自滬來京津訪書，遇訪（見張氏日記）。○六月，范母顔安人卒，年七十三。安人，鄉人原配范淑人母也。淑人彌留以安人爲托。故鄉人謹事之，三十年如一日。仲秋作《節孝范母顔安人家傳》，謂安人忍死撫孤，卒能抗百苦以完其職，無疚於生前，故無戚於身後。今之士夫啟手足之辰，求如安人俯仰無愧，有幾人哉！○七月，王静安爲作《庫書樓記》，記略曰：「余謂此書瀕毁者再，而參事再存之，其事不可謂不偶然……元明以來史事之至賾至隱，固萬萬無亡理，天特假手於參事以存之耳。然非篤古如參事者，又烏足以與於斯役也？……今兹所得，又將以十年之力檢校編録，而擇其尤重要者，次第刊行。事誠至艱且巨，然以前事徵之，余信參事之必能辦此也。」文成，静安頗自得意，謂非此文不足以記此事，亦非此事無以發此文也（見來書語）。○金息侯爲介得高郵王氏手稿一箱。輯石臞、文簡兩世遺文共得八卷，石臞遺著可寫定者得三種，他皆未竟之緒。已而又見咸豐間所刊家集，與新輯本有出入，復重爲釐定。王静安則作《王懷祖先生訓詁音韻書稿敍録》一文，專述其中韻書各稿，「以爲書雖未成，然大家之書，足以啟廸來學，固不以完闕異」。又謂：「清人治古韻始於崑山，至婺源、休寧、金壇而剖析益精。先生與曲阜出，此學乃大備，此六家雖疏密不同，説亦不能强合，然要爲百世不祧之宗則一也。」○十月三日，沈子培卒於滬，年七十三。翌月，鄉人赴滬弔之。（按：鄉人致李一山汝梅書云：「弟初四日赴滬，一弔沈乙庵尚書，望後返津。」末署「初二日」，則此「初四」者，自是十一月，非十月。）静安書言其遺著書眉及廢紙所記，頗可纂輯成數卷，其成書亦有數卷，詩文大致已有清本，合之可得二十卷。此事維當任之，刊刻之資，劉翰怡當能任之。未幾，静安應召北上，所預計未能實現。〇十二月，遜帝大婚，海内諸遺臣入賀，鄉人與焉。召對，令遇事上陳，賞「貞心古松」匾額。鄉人感激殊遇，遂自號「貞松」，或署「貞松老人」。〇本年升吉甫自青島遷津。鄉人割旁宅俾栖止，且時周其乏。吉甫以猪肝累人爲歎。鄉人曰：「任疆吏至貧不能自存，此盛德事，何歉爲？」〇鄉人師杜賓谷久任牧令，辛亥後接淅去官，流寓青濟。本年自濟過津，鄉人修謁。時賓谷方以鬼神福善禍淫之説警當世。鄉人謂：「舍彝倫，言禍福，何異舍布帛菽粟，而教人衣蘿帶薜，飯糗茹草？」賓谷曰：「賊人自賊，循環無已，鬼神或略生其畏忌，豈得已耶？」〇本年烏程劉翰怡承幹重刊諸城劉燕庭喜海《海東金石苑》，鄉人爲輯《補遺》六卷，以名歸翰怡。〇東莞容希白(庚)以所著《金文編》請業，鄉人甚賞之。出所藏金文拓本，恣其蒐補，且爲製序。〇丁在君文江，地質學家也。在滬言于張菊生，去年在河南澠池掘得史前陶器及尸體，苦無發掘經費，因涉及殷虚，亦應發掘，商之朱桂辛啟鈐，朱願傾助，更欲求之他。菊生爲作書介之鄉人，丁欣然(見張氏日記)。〇文有《埃及碑釋序》、《老子義殘卷》、《後唐天成殘曆》、《後晉天福殘曆》、《演揲兒法殘卷》諸跋。

中華民國十二年癸亥(一九二三)五十八歲

春，據敦煌本《道德經》殘卷合以傳世各本，計石本四，六朝及唐殘卷十，全經不見唐鈔者僅四章，乃合校於王注本上爲《道德經考異》二卷，唐以後本不復闌入，惟英、法兩京所藏未得盡見，又某氏藏全本，亦未得寓目爲憾事。又據敦煌本《莊子》《胠篋》、《刻意》、《山木》、《徐無鬼》、《田子方》諸篇校以今本，爲《南華真經・殘卷校記》。據敦煌六朝寫本《抱朴子》《暢玄》、《訪仙》、《對俗》三篇校以今本，爲《抱朴子殘卷校記》。據敦煌初唐寫本劉子起「去情」第四之後半訖「思順」第九之前半，校以今本，爲《劉子殘卷校記》。〇杜賓谷卒，年七十一。〇年來鄉人頗與聞宫禁事，自辛亥遜位後，小朝廷體制未稍貶損，歲時頒賜隱如承平（此可參閱耆齡《賜硯齋日記》，刊《中和雜誌》中）。民國優待條件不履行，無從得費，則出宫中累朝儲藏古書畫珍玩即《石渠寶笈》、《西清古鑒》等書所著録之物質押之。師傅陳弢庵、朱艾卿益藩、伊仲平克坦三人外尚有英人莊士敦。總管内務府大臣者壽民齡、紹越千英、寶瑞臣三人，耆最用事。後又進用閩縣鄭蘇龕孝胥、鄭復薦金息侯佐之，於是新舊分派。舊派務怙權固位，一切因循，新派虛憍張皇思有以勝之。金首劾陳傅，陳亦嗾人劾金，勢成水火。鄉人私憂之。又某日宫中發生火警，據傳事由内監。因疏陳三事：一、恤近侍，二、移寶藏，三、杜邪謀。三指民國當局垂涎宫中儲藏，令在野巨公某出面，議將以前陳三殿之物作價五百萬圓，再由清室將關涉文化之物讓歸民國，亦作價五百萬圓，共一千萬圓，由英美退出庚子賠款中撥付，惟須由民國經理，清室每年但能動用息金，不能將全價交付。内務府已與會商。鄉人以爲民國不履行條件已失大信，今忽議收買，不知皇室儲藏自有所有權，民國何得干預？不見日本吞併朝鮮，尚承認李王私藏，聽其建李王博物館乎？夫以日本之强權尚如此，英美移賠款充文化之用，乃用之社會，非歸還民國，民國安得以此款爲收買皇室儲藏之費乎？如此是優待不待申明取消而取消，息金又何能保證？且名爲收買，實命令也。應以理拒之，與議非是。即假升吉甫名作書與陳、朱兩傅（伊傅前卒），痛切陳之。然鄉人所謂移者，乃指自行建館，多阻力，未易辦，民國之謀亦未成，然而甲子逼宫之舉隱胎此矣。○鄭蘇龕决然欲釐内務府積弊，主快刀斬亂蔴。鄉人再書規之，謂内務府堂奥深邃，積弊甚深。向不許人窺伺。今日外侮内憂宜兼顧，宜不動聲色，密察積弊所在，徐圖補救，譬之庖丁解牛。否則刃殘鋒鈍，轉致無可措手。鄉人與鄭交舊，又重之以婚姻（鄉人弟子經次女適鄭猶子），自以爲藥石之言，而鄭滋不悦。○三月，遜帝召景方昶、楊鍾羲、温肅、王國維入直南書房，檢景陽宫書籍，景，朱傅所薦；楊，温陳傅所薦；王，升吉甫所薦也。○五月，静安應召入都，寓後門織染局。静安在直，鄉人每與通書談宫禁事，心以爲憂（具見《王國維書信集》）。○季夏得古硯，形制古樸，背有「聱叟」二字，大徑兩寸許，識爲元次山遺硯。王静安考次山稱「聱叟」在寶應元年侍親客樊上時。後二年出知道州，《舂陵行》、《中興頌》皆知道州後作，疑用此硯所草。鄉人因以「聱硯」名齋。○冬，鄉人至開封觀新鄭出土古彝器。○五子福頤授室番禺商氏，商雲汀衍瀛次女。○去秋，距洛陽城東三十里之大東郊朱家古墩，農民掘地得石，乃魏正始石經《尚書》、《春秋》殘石，售諸賈人。以石大，中剖爲二，致損字一行。石表裏刻，一面爲《尚書·君奭》，計三十四行，一面爲《春秋・僖公》、《文公》，計三十二行。《君奭》一面適與三十年前出土、藏於黄縣丁氏者一石相銜接，延津劍合。鄉人又得見未剖本，遂考證其文字與經本古今異同，並進而論篆法源流，作長跋。他文尚有《梅花堂印賞序》、《記名補用道山陽杜公墓誌銘》。

中華民國十三年甲子（一九二四）五十九歲

元旦臨洛陽新出《東漢司空袁敞殘碑》兩通，一以贈長洲章式之鈺，一以付福頤藏之。鄉人云：「漢篆惟嵩高三闕，風雨剥蝕，筆意全晦，此則刻畫如新。」又云：「碑中『戊』字作『成』，增一筆以求茂美，『葬』字上從『竹』，『薨』字作『薨』。與甘陵相殘碑同，皆不合六書。」（按：袁碑後歸鄉人，爲雪堂藏石之冠，今在遼寧省博物館。）十二日與柯劭忞同拜紫禁城騎馬之命，清制，朝馬雖一二品大員未必得，故鄉人引爲殊榮。○三月，散氏盤出於内府庫中，不能別真贋。延鄉人往鑑定。鄉人早歲曾見儀徵阮氏仿製一器，後歸海東。此器非贋。鄭蘇龕將赴洛陽説吴佩孚並覘其傾向。鄉人阻以民國軍閥平日擁重兵、擅威命，一旦有事，往往土崩瓦解，全不足恃。皇室今日但應保威重，不輕與某一方面接近。鄭言：此奉上命。又言：平生作事謹慎，若不得已則以冒險出之。鄉人詰以倘冒險而有挫失將如何？鄭答：引咎而去耳。鄉人已駭異；及吴征奉誓師，邀鄭列席，指目爲皇室代表。鄭返京，誇示同僚，鄉人益深駭異。乃密疏劾其張皇生事，略曰：「昔貫高、趙午，藩國之臣耳，爲主復仇，猶不使主知，曰：事成歸主，事敗獨身坐耳。鄭孝胥以總管内務府大臣，日侍君側，即令不稱君命，已不免貽累皇室。丁巳之役，皇室匕鬯不驚，以人人皆知謀出張勳，與皇室無預故也。若當日張勳亦如鄭孝胥妄稱上意，安得有今日哉！平日雖知其志大才疏，似不至荒悖至此，殆因邇來總管内務府，一無成效，内疚於心，思立奇功以自湔雪，遂不覺顛倒惶惑，極其所至，恐將有更險於是者。」鄭果不安於位，與金先後去職。尋又獨召鄭與柯劭忞同直懋勤殿。○三孫女珊生，福葆出。○長夏苦熱苦雨，鄉人以臨池消夏。《跋臨孔宙碑》云：「古人作書無論何體，皆謹而不肆，法度端嚴，後人每以放逸自飾，此中不足也。卅年前亦自蹈此弊，今閲古既多，乃窺知此旨。」又《跋臨□朝侯小子碑》云：「傳世漢刻中，此碑隸法最備，如精金良玉，無纖毫浮漲，學者由此問津，當不至墮入狂怪怒張及貌爲高古之習。」○八月四日，鄉人被召直南書房。八日入都面謝，賜對，賜餐，命檢寧壽宫藏器。越三日，復命與袁勵準（字珏玉，武進人，久直南書房）、王國維同檢定養心殿陳設。初聞命，鄉人即函陳傅，請代奏京旗生計會事待理，乞半月在京，半月返津理會事，預爲求退地。既對，謂京旗事不必每月請假。退謁兩傅，陳謂所請已代奏，朱云：南齋現人多事簡，已代爲懇辭，不必按日入值，隨時可返京。已又親訪静安，囑勸不必留京，於是知召鄉人非兩傅意矣。時暫住静安家。○十月，猝值宫門之變，初國民軍駐炮兵大高殿。九月廿三日，馮軍入城，遂於景山架砲，直指宫門。鄉人覺旦夕將有變，亟與同僚詣内務府籌對策，言未既，紹大臣哂曰：「馮軍入於我何涉？君甫入直未更事，某等數年來經歷變故多，皆持鎮静得無事。萬一城内騷動，以土袋塞神武門，決無慮矣。」隨顧内侍命備土袋數十。鄉人知難與謀，時京津已不通車，鄉人赴日使館商附翌晨列國車返津謀之，且預囑有事以電告。乃甫抵家而電至，言馮軍入宫逼改優待條件，且限三時内出宫，詢後事如何？云未詳。鄉人計無復之，乃詣日本駐軍司令部，請介見段祺瑞，將陳説大義止暴動。段謝不見，而令丁問槎士源代見，丁與鄉人素稔也。段允如鄉人旨發電。翌晨入都，知駕已移北府，聞有命與貝勒載潤、紹英、耆齡、寶熙同充皇室善後委員與民軍折衝。事見鄉人自記《集蓼編》。鄉人罷議席歸寓，撫膺長慟，神明頓失。静安爲延醫診視，投安眠劑得寐始復。時馮軍圍守北府，恐其意叵測。廿三夜，鄉人起作遺囑諭諸兒，寄津升吉甫長嗣際叔炳(彪)，語以俟聞變授家人(見《外集》三)。十一月三日，移日使館，其始末，鄉人自有記。遘變後，左右諸人意見尚不一：有主自消尊號、辭優待，謂二者實爲厲階者；有謂與段祺瑞交厚，能令段恢復優待條件者。鄉人謂諸説皆枝節，且絶不可行。啟遜帝：「當日以暴力迫改成約，無可理喻。今既出險，仍不言是默認也。」擬一文告民國政府並轉達各國公使，言暴力迫協，由片面擅改成約，於法律不能生效，矢不承認。遜帝是之，命照發，於是紛紛者始歸寧一。後孫中山入都，遺老復以此訴之中山。中山云：「張勳復辟，清室已先違誓約，何責於黄郛攝閣。」訴者結舌去。〇本年著書凡三種：一、《魏書宗室傳注》十二卷，《表》一卷。曩與瑞安黄仲弢約校史，分兩類，一依宋元槧校勘，一仿《元史本證》例，以紀傳表志互勘，仲弢任前四史，校以宋元本，鄉人用本證例校《南北朝史》。仲弢書未就，鄉人成

《五史校議》(中加《隋書》),將繼是校《魏書》,而《魏書》有佚卷佚葉,非兼據宋槧善本校不可。王益吾先謙《魏書校勘記》,以所據校者爲宋本,實則與南監合者什九,王氏不知也。且其本亦有佚葉無從補。近年洛陽魏宗室墓誌出土者無慮什百,鄉人每得墨本,輒以史傳比勘,補正遂多,因摘取作注。二、《雪堂藏古器物目録》。分金、石、陶、雜四類,得二千有奇,爲雪堂長物簿之一種,甲骨、泉幣、璽印以繁碎不與焉。《自序》謂宋人考古,文字與圖象並重,有清不免重文字而略圖象,貴鼎彝而忽任器。近百年學者每據實物訂正前人疏失,日益精邃,前人不能名者,今已次第考得。三、《敦煌零拾》。敦煌古卷軸,鄉人既一一考訂影印行世矣,其中若七言韻語類後世唱本者,有白有唱,又有俚曲,皆小説之最古者尚十餘種。○本年伯希和氏又寄韋莊《秦婦吟》(韋集逸篇)至,乃合上述諸種爲一編,目以「零拾」。所刊書則有《史料叢刊初編》二十二種,皆大庫史籍所董理寫定者:《貞觀政要殘卷》(日本古寫卷子本存五、六兩卷,可訂正元戈直《集論》本衍奪,且補逸文);《帝範》、《臣軌》各一卷,《臣軌校記》一卷(皆據日本寛文本,惟臣軌别有日本弘安十年一本當中土至元廿四年,存《同體》至《匡諫》凡五篇,可勘正寛文本脱誤不少,故附《校記》);《江村書畫目》(高士奇所藏,分九類,其中進與送兩類皆注明贋迹值廉,而永存秘玩一類皆真而價昂。鄉人謂其「以贋品欺罔,心術可駭,留此記録,不啻自定爰書。」)時博愛工廠各科畢業,以資絀停辦,惟辦印刷一科,以上諸書皆付廠排印。又《隋丁道護書啟法寺碑》,人間孤本,鄉人特假寄海東影印,附跋駁阮文達「南北書派」之説。文有《唐律殘卷》《宋淳化殘曆》《秦婦吟》《俚曲》《佛曲》《魏冀州刺史元紹墓誌》諸跋。

中華民國十四年乙丑（一九二五）六十歲

二月朔，遜帝微服蒞津，鄉人與子福葆實扈從。初稅駕日本大和旅館，繼移前湖北提督張彪別墅所謂「張園」者。數月來媒蘖仍繁，有謂鄉人與民黨交厚，居心叵測，宜斥逐勿與近，甚有捏造事實污蔑，公然揭之報紙，使遜帝見之。柯鳳蓀私以告，且戒善自爲地，鄉人訝其言離奇，且方切致身，弗顧也。既至津，初意津亦危地，擬游歷日本。京津及南方諸遺臣至，紛然阻之，遂止不行。命幫辦留京善後事宜及天津臨時交派事件，尋又與升允、鐵良、袁大化同拜顧問之命，懇辭不許。三人皆舊日重臣，鄉人厠其間，何殊賈生與絳灌伍，蓋陽示尊崇，實則擯而遠之也。鄉人直南齋，未及請俸而遇變，到津復向隅，惟遜帝偶發一二百圓作車馬費。鄉人與升吉甫意氣相得，與静安姻聯素昵；静安又吉甫所薦，年來常共計事，或聯名具疏，議論如出一口：於是人遂指目爲朋黨，口語嘖嘖，遜帝不能不爲所惑。柯鳳蓀有寄鄉人詩「羈紲君臣亦可傷，豈知黨論復蜩螗」云云。蓋時遜帝雖蝸寄，而左右相傾軋虞詐，猶之前日宮中也。静安書告鄉人「晤芷姓（楊鍾羲字）及鳳老……鳳雖年老，而於近事究屬清楚，渠言安定，延廣笑柄，殊可駭怪」。胡、景蓋園中新用事者。八月，鄉人六十生日，遜帝賞「歲寒松柏」匾額、文綺紗縠、如意。同人賦詩爲壽者十餘人。兹録其一二：「博物劉原父，康屯陸敬輿。輶軒搜晉乘，文字辨殷虛。黃髮先年老，丹心奠帝居。如聞天下計，盈笥有農書。」「各有幽憂疾，難求任事臣。未聞持首鼠，遂可畫麒麟。共濟無胡越，相期在甫申。東軒言已立，囊括九流人。」（楊鍾羲）；「卅載雲龍會合常，半年濡呴更難忘。昏燈履道坊中雨，羸馬慈恩院外霜。事去死生無上策，智窮江漢有回腸。毗藍風里山河碎，痛定爲君進一觴。」「事到艱危誓致身，雲雷屯處見經綸。庭墻雀立難存楚，關塞鷄鳴已脱秦。獨贊至尊成勇決，可知高廟有威神。百年知遇君無負，慚愧同爲侍從臣。」（王國維）。楊詩言外有諷，王詩敘私人交誼，敘事變經歷，要皆出之肺腑者也。陳傅贈聯曰：「著書天爲開瑰秘；扈聖身能任險艱。」下聯指隨扈，亦紀實。○冬，具疏辭職，有「蘧伯玉寡過未能，孔距心庶幾知罪」云云。○本年十二月堂弟振宏函報故里近事，其次女昌霦生。振宏出希齋公第九房，世居寶應爲鄉人再從兄弟。○本年鄉人雖侍行朝，而杜門之日多，仍得以著述自遣。計有《璽印姓氏徵》二卷。鄉人早欲薈萃古璽印以考姓氏，補訂姓氏書，時所蓄諸家譜集未備。至是始費時五旬成之，得姓千餘，不見姓氏書者五百。其中訂正前人違失者，指不勝僂。復姓《廣韻》、《姓解》、《急就篇》有「室中」，而印文實作「窒中」，一作「窒仲」。「中」、「仲」古今字。又各書于「中」、「仲」不言出一源。據此知實一姓，推之「中孫」、「仲孫」、「中長」、「仲長」罔不爾。《廣韻》引《姓苑》有「母婁」，今印文有「毋婁」、「旡婁」，知「母」爲「毋」之訛，《急就》又有「旡婁」，「旡」、「毋」字殊而音則同，亦爲一姓。印文有「甘丹大利」，「甘丹」蓋即「邯鄲」，古幣有「甘丹刀」與印文正合。古以地得姓者，如《廣韻》稱「毋丘」或爲「毋」，是復姓得析爲單姓，若「延陵」之或爲「延」，爲「陵」，「邯鄲」

之或爲「邯」、爲「鄲」，皆其例矣。今印文有「甘氏」、「丹氏」，則「邯」與「鄲」之異文。又據諸姓氏書，「綦」、「源」、「蔞」、「普」、「屋」五氏皆後魏塞種改姓，實則此諸氏印文皆有之。《廣韻》以「北」爲高麗姓，今璽文已有「北」。蓋「東」、「西」、「南」、「北」四方爲姓，古早有之，不始東夷。又如《廣韻》有「舌」姓，舉《左傳》越大夫「舌庸」爲證。《辨證》謂應作「后」，無「舌」姓。今印文有「舌高」。六朝人書「后」或作「舌」，與「舌」相亂。越大夫之姓爲「舌」爲「后」，雖不能遽定，而「舌」姓確有之，不得如《辨證》之說。古璽印之有裨於姓氏學如此。重訂《紀元編》。鄉人致力李氏此書三十餘年，歲有勘正。丙午己酉兩欲付刊皆未果，至是始付排印。自序謂：「猶有勘之未盡者，如西夏李元昊年號顯道，實即宋仁宗之明道避其父諱而改，非别有『顯道』一號也。殺青既竟，始考知。」《西夏官印集存》。西夏官印背款皆國書，自宣統庚戌俄國柯智洛夫大佐於我張掖黑水河古城掘得其《番漢合時掌中珠》殘帙，爲西夏國書傳世之始。鄉人初得其節本影印之。及歲壬戌得見足本，因據以訂正李氏書，並命長子福成釋其印款，次爲譜。《集殷虚文字楹帖匯編》。鄉人既集殷虚文字爲偶語百聯，嗣章式之、王君九，及高遠香德馨皆踵爲之，鄉人又有續集，合得四百餘聯，匯爲一卷。而增訂舊著則有《歷代符牌圖録》。總得「節」六，「符」八十有三，「牌」六十有六，視前録數幾倍。而「節」則前所未及，《周禮》掌節：「凡邦國之使節：山國用虎節，土國用人節，澤國用龍節，皆金也。」兹録有虎節，又有牛、馬、鷹、雁者，上皆有古文「節」字。是虎、人、龍外，尚有牛、馬、鷹、雁，前籍所未詳，而新莽又以爵

（雀）爲符。漢太守以下諸虎符，文字皆在背而中分之。古節及秦新郪、陽陵，西漢初安國、臨袁諸符，則兩側文字相同而不中分，知中分乃漢中葉以後之制。《明會典》載其符牌之制。今驗之實物，則或訛或略，古名物有非見實物不能明瞭者，符牌猶是也。前録皆取墨本影照，茲録則悉出摹寫石印。所刊書則有《高郵王氏遺書》。凡石臞遺著三種（《方言疏證補》一卷、《釋大》八篇、《毛詩羣經楚詞古韻譜》二卷）四卷，《王文肅公遺文》一卷，《補遺》一卷，《石臞遺文》四卷，《丁亥詩鈔》一卷，《文簡文集》四卷，《附録》一卷。又輯其六葉傳狀碑誌附焉。（按：鄉人跋《遺書》云：嘗求石臞所撰段茂堂誌不得，遺稿中亦不見。後新會陳氏得而影印，劉盼遂輯入《石臞文集補編》，在其所著《段王學五種》中。）又其遺稿中尚有韻書殘稿若干種，整理較難，後以轉讓北京大學。〇歲暮編庚申迄本年文字，爲《松翁近稿》一卷，内羼辛亥以前作三首（《殘明大統曆》《食醫心鑑》《四夷館考》跋），共得六十二首。茲約舉内容重要者，其一般墓誌跋不一一舉。《上野氏古玉圖譜序》（玉約百品，鄉人舊所搜集，旅食海東，以歸上野氏，製譜影印極精，能存其固有色澤）、《大理相國高泰明寫維摩詰經卷》（末有記十行，署文治九年戊戌季冬，文治紀年爲大理段正嚴，當宋重和元年。此物已歸海東）、《漢安國侯虎符》（安國侯王陵見《漢書・功臣表》。錯銀書不能施墨，福頤以石摹刻。此符在雪堂藏品中居秦陽陵符之次。解放後，陽陵由海城于氏轉入故宫博物院，曾在歷史博物館展覽，此符不知所歸。）《黄腸石》（漢陵墓中物，周禮所謂「黄腸爲裏而表以石」也，石上記年月、尺寸、次第與石工及掾史名。《陶齋藏石記》雖著録，不知誰何？鄉人始考定。）《元封二年雒陽武庫鐘》（元封爲武帝年號，已見「雒」字，則《漢書・地理志》師古注引魚豢雒始於光武説不可信。）《上黨戈》（兩漢古兵有銘識者絶少。）《北周始平國太妃盧墓誌》（北周誌石流傳絶少，此誌文字均佳，允推翹楚。）《唐卞國公泉男生墓誌》（高麗莫離支蓋蘇文之子，降唐，授遼東大都督，玄菟郡公，可據以糾補兩《唐書・東夷傳》闕誤。文甚綿麗，書出歐陽通，凡二千言，較道因碑尤可珍。）《梁州都督府進蒜封泥摹本》（白堊土爲之，墨書朱印，小楷七行。貢物封泥，前所未見，今在遼寧省博物館。）諸跋。

中華民國十五年丙寅（一九二六）六十一歲

春，厦門辜鴻銘湯生以《讀易草堂文》乞序，鄉人爲擇其尤雅者，分内外編，序以付刻，稱之爲醇儒。鴻銘光緒末上《條陳時政得失疏》累五千言。鄉人讀之謂：「探索根元，洞見癥結，賈長沙復生不能過。」〇四月，携五子福頤赴滬，寓愛文義路誠意里弟子經家。三孫繩祖生，福葆出。〇五月望後返津。是行獲見潘文勤祖蔭藏宋拓《唐化度寺邕禪師塔銘》於吴愙齋嗣孫湖帆許。覺精光四射，不必與敦煌本較量，已可定爲唐石宋拓，且存字多至九百餘。《金石萃編》録此碑訛奪甚多，惟《全唐文》校録最善，校以此本，纔有小誤耳。湖帆尚藏有梁永陽王蕭敷及永陽敬太妃墓誌，宋拓，明庫裝，海内孤本，亦文勤故物。鄉人跋《敷誌》，謂求之二十年始入目，喜可知也。勸湖帆與《化度寺》並付影印。〇夏，匯周雪客在浚《吴天發神讖碑考》、王宓草著《附録》、汪少山照《續考》爲一編印行。其中頗有舛誤，未便擅改，而就平生所見宋明諸本一一訂正，别爲之圖，並考定其形本累三石而成，與懸窆麗牲之碑不同。正前籍折而爲三（《丹陽記》）之妄説，爲《補考》附焉。至其文字，説亦各殊。鄉人考定全字百九十九，可識之半字二十六，不可識及不可摹寫之半字各二，合計全字半字二百有九。蓋此碑聯合三段讀，自雪客始；而定爲累石非中折，則自鄉人始也。又印行《蒿里遺文目録》。此目創始於甲子季春，類目凡八：曰墓碑，曰墓誌，曰元魏宗室妃主，曰海東冢墓，曰塔誌，曰地券，曰餘載。緣事中輟，至今夏始補完，凡得二千四百九十餘品。〇六月，作《恒農磚録跋》，訂正以前爲磚出靈寶之譌言，而從洛陽謝某及山左估人宗某之言出於孟津。於是悟此等皆興作陵邑之徒役，漢制，每帝踐阼即起陵邑。東漢以後諸帝陵皆在洛陽，此磚中年號凡六，曰元和、章和，乃作章帝敬陵者；曰永元，乃作和帝慎陵者；曰延平，乃作殤帝康陵者；曰建寧、曰熹平，則作靈帝文陵者。（按：中國科學院考古研究所洛陽工作隊於一九六四年春在今洛陽地區偃師縣佃莊人民公社西大郊西南一片高地上，即俗名骷髏溝者，共發掘得五百二十二座刑徒墓坑。其地北距東漢洛陽城遺址約二百五十公里，在今洛河南岸約一公里。其中出墓磚八百二十塊，與《恒農磚録》之磚一式。其報告載《考古》七二年第四期，記述考訂甚詳。意孟津去洛陽近，當時刑徒墓地殆分兩處，而在偃師者，東漢末已廢不用。）〇八月廿日，王壻伯深病卒於滬。鄉人痛女孝純不幸，赴滬視之。伯深與弟高明、貞明皆静安原配莫夫人出，莫殁繼潘夫人。而孝純爲長子婦與繼姑有違言，僕媪復從中構之。

静安雖家督，而平日家政皆潘主之，已不過問，與鄉人事無巨細皆過問不同。至是伯深卒，静安夫婦蒞滬主喪，潘處善後或失當，孝純訴諸鄉人，鄉人遷怒静安聽婦言，而静安又隱忍不自剖白，鄉人遽携孝純大歸（孝純惟生兩女，俱夭，静安以其弟高明子慶端嗣，後慶端亦夭）。自是遂與静安情誼參商。京津雖密邇，迄静安之逝未再覿面，函札亦稀通矣。伯深服務海關，卒後恤金，鄉人且不令孝純收受。（按：羅、王之隙，外人不知内情致生種種猜測，有謂王女適羅被休，實則羅女適王，因婿死而大歸也。静安投湖後，疑竇益啟，至有謂逼債致死者。其真情雖王門子弟亦無知之者，何論外人，更何論溥儀。）〇冬，瑞典王儲來華過津，訪鄉人。先是其國安特生博士至清華，言其儲君頗好考古學，曾見鄉人所著書，托静安先容。王儲至津，鄉人出所藏恣觀之，乞漢安昌侯張禹軍飾（金銀錯，製作甚精，嘉定錢氏《十六長樂堂古器款識》著録）以去。〇本年鄉人仍多暇日，得以著述及增訂舊著爲事。新著除上述兩種外，以見法京所藏《張氏勛德記》，據以補正《補唐書張義潮傳》，至是已三易稿。又自宣統紀元以來據新出隋唐誌墓之文補勞氏《唐折衝府考》（《許齋叢書》本），歲有增益。至是又增數十則，而跋尾之文尤夥。以類别，則跋瓜沙曹氏文書者六則（《曹夫人贊》、《曹議金四疏》、《曹元深施舍疏》、《曹良才畫象記》、《曹仁貴仲秋狀》、《陳彦國等獻物牒》）。考定曹夫人爲義金之配。曹氏里貫，據《畫象記》則原籍亳州因官而徙瓜沙者。獻物牒署「清泰四年」，清泰無四年，殆由瓜沙僻遠尚不知有新紀元也。跋昭陵陪葬碑者八則（《宇文士及》、《牛秀》、《杜君綽》、《清河公主》、

《程知節》、《周道務》、《房仁裕》、《姜遐》）。士及陪葬不見《唐會要》諸書，而碑則明言陪葬，又出於九嵕山。牛秀字進達，以字行。據《唐書》帝紀，三爲軍總管，立有武功，而兩《唐書》不爲立傳。杜君綽，晚得一碑拓較善，得補建碑年月日。清河公主所尚乃程知節子處亮，與知節傳合，而公主傳誤作懷亮。姜遐字柔遠，其父謩《舊書》有傳，作子柔遠，殆曾以字行。跋新羅、高麗碑誌者四則（《新羅真興王》、《高麗大覺國師》、《泉獻誠》、《泉毖》）。《真興王碑》書迹在《好太王》、《黄草嶺真興王巡狩碑》之間，署年辛巳，當陳文帝天嘉二年，前於《巡狩碑》八年。前段記事多漫漶，後十餘行爲官屬題名，可訂正《北史》、《隋書》及《東國通鑑》之闕誤甚多。國師卒年，碑在辛巳，乃宋建中靖國元年，高麗肅宗二十年，訂《海東金石苑》卒於宣和七年之誤。獻誠，泉男生子，所載歷官可補史闕。泉毖，獻誠之孫，年廿二卒，父銘子誌，而云：「梁木壞，泰山頽，哲人去。」令人失笑！跋買地、鎮墓券者五則（《漢王□卿買地鉛券》、《樊利家買地券》、《房桃枝賣地鉛券》、《朱書買地鉛券》、《劉伯平鎮墓券》）。諸券文多簡質，亦有訛脱不可通者。王□卿券上塗朱，故券上稱爲「丹書」。朱書一券則書而未刻，陶齋故物。鎮墓乃方術家言，故有「天帝」及「如律令」字。跋畫六則（元劉秉謙《雙鈎竹》、孫獻《雙鵜》、明林佳清《水仙竹石》、普荷上人《仿米山水》、劉泌如《木石燕雀》、清姜泓《花卉》）。其人皆名晦而藝高，或不見畫史者。劉畫款題「至正乙未壽陽劉秉謙爲克明憲掾作」。鄉人稱其藝遠過張溪雲遜，張擅盛名而秉謙名竟不登畫史。孫獻款題「至正甲子夏月上谷孫獻畫」。工妙生動，張之素壁如聞鶃鶃聲。《圖繪寶鑑續纂》列之明人。其署「至正甲子」，乃洪武十六年，殆元遺民而仍書元紀年者。《續纂》作字都林，據圖上印章乃鍼林。林畫石旁著勾勒竹數竿，清雋似趙彝齋。上方陳老蓮題字五行，語不可解。惟知其人與老蓮同時，工畫而畫史無名。普荷上人俗姓唐名泰，甲申後爲僧，結茅鷄鳴山下，見《畫徵録》。此畫有大滌子題，謂老人昔爲鍛工出家者，殆先爲鍛工後爲僧歟？劉字鄰侯，號塞翁，名見《畫徵續録》。畫品在白陽、易庵間，殆明季遺民。姜字巢雲，杭人，《圖繪寶鑑續纂》有傳甚簡。畫僅四葉，清麗超雋，惲南田每葉有題，推許甚至。東北石刻傳世寥寥，鄉人在海東於内藤湖南許見義縣魏營州刺史《元景造石窟碑》拓本。返國後，倩青縣姚貴昉維鏡往拓之，國内始有傳拓。姚，武昌督署巡官，鄉人舊識。海桑後，席帽芒鞋，獨策蹇往來大河南北，訪求古金石刻，能作北魏體書，窮老以終。他文尚有《升素庵（吉甫號）七十壽序》、《陸軍部協參領顧君傳》。顧名臧，字君用，番禺人，梁節庵表弟，鎮江象山總炮臺官。革命軍興，守臺幾以身殉。後復力疾奔走，迄不得一當。本年五月病死婦家，年五十二，鄉人作傳，謂君雖死牖下，固與「馬革裹尸」等也。

中華民國十六年丁卯（一九二七）六十二歲

正月，輯去年一年文字爲《丙寅稿》，凡九十首。〇二月，增訂《殷虚書契考釋》，乃就甲寅初印，重爲寫定，所識之字增至五百四十餘。〇年來南勢北漸。鄉人與同志數輩日憂行朝，以爲危於釜魚幕燕，宜爲未雨綢繆之計。顧行朝上下沓泄，人言弗恤，居恒惘惘。〇五月三日，静安憂憤自沉頤和園昆明湖。於懷中得遺書一紙，自明死志云：「五十之年，只欠一死。經此一變，義無再辱……」鄉人年來與静安雖疏闊，而效忠故主之念，固信誓終身無貳也。「再辱」云云，自本「君辱臣死」之義。静安無遺摺，殆不欲爲身後乞恩計，鄉人乃爲代作，竊比古人尸諫，冀幸一悟。摺上，遜帝爲動容，賜奠、賜帑、賜陀羅經被，賜謚，所以飾終者甚厚。（按：遺摺上，曾引起溥儀懷疑。在《我的前半生》説遺摺是羅僞撰，字寫得很工整，不是王國維手筆。此事始末，他人未必知，王門弟子則不容不知。）本月及六月，鄉人兩次入都赴弔，並經紀其喪。作静安傳二千餘言，敘兩人遇合及静安一生治學經歷，而繫之曰：「公平生與人交，簡嘿不露圭角，自待顧甚高。……及予爲謀甘旨，俾成學，遂無憂生之嘆。在他人必感知矣，而公顧落落，意若曰，此惠我耳，非知我也。及陳善納誨，以守先待後相勉。一旦乃欲北面，意殆曰，此真知我矣。其報之者，乃在植節立行，不負所學斯不負故人，賢者之所爲，固與世俗之感惠徇知者異也。」鄉人之言如此，然静安戊戌四月所作雜詩之三曰：「豫章生七年，荏苒不成株。……匠石忽顧視，謂與凡材殊。詰朝事斤斧，浹辰涂丹朱……」意固有所指矣。海内人士痛静安之死，悼詩多如束笋。而以楊芷姓哀静安五古及陳寅恪挽詩七言長古爲最能道出静安心事。節録其要語如下：楊詩有云：「私冀前席問，聊獻賤嗜美。書生對宣室，元非絳灌指。輪對未得請，檢書費長晷。豈料齎盗糧，緘縢等紈綺。」敘同赴召及歷變故也。云：「時望尊鳳麟，甘言昵豺豕。……老事工婞婀，迂論受訾鄙。」斥遜帝師保輩玩寇養癰，不納忠言也。云：「蜂房各自開，蟻穴夢争喜。事有違衆心，云此出上旨。意有不吾如，唾棄如泥滓。人材乍賢佞，天憲私斂侈。盜羊按丁零，削瓜詡皐李。人言百不聞，謂此可安矣。坐待事會來，寧計王室燬？」述至張園後，新用事者一手障天，弄權蔽賢也。云：「君家蒲城相，觸邪比獬豸。徒死竟何益？吾意殊不爾！」哀其死而不能悟主，如王蒲城鼎也。陳詩有云：「一死從容殉大倫，千秋悵望悲遺志。曾賦連昌舊苑詩，興亡哀感動人思。豈知長慶才人語，竟作靈均息壤詞。」謂静安仿長慶體作《頤和園詞》，而自蹈昆明以死，不啻以昆明當息壤也。云：「校讎鞮譯凭誰助，海寧大隱潛郎署。閉門人海恣冥搜，董白關王供討求。」謂静安官學部時研元曲，開學術界新風氣也。云：「江東博古矜先覺，避地相從勤講學。……考釋殷書開盛業，鈎探商史發幽光。……豈便遼東老幼安，還如舜水依江户。」敍静安隨鄉人避地研殷商遺文，而以幼安、舜水相況也。云：「文學承恩直近樞，鄉賢敬業事同符。」謂静安入侍禁闥，類其鄉查悔餘慎行故事也。云：「堯城雖局小朝廷，漢室猶存舊文軌。忽聞環甲請房陵，奔問皇輿泣未能。優待珠槃猶有誓，宿陳芻狗詎無凭。神武門前御河水，忍把深恩酬國士。」謂逼宫事起，静安憤欲投御河而未果也。云：「學院遂聞傳絶業，園林差喜適幽居。」謂静安掌教清華。而其下「舊是龍髯六品臣，後躋馬廠元勛列」，則指梁新會之翻覆，語涉揶揄。寅恪，故湘撫右銘之孫，詩人散原三立之子，故中有「元祐黨家慚陸子」句。而其小序末段云：「今日之赤縣神州，值數千年未有之巨劫奇變。劫竟變窮，則此文化精神所凝聚之人，安得不與之共命而同盡？此觀堂先生所以不得不死，遂爲天下後世之極哀而深惜者。至於流俗恩怨榮辱委瑣齷齪之説，皆不足置辯！……」片言中肯，斬斷葛藤，讀楊、陳兩詩，誰謂静安地下無知已哉！七月十七日，静安既安窆清華園側，鄉人即着手爲整理遺著。静安辛酉年（一九二一）自編其著作爲《觀堂集林》二十卷。於十年來所著（大部分刊入《雲窗》、《雪堂》、《廣倉》三叢刻者），或全删，或節取，其詞費者，則隱括之爲一篇，以爲菁華已盡，其餘鱗爪可不存。烏程蔣氏刻之。前冠鄉人一敍，以程易疇、吴窓齋相期，云：「君具程君之學識，步吴君之軌躅，又當古文字、古器物大出之世，故其規模大於程君，精博過於吴君。」其文實静安自撰而適如鄉人所欲言者，鄉人見爲易數字。静安未逝前，曾將其近年新著研究遼金元史諸文追補入集，溢出原著四之一。至是，鄉人與其弟子海寧趙斐雲萬里復就其家搜討而整比之，訂爲四集，付博愛工廠陸續印行。命子福葆、福頤及開封關伯益葆謙司校理。伯益，鄉人長農科大學時弟子也。仲冬，工垂竣，作《遺書》序，述静安遺事數則，又作《別傳》，録静安《論中西政學異同疏》全文，以見其政論之一斑。〇本年刊宋劉時舉《續宋中興編年資治通鑑》十五卷。此書舊有張氏照曠閣本，多缺頁。鄉人得南海孔氏嶽雪樓藏明鈔本，補張本缺佚多頁，然亦有此本缺而張本不缺者。以兩本互補，缺頁幾完，並校正其訛字，以《校記》附焉。文尚有《克鼎》、《漢敬武主家銅銚》、《宋小字本妙法蓮華經》跋，《狩野君山六十壽序》。〇趙聲伯卒。

中華民國十七年戊辰(一九二八)六十三歲

三月十一日，辜鴻銘卒，年七十一。〇四月，四孫興祖生，福葆出。〇五月，《静安遺書》四集告成，計四十三種，百廿三卷，又《外集》四卷。〇七月，東陵定東陵被盜發，遜帝設位行朝望祭，鄉人日往行禮，且報效奉安銀兩。遜帝賞「言泉文律」匾額。爲妥議今後守護辦法，命溥侗、恒煦、鐵良、袁大化、鄭孝胥、袁勵準、温肅、蕭丙炎、萬繩栻、商衍瀛與鄉人各抒所見具奏，於是上《籌議東陵善後疏》。〇秋，托人於旅順新市街築新居。輯《殷禮在斯堂叢書》二十種刊行。其中如王石臞《廣雅疏證補正》及《爾雅郝注刊誤》兩書。數十年前，鄉人於淮安姻舊漢軍黄蕙伯海長許見《廣雅疏證》原刊本，中夾朱墨簽多條，決其簽皆石臞手筆，惜缺八九兩卷，因勸黄先條録付梓，徐訪缺卷，黄諾焉，及書出而黄尋故，原書鬻歸鄉人。及鄉人自海東歸國，得王氏叢稿而所缺八九兩卷具在，訝爲奇緣。至是，遂重爲校録付刊，獲成完璧。《爾雅郝注刊誤》亦出石臞手，先是郝著《義疏》成，以質石臞，爲删正若干事，《學海堂經解》即依王删正付刊，其精審越郝上，顧郝氏後人刊全書時，以學海本爲未足，反依其原稿。長洲宋于庭翔鳳徇其後人意作序，謂學海所删似出石臞，或爲他人嫁名，其言囫圇。鄉人嘗取兩本並讀，固已疑之。後得《義疏》寫本於陳松山許，則首尾朱墨爛然，皆石臞手迹。取校則删正處確出石臞非嫁名。遂據諸條另録爲《郝注刊誤》，俾後人詳其巔末。鄉人夙服膺王氏之學，既已刊其未刊諸書，故於此尤睠睠焉。又如明遺獻顧氏四種(《三朝大議録》、《金陵野鈔》、《南都死難紀略》、《塔影園集》）及《茶史》、《平叛記》、《皇華紀程》，皆關涉史事，或未付刊，或曾刊罕傳。而宋人説部《冷齋夜話》、《續墨客揮犀》兩書，前者，汲古本多誤，鄉人在海東日，囑静安取日本五山板覆宋本校之，補兩條，改正數百字。後者，静安《庚辛之間讀書記》中有詳考，知其書乃兩宋人雜采羣書而成，以魏泰《東軒筆録》、沈括《夢溪筆談》、惠洪《冷齋夜話》、陳正敏《遯齋閑覽》爲多，非一家言也。《元遺山新樂府》，舊刻不傳。張石舟穆校《遺山全集》本凡四卷，此本爲烏程蔣季卿維培舊藏，從明葉文莊本出，與《愛日精廬》、《鐵琴銅劍樓》藏本同爲五卷。虞山人堪詩傳世凡數本。此本爲長塘鮑氏《知不足齋集》藏鈔本，共三卷，詩二百九十四首，較其自跋少三十九首，知有佚篇。鄉人在京師、海東，先後假友人藏本補足佚篇三十八首，又校注異文於句下，視原跋但少一首耳。山人詩當以此爲最善矣。吴愙齋《百家姓印譜》，鄉人早爲影印，此次所刊爲有洋本，當是後來定稿。《碑别字》正續兩本共十卷，後出碑誌可補者尚夥，鄉人曾命福萇補於書眉，得千數百字。至是乃合爲一編印行，距作初編時四十三年矣。敦煌石室藏隸古定《尚書·夏》《商》《周書》各篇已影印入《鳴沙石室佚書》，居海東又有所見，雖非出一地，以書迹斷之，並出李唐。故薈爲《隸古定尚書真本殘卷》摹印之。雖有重復，不復删汰，用資勘校。九月初六日忽奉遜帝手諭曰：「前聞卿赴旅順慨助謝米諾夫鉅資，忠義奮發，力圖進取。語云『言之匪艱，行之惟艱』，卿實行之而後言之者也。溯自甲子以降，卿苦心孤詣，備盡艱辛，時值厄運，忠貞愈堅，毁家紓難，誠爲僅見。」又曰：「自陵變發生，卿復報效鉅金爲衆人倡，時復規朕須圖遠者大者。」又曰：「思居津數載，荒學自逸，長此以往，不惟危機四伏，抑且内疚神明，尚得爲人乎？」前後累三百餘言，與前幾如兩人，且出自手書，非他人代作，故鄉人得諭感泣。（按：此諭後復繳回，故草此録時，以未見鄉人手録之本，未收入，頃始於遜帝檔案中得之。）〇十月，鬻津屋。時歷年逋負多，鬻屋得資六萬以償債，有餘兼爲築旅順新居費。再疏求退，遜帝挽留。面奏在津無以報稱，以後仍當勉竭駑駘。摒擋長物，至歲暮始成行，而旅屋工亦垂竣。貽安堂及博愛工廠並停止。〇本年文有《史頌敦》、《魏江陽王元繼》、《唐河南府司録參軍李璆墓誌》跋，《宋史曹輔傳注》。璆，唐名相絳長子，誌稱絳以忠被難，璆「忍死荼苦，號籲往返，奉喪至京，率兩弟叫閽請讎。邪根邃入，堅不可拔，詔爲投斥罪人，使嘉喻君，猶伏闕不去」云云，絳爲藎臣，璆爲孝子，乃《新舊書》絳傳不載璆事，僅於《世系表》見其名。故鄉人跋謂璆大節彰於發冢之盜也。輔墓誌，楊時撰，陳淵書。葉氏《語石》稱其「遒逸豐美，視蘇長公有出藍之譽」者，葉目爲孤本，以估值未諧，歸蒯禮卿，又由蒯歸鄉人。鄉人既據以校《龜山集》，正其誤字，作跋。又以誌參證《建炎以來繫年要録》、《三朝北盟會編》、《十朝綱要》諸書，作《補注》。輔政和初以小臣直諫，後以簽樞使金，不辱命。高宗即位，舊執政多譴去，獨召輔。乃北宋末執政中著風節者。

中華民國十八年己巳（一九二九）六十四歲

旅順新居築於新市街扶桑町，在將軍山巔，面海背山，山上帝俄據旅大時所築喇嘛廟殘基猶在。市遠，故塵囂不到，而海山景色近接几席。書物多，新居不能容，賃舊市屋貯之。○旅順口之名，不知所自始。明季，毛文龍據皮島（一名椵島，在朝鮮鴨緑江口）、旅順、大連（時稱青泥窪）一帶島嶼，屬其管轄。旅順守將張盤抗後金戰死其地。文龍誅，東江屏障撤，然别將黄龍猶扼守旅順。及廣鹿島守將尚可喜走降清，還襲破旅順，龍及部下死之，地遂歸清。初荒蕪無人煙，山左登萊青貧民越海墾荒，漸有居民。鴉片戰争後，因地處海陬，爲帝國主義者所窺伺。光緒五年（一八七九）始命直隸總督李鴻章經營旅順口，以爲海軍根據地，建砲臺，設船塢，海軍提督駐焉。甲午一敗（光緒二十年，一八九四），旅順不守，居民三萬人爲日寇屠戮殆盡，而累年所經營之海軍軍資亦燼於斯役。及訂馬關、中俄兩屈辱條約，帝俄强迫租借旅大。旅順口遂爲帝俄軍港，大連灣遂辟爲商埠。光緒三十年（一九〇四），日俄戰起，俄敗，旅大又轉租於日本，脅迫訂《中日滿洲善後條約》。旅大凡兩度淪爲帝國主義殖民地。辛亥革命，肅王善耆、恭王溥偉相偕遁迹托足異族策復辟無成。至是肅王久故，惟新市街餘其遺宅一所而已。又此時民國在野軍閥政客往往於大連拓地建屋作寓公，冀東山再起。鄉人初至旅順，識蒲圻張濬若國淦，故民國總長，病羸已無用世意，與燕京大學締約著書，故亦樂與鄉人商榷。友人則王君九外，惟有蒙古恩詠春華、諸暨周孝懷善培、合肥蒯若木壽樞（禮卿猶子）三數舊識，故往還頗簡。○正月，赴津祝遜帝生日。○端居多暇日，從事著述之餘，則爲兒孫講肄。集前人成句爲山齋楹聯，曰「定跡深棲，就成省曠；握蛇騎虎，不覺艱難」。○旅大邦人經商無市筆墨南紙及古籍文玩者，有之，則日人所經營，殊寥落。金頌清，上海中國書店主人也，聞之與其戚某設墨緣堂於大連市紀伊町，售古籍筆墨南紙。古籍稀受主，所售惟筆墨南紙而已。○夏，撰《漢石經殘字集録》一卷。魏正始石經既出，歲壬戌（一九二二），鄉人以石經與魏文帝《典論》並列，或有出土者，托吴興徐森玉鴻寶訪之。已徐郵小石墨本至，閲之則漢石經《論語·堯曰篇》殘石也。移書囑更搜尋，遂得殘石十餘。此漢石經傳世之始。嗣是歲有出土者，皆歸徐與鄞馬叔平衡。去年閩縣陳淮生承修會拓漢魏石經殘石成集，中漢石經得七十二石。鄉人乃就七十二石中並其本一石而離析者，去其僅一字而無可附麗者，得五十二石，益以已所拓在集拓外者，一一加以考證。殘石未能寫影則鈎勒之，爲《集録》一卷。《自序》謂近世考石經者莫善於王静安之《魏石經考》。其考兼及漢石經之經數經本行字石數，今以殘石核之，有足證成其説者，有雖有説尚未詳審者，各得二事。稿甫就，於趙斐雲許得北京圖書館藏《序記》，亟增入。嗣陽湖陶北溟祖光又先後寄所得之《周易》、《魯詩》、《禮經》、《春秋經》、《公羊傳》、《論語》及《校記》殘石墨本。有不及增入者，則别爲《補遺》。陶附書言：漢石經考證之事，微公莫任，愿有以饜海内之望。時未知鄉人有《集録》之作也。録中據諸經殘石以校與今本編次之異同，章次之先後，而於《詩》毛、魯兩家之異文尤三致意。以魯久佚，賴此殘石存其一鱗片爪。篋中藏《詩》殘石三，皆與毛異文，知爲《魯詩》。因顔山居之堂曰「魯詩」，自爲之記。○七月，藤田劍峰卒於日本東京。劍峰於大正九年（一九二〇）授文學博士，先後執教於早稻田、東京、臺北各大學，補臺北大舉文政學部長。去年應東大招將講交通史而病，至是歿，年六十一。〇秋冬之際，從事新著，補正舊著，董理舊學之未寫定者，曰《矢彝考釋》、《璽印姓氏徵補正》、《漢兩京以來鏡銘録存》、《鏡話》、《蒿里遺文目録續編》、《重校訂和林金石録》、《敦煌本毛詩校記》、《帝範校補》、《宋槧文苑英華殘本校記》，凡九種。時乏鈔胥，鄉人目力未損，間出手繕。博愛工廠石印機故在，於墨緣堂招工印之，匯爲《遼居雜著》。〇十二月，次孫女玖以急性肺炎暴殤，年十二。福萇遺女也，父母殁，鞠於祖母。鄉人傷慟甚。〇本年裒丁卯、戊辰兩年文字爲《丁戊稿》一卷，凡六十一首，本年文字爲《遼居稿》一卷，凡七十首，序跋外有《掌印給事中陳公傳》。鄉人不輕爲人作傳誌之文，有作，必其人足矜式者。〇墨緣堂主者欲歇業，或惜之，議由鄉人接營。會關内親友有失業來求鄉人謀枝栖者，不忍拒又苦無從位置，姑諸焉。令執役肆中而命四子福葆經理之，然所售仍筆墨南紙耳。（按：溥儀《我的前半生》目墨緣堂爲鄉人所經營之古玩舖，亦誤信妄傳，非事實。）〇本年遼陽金静盦毓黻自瀋陽郵書問訊，且以所著《遼東文獻徵略》相質。

中華民國十九年庚午（一九三〇）六十五歲

元旦有《試筆》七絶一首。赴津祝遜帝生日。進清列帝御書及御製集於遜帝，賞「研精綈帙」匾額。〇春，旅大中日文化協會以講考古學爲請，鄉人爲講清朝學術源流概略。金州士紳復請講學於文廟明倫堂，爲講《論語》義，月二集，凡三閲月，以事中止。金州者，故明金州衛，在旅順口北一百三十里，清時副都統駐於此，冠蓋萃焉。○夏，作《上虞羅氏枝分譜》。鄉人自譜其本支也。鄉人家，明永樂始有譜牒，後屢修。同治庚午（一八七〇）修時，鄉人纔五齡。及宣統修，則已官京師，始得庚午譜讀之。至是念頻年轉徙，祭饗多闕，子孫未嘗一返鄉里。其幼小在懷抱者，且不自知其生世，追溯高曾？因輯爲此譜。前譜爲上虞本支，後譜爲遷淮以降，蓋以遷虞始祖爲一世，遷淮則爲二十世矣。並於序中附訂舊譜之誣誕，而略師歐、蘇兩家譜例，知則詳之，不知則略之。先世德業，聞見所及，條繫譜後。○冬，輯三十餘年來所儲金文墨本後出未經著録者逾千器，命五子福頤編次並釋其文爲《貞松堂集古遺文》十六卷。自序略曰「考吉金文字，肇於兩漢，李少君識柏寢之器，張敞釋美陽之鼎。厥後南單于得漠北古鼎以遺竇憲，案其銘文知爲仲山甫作。許祭酒敍《説文解字》謂郡國往往於山川得彝鼎，其銘即前代之古文。下逮天水之世，始有專書著録。顧、劉、吕、黄、李、王、薛諸家之所訓釋，得失相半。我朝乾嘉以降，作者朋興，斯學益盛，而考釋尚沿宋賢之舊，訂正無多。直至吴䆴齋中丞、孫仲頌部郎始邃於往哲。今者古器大出，聞見益廣，遂有積薪之勢，非必今人之識賢於古人也」云云，惟影印條件不具，文字悉出摹寫。○本年文字共得七十四首，以金石跋尾爲多。古金凡二十三首，古石刻漢李固、魏石經《尚書》《春秋》殘字、晉左貴人、賈充妻郭槐下及魏、齊、唐、宋、金凡二十九首。傳與墓表五首——恩忠愍、辜鴻銘、葆效先初（孝哲后弟，户部尚書崇綺子，世襲三等承恩公，殉庚子難）、蒲圻張從祚（張國淦之祖，以衛鄉里被難）、藤田劍峰。記二首——六經堪（初以「魯詩」名堂，至是六經皆備，遂易此名）、雙鱅館（鄉人先後得大小兩鱅，皆商代物，以名館）。爲《遼居乙稿》一卷。

中華民國二十年辛未（一九三一）六十六歲

《元旦口占》七律曰：「二十年來國步頻，握蛇騎虎閱艱屯。低回苦憶承平日，遲暮俄驚大地春。尚有故人同漢臘，且斟柏酒誦皇仁。但期早勒湘江石，皂帽何妨老海濱。」再疊三疊，哀年望治，情溢乎詞，而所期云云，亦僅托諸夢想而已。弟子經自滬來，次韻和之，三疊爲答。子經自辛亥後雖與鄉人隔歲或數歲必相晤，然離多會少，故有「白頭兄弟嗟離索，安得聯床北海濱」之句。○赴津祝遜帝生日。○年來日本關東司令官新舊更迭來拜者，鄉人輒與論東亞大勢，以中日唇齒，辛亥後禹域擾攘至今，但有以「興滅繼絶」屬望貴邦。彼聞而有會，私喜可與謀，初不悟日帝侵略我國東北早蓄野心，正苦無可藉手也。四月，長孫繼祖授室蕭山陳氏。冰人海寧沈端臣繼賢。再赴津謁遜帝。已又之奉天、吉林，皆有所謀畫。○秋，升吉甫卒於津，年七十四，往哭之，有挽詩五律四首。○草《集蓼編》。自敍生平以示子孫（後六則爲壬申正月續記）。○於寓舍後復賃地二畝，築樓三層，專貯藏書。○柳條溝事變起，鄉人凡六渡遼與日方往復磋商，決迎遜帝莅東。鄉人至津面奏，遜帝意動。十月二日，遜帝與鄭蘇龕及其子讓于垂微服乘日輪渡海。行前恐受阻撓，雖陳傅及近臣皆不以告。初意徑至奉天，後始知至營口即登陸，暫駐湯崗子對翠閣，日方預有佈置也。旋移旅順，初駐大和旅館，後移居肅邸。當初議時，鄉人聲明政體仍爲大清帝國，行政權自主等項。日方急於爲魚求餌，又以鄉人可欺以其方，皆漫諾焉。日方派代表至津，遜帝亦堅以政體主權爲言，而鄭蘇龕恐鄉人專功，攘臂其間。其隨遜帝初至旅順也，遲遲不得結果，甚懊喪。據陳仁先曾壽日記：「(鄭)言我賣屋得多金，本是一極舒服人，每月賣字有千金之入，今全擱淺，損失不貲。」意欲回津。仁先謂其前之邁往(指贊遜帝東行)與後之沮喪可笑。其對陳傳則言「此事是羅叔言辦壞，將從此不管」。陳傳責之，謂此豈羅一人之責，汝不管，何以對「上」？及日關東軍參謀板垣者見遜帝，露擬建滿蒙共和國總統制意。遜帝執不可，而蘇龕則極力主張，興高采烈。板垣勸駕兩次皆被拒，幾成僵局。蓋至是日方利蘇龕之熱中易與，遂轉向蘇龕而棄鄉人弗顧矣。鄉人憂懣致疾，患呃逆甚劇。遜帝臨視慰藉，有詩紀事。鄉人《集蓼編》記此事，但咎「不意於政體忽生枝節，事機不順」，實則鄉人昧於當時世界局勢，又不審彼己，同枕異夢，迷離撲朔，演成此奇局。日方固早有安排，蘇龕又自任「包辦」(按：「包辦」兩字乃蘇龕原話，見陳曾壽、曾矩《局中局外人記》，《文史資料選輯》第十九輯。今前後凡涉此事大半取材該記，不一一注明)。遂使鄉人始終蒙在鼓裏不自知耳。歲暮，鄉人疾略瘥。○本年成《貞松堂集古遺文補遺》三卷，總得三百餘器。以摹寫不如影照之逼真，將來擬綜著録者影照精印，匯爲一編。又古器物中器小無文字難得主名者，鄉人歷年注意考訂，隨筆記録，至是成帙，輯爲

《古器物識小録》一卷。文有《漢石經魯詩唐風殘字》《明重修得勝廟碑》跋。

中華民國二十一年壬申（一九三二）六十七歲

正月，遜帝在旅順。十二日，日軍部召開會議於奉天，指定蘇龕父子爲代表參與。遜帝加派鄉人，並親書必須維持帝制理由十二條交軍部。乃會開，鄉人不得與。蘇龕於遜帝傳語一字不提，大言：「皇上的事，由我包辦，無所不可。」其子語板垣：「皇上是一張白紙，由你們軍部愛怎麽畫均可。」十八日，板垣至旅順親見遜帝，爲避「共和」及「總統」，議以執政名義爲過渡，徐議國體。遜帝言：「鄭垂赴奉之前，説非大清皇帝不可，及歸而全變，極力勸我將就。不知進退兩難之時，即百鄭垂何濟於事。板垣之言直是哄三歲孩子的話，太無誠意。鄭孝胥説要十分相信日本人，不可稍存猜疑之見，始可做事而不傷感情，却不管人家對我有無誠意。皇帝稱謂是祖宗所留遺，非我一人能取消。」派萬繩栻明晨以此復板垣。明日，板垣語萬：「此次東省事，非皇上出來不可，前在東京見天皇，一力擔任，若做不來，則軍部全體須辭職，於皇上恐有最大之不利」云云，語帶威脅。遜帝以諮衆。蘇龕力慫，幾欲拂袖，鄭垂泣涕跪請，鄉人疾首蹙額謂箭已在弦，惟有勉應，姑擔任一年，如不能達救民初衷，再謀引退。遜帝首肯，事遂定局。尋日軍部求以蘇龕爲總理，又以擬各部院長名單上，言用人之權在執政，原不能干預，此特備考。實則用人之權全在軍部。（按：遜帝此刻受板垣及鄭父子内外脅制，岔無可泄，對陳仁先説：「此人（指鄭）心粗膽大，有進無退，如何能做總理。只想自己做官，除打電報叫兒子孫子外，無他事。鄭垂荒謬已極，簡直非人類，其父親大約未曾教訓過，負我數年之心。」)醜詈至此，當時心情可見！後來寫《我的前半生》，筆下於鄭、羅顯有軒輊，惟於此事獨存直筆，殆當日情景未忽忘也。《局中局外記》有仁先致胡愔仲嗣瑗一函，述此事經過云：「鄭一昧敷衍，不傳本意……叔言此時頗持正論，而已無及，但頓首自咎而已。」三十日，遜帝赴長春，鄉人及子福葆隨從。先至湯崗子宿對翠閣。〇三月二日，至長春，三省代表來迎。三日，遜帝就執政禮成，舊臣别爲一班，乃行三跪九叩禮，莫不感傷流涕，有嗚咽幾失聲者。鄉人賦詩紀事，中有「再列朝班泣涕漣，貞元舊侶總華顛」之句。被任爲參議府參議，出自日本軍部。鄉人早啟遜帝以新國肇建，宜崇獎廉退，抑止奔競，願身爲之倡。遜帝韙之。具呈懇辭，略云：「□□以庸愚之質，負疚之身，侍從左右，所堪自信者，進禮退義，不敢縈情利禄，負其初心。設竟貪天之功，素餐尸位，盡棄平生所守，則於國無裨，於己有損，甚非翊贊新猷之際所宜出也。用敢瀝陳下情，籲懇收回成命。」五日，奉指令：「呈悉。開基創始，首賴賢豪，期共濟夫艱難，本非强以利禄。乃該員風高肆志，意切辭榮，陳請再三，重違雅尚，著如所請，開去參議之職。所望毋秘爾音，不我遐棄。司農講學，仍時奉以周旋；弘景高居，常不間乎咨度。其爲裨益，豈獨在予。」(此陳仁先筆，見《局中局外記》。)尋又任爲臨時賑務督辦，亦非遜帝意，鄉人不就，亦不辭。鄉人既不受職，遜帝仍命常在左右，未敢遠離。時福葆任秘書處秘書，遂於東三道街賃宅。鄉人常往來長春、旅順間。〇四月，至齊齊哈爾。五孫紹祖生，福葆出。○十月，長曾孫安國生，繼祖出。○本年得詩三十首，編爲《遼海吟》一卷。鄉人自以不工韻語，有作不存稿，隨棄去。此編識語，以爲「衰年望治，譬之蟲鳥之吟，志身世之悲而已」。○文有《斗南存稿序》、《帶存堂集跋》。

中華民國二十二年癸酉（一九三三）六十八歲

兩年來，鄉人雖僕僕道途，未嘗廢書。每披覽新出石刻墨本，輒事鈎考爲之跋。○二月，檢篋中《經義考補目》舊稿，重加校讎。於原書外誤處隨筆記注，録爲《校記》一卷。端陽，兒孫編已巳以後文字成帙，凡四十四首，中列未收舊作四首，鄉人署其端曰《松翁未焚稿》，自識曰：「年六十八矣，平昔所懷，百不償一。皓首遯荒，仍終日蜷伏書叢，虚耗歲月，固焚棄不足惜者也。」與近年增訂舊著及新著——《漢石經集録續補》、《增訂麴氏年表》、《高昌磚録》、《增訂唐折衝府考補》、《遼帝后哀册文録》、《雪堂所藏古器物圖附説》、《上虞羅氏枝分譜》、《本朝學術源流概略》、《金州講習會論語講義》，共十種，匯爲《遼居雜著乙》編印行之。又就篋中丹徒劉氏、天津王氏、四明馬氏、北京大學所藏甲骨墨本，爲前後編未及録者，約三千紙，遴選其三之二，成《殷虚書契續編》六卷，寄海東精印，並擬於假日爲之考釋。《集古遺文》既爲《補遺》，至是又輯《續編》三卷，亦得三百餘器。柯鳳孫卒於北京，年八十四。○六月，監察院院長缺員，遜帝以命鄉人。辭。傳諭不許，且趣視事。不得已就職，有《就職宣言》及《申告本院僚屬文》。○内閣大庫史料鄉人已整理者，千之一耳，限于人力資力，願不克償。除在津一部分携來旅順外，其寄北京僧寺之大部則以一萬六千圓讓與德化李木齋盛鐸。後李又轉讓與歷史語言研究所。携來部分，鄉人在津時曾選藏其菁華，餘概塵封如故。是秋得資，乃于旅順故肅邸設庫籍整理處，延松崎、柔甫鶴雄及何益三主其事，招處員十餘人從事整理，福成、福頤協助編目。〇十月，滿日文化協會成立，鄉人被任爲常任理事，倡議集資影印清列朝實録。内藤湖南時爲日方理事，首附議贊同，乃得印行。〇十二月，四孫女瑞生，福葆出。〇本年影印《清太祖實録稿三種》，皆出大庫。三種者，初修、再修、三修，文字有詳略，譯名有同異，雖殘猶可供稽考。

中華民國二十三年甲戌（一九三四）六十九歲

正月，改行帝制，鄉人充大典籌備委員。福葆任尚書府秘書官。〇五月，長曾孫女允康生，繼祖出。〇庫籍整理處刊《大庫史料目録》，中有《順康兩朝會試硃卷》一項，凡四科，計姓名完具者百三十有六，失姓名者六十有一，失姓名且殘損者二十有四。據《養吉齋叢録》，鄉會試卷向貯南庫，積久至不可容，嘉慶庚午（一八一〇）奏請焚之，則此諸卷，嘉慶之焚餘也。既編目，其姓名完具者，據《進士題名碑録》著其籍里仕履於下。鄉人更據以考清初會試制度補正前聞，别爲《順治康熙兩朝會試制度考》附焉。〇六月，上《請釐正法律行政之不當疏》。逾月，再上《綱紀不可稍弛疏》。又上《請罷黜不職自微臣始疏》。〇九月，六孫緒祖生，福頤出。〇輯去年端陽以後迄今年九月文字得八十二首，顔曰《車塵稿》。其中《古文間存於今隸説》發端於撰《殷虚書契考釋》時，沈子培詫爲乾嘉以來言小學者所未知，慫恿專作一文，諾久未踐，至是始成之。《明將黄龍咨朝鮮文》、《明封琉球中山王敕》、《諸貝勒擁戴太宗誓詞》、《崇德四年禁丹白桂示》、《攝政王安民令旨》、《議定阿布泰等罪狀奏》、《捐金修明陵詔》、《御賜王承恩碑文》、《孫廷銓乞病呈文》、《蘇禄國 暹羅進貢表文》、《乾隆割辮案》，皆大庫中重要資料，鄉人一一稽考作跋，大者可以訂史補史，小者亦關一朝典制。宋棗木本《蘭亭跋》，出河北宋鉅鹿故城，木質堅好，兩面刻，歐柳摹本，藏定海方氏。宋岳珂手書《宸翰録卷跋》，鄉人丙寅歲得之滬上。取校《金陀粹編》，文字頗有異同詳略，但有可勘正《粹編》處，惜後跋全佚，不能知其流傳之緒矣。《遼妙行大師碑跋》，石原在北京，畿輔、順天兩《志》失著。數年前爲某軍人運至奉天，欲磨礱充石材造墓未果，歸博物館後始得拓墨。大師蕭姓，后族也。他尚有唐墓誌跋三十三首，與《漢石經殘字集録又續編》、《唐折衝府考補拾遺》、《古器物識小録》合印爲《遼居雜著丙編》。《俑廬日札》，近日東莞容氏重印於北京。鄉人閲之，以海桑後，故家文物已多轉徙。十月，更據所見聞改訂之。又輯《百爵齋叢書》十四種，中《應用碎金》、《忠烈實録》（記楊璉事）、張瑋《如此齋詩集》出内閣大庫，陸師道《尚寶遺文》、符曾《霜柯餘響集》出手迹，《萬季野遺文》出傳鈔。《蒿庵集捃佚》乃鄉人據元和惠氏、璜川吴氏藏鈔本與刊本比勘，凡補文十首，詩九十首。〇本年内藤湖南卒，有祭文。湖南與鄉人同歲生。

中華民國二十四年乙亥（一九三五）七十歲

六月，七十生辰，遜帝賞「樸學忠謨」匾額、「鄉學淵源追晦木；朝端風誼抗寒松」楹聯、壽佛、文綺、如意。賦詩紀之。○夏，永吉孫曉野常敍以所著問業。輯印《貞松堂吉金圖》三卷成，蓋居遼六年所得，凡三代器百餘品，秦漢以降器數十品。若庠氏之鑰、中鑵之蓋、魚鼎之匕、瓯量、郜權、馬節、馬銜、酒𦉜、金馬書刀，皆前人所未睹，考古所取資。自序謂：「予於古文物適然而得之，亦適然而存之，莫非任之自然，視世之計取力營爲有間。」○九月，五孫女瑩生，福葆出。再從弟振宏挈其長女昌雯、次女昌霦、長男昌震、次男昌霈來旅順暫住。○十月築長春東順治路（今爲東中華路）宅成。○本年上《大臣違法溺職疏》，又有《乞休》兩疏，遜帝慰留。○庫籍整理處刊《史料叢編初集》十種，《二集》十二種，明季及國朝《史料零拾》各若干種。

中華民國二十五年丙子（一九三六）七十一歲

《元日口占》：「憂時歌哭初何補，夢裏昇平倘可憑。」《答夢虛老人》：「彼蒼倘畀彭聃壽，應見黄河一旦清。」殷殷望治，猶前志也。○鄉人得清內府精寫本《皇清奏議》六十八卷，起順治元年訖乾隆六十年，《續編》四卷，起嘉慶元年訖十年。其書舊有活字本，無續編，又魚豕觸目，乃重寫上石。本年三月工竣。○鄉人在海東日與王静安論考釋古彝器文字，以爲宜爲《通釋》一書，約分邦國、官氏、禮制、文字四類。試舉其凡，如古器中國名「燕」作「匽」，「鄭」作「奠」，「祝」作「鑄」，「滕」作「賸」，「薛」作「辥」，「莒」作「簷」，「邾」作「鼄」，「邶」作「北」，與《左》、《國》諸書不同。又如官名司空之司工，女姓之任本作「妊」，「隗」本作「媿」，「已」本字作「妃」。又金文所載射禮足考證《戴記》。文字之蕃變通假正俗，多可訂正許書。静安欣然，方擬從事而遽應歐人聘，返滬上。以語沈子培，沈亦亟盼其成。已而静安書來云：「滬上集書難，求如曩在大雲書庫左右采獲不可得，不如先將尊藏墨本無論著録與否，先薈爲一編，即此求之，不煩他索，則成書較易矣。」鄉人韙其言，迄蹉跎未果從事。至是念齒逾七十，今我不作，來者其誰？乃發憤命福頤就所儲墨本全部，分類督工寫影，編爲《三代吉金文存》二十卷。重九竣工，寄海東精印，以償夙志，而《通釋》之作，尤非旦夕事也。○歲暮輯《明季遼事叢刊》四種，其中藍印本《海運摘鈔》雖似未成之書，然載登津餉遼案牘至詳。司海運者，登萊巡撫陶朗先也，陶以忤閹死。《海運摘鈔》爲未成之書，且人間孤笈，鄉人以原本歸其後人陶俊人昌善。○長孫女適山陰樊氏，婿豐齡，少泉長子也。赴滬就婚。○文有《漢石經周易家人至小過殘石》、《甘茶居士小象卷》跋。

中華民國二十六年丁丑（一九三七）七十二歲

三月，辭官獲准，賦詩二律紀事。又有《還山口占》四絶句，其三云：「小築書樓已六年，雕蟲歲歲守青氈。傳家素業今三世，此事差堪慰目前。」蓄藏書無恙，庋置有所，子孫中有能讀者，故鄉人引爲目前之慰藉也。自是遂退居旅順，杜門習静，仍以著述自娱。每春秋佳日，必赴長春謁遜帝及與朋好話舊，留兩三月歸，迄易簀以爲常。○六月，六孫女琪生，福頤出，七孫女琳生，福葆出。○東北石刻前人罕著録者，楊賓《柳邊紀略》録金《完顏婁室神道碑》爲見著録之始。嗣是曹廷杰於特林得明初永寧寺二碑。盛昱命京估李雲從拓輯安之高句驪《好太王碑》。長順修《吉林通志》訪得《金得勝陀頌》、《完顔希尹神道碑》、《曹道清碑》。劉含芳於旅順口得唐敕封渤海使崔忻井闌題名。吴光國於輯安板石嶺得魏毌丘儉紀功殘石。于是稍稍流傳人間。鄉人於内藤湖南許見義縣魏營州刺史《元景造象記》，亟遣人往拓墨，又得《韓貞造象記》以歸。不數年，林東遼慶陵出諸帝后國書漢文哀册，當道移置奉天。契丹國書久絶天壤，故學者尤珍異之。鄉人篋中諸拓畢備，乃命福頤創編爲《金石志》六卷。其非東北金石若清熱河行宫所藏古彝器與夫鄴下、洛中石刻之流入東北者，則爲《别録》二卷，先後成書。鄉人皆爲序而刊之。○本年著書凡三種，一、《敦煌出姚秦寫本維摩詰經解殘卷校記》。該卷原藏江陰何氏。姚秦書迹罕傳，體近分隸，又頗似《鄧太尉祠碑》。别構字如「就」作「就」，「髮」作「髪」，「攝」作「搡」，「耶」作「躭」……即六朝碑誌中亦罕見。鄉人珍爲所藏古卷軸中逸品，顧未知作解者誰？檢日本明治小字《藏經》中僧肇《維摩所説經注》比勘，始知此解實出僧肇，解中有什曰、肇曰、生曰者，什爲鳩摩羅什，生爲道生，知其本乃後人集三家注而成。鳩摩羅什譯此經時，肇實佐之。其人善言名理，文亦暢達，爲彼教中什門四聖之一。鄉人以藥裹餘閑，細加校理，知肇注此有而《藏》本佚者百六十餘則，肇注誤爲什者三，肇注中有脱句者三，他人注混入肇注者一，寫爲《校記》一卷，存肇注真面目。書成後，日本小野博士玄妙寄《大正藏》所舉寛永十八年刊本及平安時寫本至。取勘兩本，書名雖異而肇注並與寫本合，無奪佚。二、《唐書宰相世系表補正》。

鄉人每得唐誌，輒取《表》讎校勘補。唐誌出土逾千品，積久遂夥，至是繕録成書。墓誌外輔以諸家文集，校以宋槧本，故名「補正」，不作「考證」矣。三、《唐代海東藩閥誌存》。唐滅高麗，遺裔入唐，仍襲故爵。其傳世墓誌有百濟王子扶餘隆，高麗王裔慈、震，莫離支蓋蘇文子泉男生、男産，男生子獻誠，獻誠孫毖凡七，學者尚未甚注意。鄉人於舊有跋者增損之，無跋者補之，成此書。舊著增訂重刊者尚有《瓜沙曹氏年表》。

又：本年秋有闔家照像一幀，計二十三人。

中華民國二十七年戊寅（一九三八）七十三歲

春，輯《碑別字拾遺》一卷。○弟子經長女莊字孟康，事親孝謹，兼嫻文事，鄉人夙愛之。其詞爲王静安、况夔笙周頤所激賞。適吴興周子美延年。去年中日戰事起，滬上被兵，孟康避南潯。九月，戰火西延，江浙大震，孟康欲返滬而路已斷，倉皇携童稚避兵至距潯西北三十里之大唐兜者三閱月，雖歷險幸獲安全。○本年三月，鄉人迎之北來，留宿山齋數旬，贈以詩曰：「千艱百苦兵中來，握手悲喜顔爲開。三月音書斷魚雁，萬家劫燒成污萊。流離那計全性命，倉皇矧復携童孩。夜闌秉燭疑夢寐，爲言往事餘悲摧。」孟康和韻曰：「春風送我遼東來，陽和噓拂沉憂開。方寸俄如拔荆棘，此身詎異登蓬萊。量松種竹隨杖履，分梨得棗猶童孩。慈恩高厚那得報，深宵伏枕翻心摧。」孟康荏弱，歸未久而勞瘁致疾，鄉人爲致遼參。○鄉人於詩嗜陶、杜、白、陸四家，常欲輯録爲一編。以安化陶氏集注陶集甚善，無煩更作。長夏先手鈔杜詩，約之又約，得百餘首。付長孫繼祖輯録前人評注，顔曰《杜詩授讀》。入秋又續鈔陸詩二百餘首，爲《陸詩授讀》。○鄉人居遼後見聞苦隘。《漢石經集録》之成，賴四方朋好寄餉墨本，隨見隨加考録。自己巳七月至庚午六月，一匝歲凡成四編。其年閏月，復薈最爲一編，計得經、校、序記三千七百八十五言。明年辛未又爲之《補遺》。逾二年甲戌冬，爲《又續》及《續拾》。乃成書後仍續有見，以俗冗暫置之。本年八月，始取諸編補以新得未及考録者，計七經總得五千五百九十三言，校記一百八十言，合以序記，總得六千一百六十三言。十年所出，殆畢萃於是矣。鄉人屈計光宣以來海内文物之見人間者洹濱殷契、西陲簡軸、大庫史料並鴻都遺經而四。蓋炎漢今文之學絶於晉永嘉，至是始復見。遼人墓誌繼帝后哀册後續有出土者。鄉人跋賈師訓、韓椅兩誌，知《遼史》多訛誤，又知遼初佐命玉田韓氏一系疏漏至多，跋中歷舉八事，而《聖宗紀》誤椅名作簡。以《金史》有施氏詳校，《遼史》雖有厲氏《拾遺》、錢氏《考異》，尚無通校全史者，乃以此命長孫繼祖。本年冬，繼祖成《校勘記》八卷，欣然序以褒之。又輯丁戊兩年文字六十二首，益以舊日文之未入集者二十首，爲《後丁戊稿》一卷。稿中序跋之文爲多，其舉古金石文訂正許書及段氏《説文注》、吴氏《字説》者，有《釋止》、《釋行》、《釋奚》三首，舉傳世古器物訂正《説文》段注者，有《説文鐲鈴鐙鐃四字段注訂》、《説文錠鐙二字段注訂》、《鑾和考》三首。而石刻跋中有石趙泰武殿猿戲絞柱刻字，石趙石刻傳世者僅此。又有三魏碑，一、《太武帝東巡碑》，近年出于河北易縣猫兒窪，爲傳世魏碑之最早者。《水經注·滱水》篇著録，謂之《御射碑》，惟闕佚過甚。二、《南石窟寺碑》，近年出甘肅涇州。穹碑巨制，竟體尚完整。書迹朴厚從分書出，似《中岳廟碑》。三、《韓貞造象記》，出義縣石窟。韓貞名下有「尉喻丹使」字。按《魏書·契丹傳》，契丹以太和三年率其部落三千，衆萬餘口，驅徙雜畜，求入内附，止於白狼水東，自此歲常朝貢。貞似即奉命慰喻之使者也。又以壬申以後詩十五首，附《遼海吟》後。乙亥以後之詩卅三首，别輯爲《遼海續吟》。〇鄉人所藏歷代名人書畫，除在海東時編印山水畫爲《南宗衣鉢》，人物畫爲《廿家仕女畫存》外，去年又精選歷代名人法書三十九種分爲貞松堂、百爵齋《名人法書》兩部，寄海東精印，字迹如原大。至本年冬先後成書，部各三册。〇福葆補宫内府内務處長。

中華民國二十八年己卯(一九三九)七十四歲

春，患頭眩，久之方癒。病中惟以展閲石墨遣寂。念景迫桑榆，《寰宇石刻文編》之作，必不克就，乃隨筆疏記新舊石刻之轉徙存佚與平日見聞，雜以考訂，於未經著録及佚石孤本，並録其文字，日三四則。久之成《石交録》四卷。〇次曾孫女允宜生，繼祖出。〇六月，七孫希祖生，福葆出。〇秋，影印舊藏葉石君藏原本唐《王居士磚塔銘》。〇本年影印所藏敦煌石室秘籍爲《貞松堂西陲秘籍叢殘》三集亦竣工。計《初集》十九種，《二集》七種，《三集》九種。《初集》爲經注、曆書、醫方、卜筮書、户牒、佛曲之屬，《二集》爲道經，大抵出魏晉六朝隋唐人手，間有與《敦煌石室碎金》復重。蓋鄉人歷年辛苦所搜聚者畢在是矣。○文有《長白榮氏冠斝樓吉金圖序》,《魏百峰山諸刻》《紀國陸先妃碑》《王居士磚塔銘》諸跋。○是年新改訂潤例如下：

貞松老人潤例（原載《淮安報》一九八九・五・十九）

行書,直幅四尺對剖,每幅貳拾圓（五尺加半,六尺加倍）。

殷墟文,四尺對聯,每幅拾捌圓（五尺加半,六尺加倍）。

篆隸書,横額、齋榜,四尺對剖,拾伍圓（五尺加半,六尺加倍）。

篆隸行書,摺扇,每柄拾圓（小殷墟文字及小行楷加半）。

册頁,每尺拾圓（不及尺者亦以尺計）。

碑志題額,捌拾圓（拾字外加倍）。

卷册署題照五尺直幅,書衣封面照四尺直幅。

以上若需雙款,均照例加倍,如有指寫大篆小篆及隸書幅者,均照例加半；點景不書,來文不書,十枚以上字極大極小不書。

潤資先惠,約日取件,磨墨費加一。

按：　此乃第三次改訂,久佚,頃從劉德隆表甥處得之,補入。

中華民國二十九年庚辰(一九四〇)七十五歲

正月,影印日本小川氏藏日本古寫本《華嚴經音義》,書迹甚古,中夾倭名,知非慧苑書。○八孫女琨生,福頤出。鄉人自七十後體氣漸衰,冬季感寒喘咳,彌月不瘳,行二三十步即覺胸痛,又時時患失眠,疾乃愈深。顧讀書不爲止,力疾以宋本《廬山記》與元禄本、閣本互勘,成《校記》一卷。○春初微感風寒,纏綿未癒,至二月中旬突轉肺炎,承祖割臂肉煎藥以進。漸癒,乃五月中旬復發胸痛宿恙,旋作旋止。病中自挽有「補天浴日竟何成」語,引壬申之事爲畢生之疚也。十三日,金州門人孫玉良寶田來候,尚從容酬對。入夜疾作,心痛頓劇,呻楚達旦。醫來已救治無及。延至翌晨巳刻,遂易簀。子孫侍側者惟福成、承祖。福成出嗣長房,福萇先卒,遂以福葆嗣子承祖承重。遜帝飾終,派掌禮處長張允愷奠醊,賞陀羅經被,賜祭、賜祭桼料、賜誄、賜謚。以南中兵燹未靖,不克歸葬先壟。子孫遵遺志,擇八月二十八日寅時卜葬于旅順水師營西溝屯西南山之原。○明年辛巳(一九四一),門人淮安周作民維新出資爲刊《貞松老人遺稿甲集》八種:《後丁戊稿》、《遼海吟》、《續吟》、《俗説》、《干禄字書疏證》、《廬山記校勘記》各一卷,《石交録》四卷,《集蓼編》一卷。癸未(一九四三)迄丁亥(一九四七),福頤於奉天節縮衣食,先後刊《乙集》五種:《墓誌徵存目録》、《大雲書庫藏書題識》各四卷,《增訂漢熹平石經殘字集録》二卷,《貞松老人外集》四卷,《魏書宗室傳注校補》一卷。《丙集》二種:《松翁剩稿》二卷、《宸翰樓所藏書畫目録》一卷。

附一　永豐鄉人逸事

鄉人曾祖希齋公，以佐鹽河幕積俸入從事懋遷，獲利鉅萬。晚年僑居清河。祖翼雲公以咸豐二年十月卒於高郵州任所，繼祖妣方太淑人傾俸餘置宅於淮安河下羅家橋，並置灘地二十頃，延師課堯欽公兄弟。四年五月，希齋公卒，諸子不肖争遺産，太淑人讓産不取，於清河縣立案。十年，羅家橋宅燬於兵，乃別於郡城買更樓東趙姓宅，鬻河灘墾地置山陽田産。太淑人主家政，御下及訓子孫以禮，閨門雍睦，不惡而嚴。鄉人自幼目不覩虓暴，耳不聞鄙倍，日處春風化雨中。及家境中落，堯欽公捧檄應官，鄉人佐母范太淑人支拄家計。太淑人矢死守遺産，履境殊艱。及鄉人出遊四方，廉俸所入贍家而外兼以償債負，債負甫償而太淑人卒矣。太淑人性慈祥，見人有急難雖典質俱窮亦必思所以拯之，鄰曲以困窘告，無不勉應。有服毒捐生者，命鄉人預儲藥以待，雖深夜必令親往，歲必活數人，故歿之日，鄰右莫不哭失聲。

田産爲維生計不得不有所割棄，其典質之田，比太淑人卒前已先後贖還。其時庶母庶弟皆在淮，倚之資生。及鄉人居海外，念爲家督者已三十餘年，思息肩，乃於民六丁巳春處理淮安家事。一，另選接管之人或諸房共管。二，遵方太淑人遺命，以西黄租金作祭田。三，遺産六房分攤，鄉人一份推與諸房。四，方、范兩太淑人劬勞未報，擬合祭田所入及老屋租金爲將來改建老屋爲祠堂之費。命長子福成赴淮傳達。後建祠事以有梗議者迄未果，鄉人畢生以爲恨。

鄉人外祖山陽范詠春以煦，道光甲午諸生，癸卯優貢，咸豐己未副榜，受知督學使者祁文端雋藻，文端至以何願船秋濤、張石舟穆相況，何、張名滿天下，而詠春名不出里閭。嘗痛志乘失修，著《淮壖小記》、《淮流一勺》、《楚州石柱題名考》（皆巾箱本，傳本已稀，惟末一種有民廿三福山牟氏石印本），甚精審，他遺著多未就。鄉人見其手稿數十册皆博覽之餘隨筆疏記者。年未五十遽卒。王氏《山陽續詩徵》録其古近體廿三首。鄉人幼年即喜事考據，未必不導源於此。鄉人曾病當塗馬鶴船壽齡所撰詠春墓志未能闡發其學，欲别作一傳，今馬志未見，鄉人之傳亦迄未成。

鄉人篤内行，范淑人臨殁，託以寡母。謂雖有兩弟必不克負荷。鄉人謹事范母如母，三十年如一日，殁爲作傳。淑人兩弟，長緯君，次恒齋，鄉人提挈之惟恐不至。緯君頗蓄古泉幣，刀布圜錢至千品，後盡鬻以償博負。隨鄉人左右，有急必助之，有過亦不寬假，晚竟潦倒以終。長子尤不肖，幾至鬻妻女，鄉人聞而亟迎其妻與子女來旅順，待如家人，復以資嫁其女。恒齋爲鄉人市甲骨於安陽，故鄉人常以訪求古物委之。民初，董授經長司法，恒齋從之得官，終亦貧困潦倒，以客游死贛江。緯君三子，以禄最醇謹，依鄉人多年，資以餬口，現其子孫蕃衍，卓然有以自立，此鄉人内親也。他故舊之以急告者，鄉人蔑不應，何益三、王小山，鄉人姊若妹夫也，邱子良，門人也。垂老艱食，皆遠來依鄉人，鄉人慨然爲謀升斗。大連墨緣堂之設，執事者大半爲變象之食客焉。

鄉人嫉惡素嚴，故交游寡，海桑以後益孤峭，董授經曾同旅京都數年，未嘗稱同心。族弟振方仕民國躋通顯，鄉人鄙之不與通，後謝事同居津沽，竟不敢通謁，或謂有似於趙松雪之於子固，然子固與松雪年不相及，子固未及見松雪仕元也。鄉人寓津沽日，鄞馬叔平衡任北京大學教授從鄉人治考古學甚勤，及甲子逼宮，馬出任故宮博物院委員，因宗旨不同，遂割席，其凡將齋遺著出馬身後編刊，遂不及鄉人一字。

鄉人性峻急，平日處置家事，家人一遵指揮，無敢違者。當官有理劇才，風行雷厲，所至稱治，惟皆不久於位。京曹六年，持議每與當道忤，不能婞婗隨時態，惟張文襄能左右之，其補參事官及長大學農科，皆出文襄旨，其救大庫史料亦首得文襄贊助。及分督大學農科，宜稍得展布，乃事權不屬，隨同畫諾而已。榮相國知鄉人恬退非矯飾，然用之未能盡其才，欲以國子監丞畀之，以式多士，未果授而值國變。使鄉人嘗蒙民社之寄者，臨危必授命矣。不忍見而竄身域外，遂肆其才力以著書。民三甲寅一歲即著書十五種，民四乙卯十一種，民五丙辰十種，民六丁巳五種，民七戊子七種，以後歲必成書二三種或八九種，直至易簀不輟，刊書更不可勝計。故沈乙盦嘗語鄉人：「分公才力，足了十人。」蓋能知鄉人者。

鄉人素以濟物爲懷，屢辦賑，凡海内有善舉無不預。丁丑，日寇掠京口，邑紳鮑氏所辦完節堂中孤嫠幾罹强暴，主事者鮑君敦典長敍冒白刃力争，闔堂得全，而堂中恒産悉没，無以仰給。鄉人在病榻中聞之，亟寄資維持，時南北匯兑阻絶，乃託人輾轉匯致，久不得報，彌留猶念之不置，後終得達。旅順漁民王某者溺死，遺孤寡數口無顧䘏者，鄉人聞而月致饋，賴以存活。先後數年，比鄉人在殯，有伏地痛哭者，王氏母子也。及光復，子女皆長足衣食矣。

鄉人與王静安先後被遜帝召直南書房。王出升吉甫薦，鄉人度亦出升薦，曾面質，升堅不肯承。鄉人既屢與升聯名上書，遜帝師保左右嫉之甚。及遜帝出居日使館，諸人議論紛紜。升自津扶病趨謁，贊鄉人議，羣遂指目爲朋黨，鄭孝胥且悻悻南歸。及遜帝蒞津，租張園爲行邸，時園歸粵商，鄉人與同直清遠朱聘三汝珍共經手，某某乃藉端媒蘖，計得售，遜帝漸疏鄉人。顧問之授，外示尊崇，實遠之也。

鄉人性質直，疏於防小人，一言契合，信之不疑，蓋君子可欺以其方也。事非一端，今舉兩事：一，臺人謝介石，曾預丁巳之役，固儼然以遺臣自命者也。鄉人與周旋累年，未悉其底蘊，第病其好狹邪游耳。當與日軍部折衝，謝亦參預，私相締約，鄉人聞而峻責之，謝力辯，後遂避面不見，及日軍部發布僞官僚名單，謝赫然外交部長也，自是遂與之絶。二，京師人張福者，民初充部胥，素狡黠。遜帝初蒞東，張夤緣入執政府供洒掃役，遜帝曾命其服役鄉人左右，小忠曲謹得鄉人歡。後以老退，鄉人憫其窮老無歸，召來旅順，令主墨緣堂事。張遂擅威福，他人漸被排擠。及庚辰鄉人謝世，張益無忌憚，乾没公物無算，幾視店若己家，家人以碍於「父之政」不敢問。乙酉光復，張老病又染煙癖，踉蹌出行，斃於道。

鄉人於文不揚宗派之波，惟酷嗜汪容甫文，平日爲文擬之，文取達旨，不尚華藻，人或評以淡雅，鄉人固未嘗措意爲文也。

鄉人書，早歲即學顏平原，故於顏碑善本搜討最備。光緒庚寅，鄉人年廿五，有日記一帙（已佚），記日臨家廟碑數十字爲日課。早相習者每謂鄉人於書具宿慧，下筆輒工于人，不盡由功力中來。鄉人研金石之學，至老不倦，故書亦與年俱進，嘗謂澤古深者書自工。每鄙時人之務爲跳蕩醜怪，自詡高古，實乃中不足而矯飾於外者。初習金文及小篆，後見殷契遺文，遂一意模擬，得其點畫之妙，他人莫能及。晚年鬻書，悉以契文應之，間作金文，小篆轉不可多得矣。平日作字多行草，屬草不擇紙，多用牘背，字小如蠅。楷書局勢如平原，顧不多作。隸法《張遷》、《華山》、《禮器》、《西狹》、《史晨》諸碑，題臨張遷碑條幅曰：「兒時習張遷頌，頗見賞於儕輩，今日復臨，始知往昔全無合處，一藝之難如此。」乃丁巳年筆也。晚摹關中新出土《朝侯小子碑》，以爲如精金良玉，無纖毫浮漲氣習，初學宜從此問津。

鄉人早擅篆刻，不依傍前人，惟規模秦漢而能自出機杼，古趣盎然。早年訂有刻印潤例，晚歲遂不復作。於近人刻印頗推重趙叔孺時棡。

鄉人體不健而精力絶人。早歲以劬讀及理家務，勞瘁多疾，故中歲頗注意攝生，其攝生在慎食節欲，而不以習内功及窮口體之奉爲事。平日自奉不過四簋，被服儕於寒素，蓋以不戕生爲養生也。痛惡鴉片及賭博，煙具、樗蒱之具不許入門，子孫兢兢遵守勿怠。晚年子孫中有稍縱逸越繩尺者，鄉人已老病不遑問矣。

鄉人序《殷虚書契前編》曰：「此刻辭中文字與傳世古文或異，固漢以來小學家若張、杜、楊、許諸儒所不得見者也。今幸山川效靈，三千年而一泄其秘，且適當我之生，則所以謀流傳而悠遠之者，其我之責也夫。」又序《後編》曰：「天不出神物於我生之前、我生之後，是天以畀我也，舉世不之顧而以委之我，此人之召我也，天與之，人與之，敢不勉夫！」識者韙其言非夸曼。蓋殷龜之出，首歸王懿榮，次歸劉鶚，王、劉皆嗜古而未加探研，《鐵雲藏龜》之輯印尚出於鄉人之慫恿。孫詒讓據以作《契文舉例》，爲斯學大輅之椎輪。當時國内非無博識且强有力者，乃皆不肯一顧，獨鄉人以一己之力搜集之，氈墨之，輯録之，考釋之，噭然號於世人，世且有誣爲作僞者。相助爲理者惟海寧王氏。以初刊《考釋》出王氏手寫，世人遂疑稿出于王，不見書中凡引王説皆作「王徵君曰」，鄉人曷嘗掩王説爲己説耶？王作《殷禮徵文》十餘則，自以畸零不能成卷，以畀鄉人，謂將來可加入增訂《考釋》中。鄉人未納，及王故，爲輯遺書，仍以刊入《遺書》中，不掠人美，外人無知之者。

鄉人既成《殷虚》前後編、《考釋》及《菁華》、《器物圖録》、《待問編》諸書，繼此不復有作者：一，殷契日出，世人既知，於是求之者衆，又多流入域外及傳教士明義士諸人手，鄉人不得見。二，鄉人縱有見，而返國後塵事膠擾，不復如在海東時之閑豫。《續編》六卷之行世，皆就篋中舊儲丹徒劉氏、哈同氏、天津王氏、四明馬氏、北京大學、南陵徐氏所貽墨本約三千紙，遴選其三之二，剪綴成册，編次草草，已著録者往往羼其中，未加勘校，經人指出，《考釋》則未暇爲也。蓋至是鄉人考釋之興漸闌珊矣。初遷旅順之歲，中央研究院發掘殷虚，容希白與南陽董彦堂作賓來擬請鄉人預其事。鄉人以發掘必由政府主持，已爲世外陳人參預未便，堅謝焉。嗣是歲月如流，南北分携，鄉人遂不復與容、董相見，及鄉人謝世，容固篤念不忘，董則作鄉人小傳，舉鄉人有功於文獻之犖犖大者。後來臺灣刊《羅雪堂全集》，未必非董有以啟之也。

《貞松堂集古遺文》十六卷，《補遺》、《續編》各三卷，乃鄉人歷年搜羅金文墨本之未經前人著録之總匯，《遺文》成於民十九庚午，《補遺》成於民廿辛未，《續編》成於民廿二癸酉，編鈔審釋之事一以委之兒曹。鄉人人事旁午，往返長春、旅順間歲輒三五。稿具，略一披閱，稍加改竄，即付寫官，故審釋文字不能如在海東時之綿密，有未覆檢前説而漫以入録致相齟齬，使人閱之不敢信出於一人之手者。楊樹達曾取與考釋比勘，輒生疑阻，其《積微居金文説》(四)《𩫖白厩毁跋》：

> 《貞松堂集古遺文補遺》(上)載𩫖白厩毁，銘文首云……□字：羅振玉釋作□，余按甲骨文有□字，羅氏釋爲《説文》之「尞」字，是也，而於此乃不知釋「尞」，何也？尤可怪者，羅氏釋甲文云：「古金文中𩫖伯厩毁中有□字，與卜辭同。」是明知此器之字爲「尞」字也，一人著書

竟自忘其前説，雖善忘不至如此。又觀甲文[illegible]字，羅氏既釋爲箙，而於本書所載参父乙盉之[illegible]字，佳作父己彝[illegible]字，並缺疑不釋。羅氏釋甲文之[illegible]爲「正」，而於本書乍父戊彝亞形中之[illegible]字不知釋「正」。羅氏釋甲文之[illegible]爲「系」，而於本書續編所載小臣[illegible]卣之[illegible]字，不知釋「系」。世間或云羅氏早年所著書多出王静安之手，而《貞松堂集古遺文》一書則成於静安死後，現上述數事竟與《殷虚書契考釋》之説全不相應，然則人言殆不誣乎？

又(六)《我作父己甗跋》注：

羅氏能釋甲文之[illegible]，而不能釋此鼎之[illegible]，人言羅氏著書多不出己手，殆可信矣。

又同上〔[illegible]父丁卣跋〕(《甗文卣跋》)〔一〕

《貞松堂集古遺文》第八卷載[illegible]父丁卣，銘文云「[illegible]父丁△」，第一字，羅無釋……甲文有此字，見書契前編(二)及(四)，形大同。《殷契文字類編》(十)釋爲「獄」是也。《類編》所記皆羅氏説，而羅於此乃無所言，知羅氏釋甲文之説不出本人，又得一證明矣。

楊氏揭出是也，惟緣此遂證成《考釋》出于王手，未免輕信流言，又謂羅氏早年所著書皆出王手，則更屬無稽。楊氏不悉内情，以致出此。然三人市虎，不容不辯。鄉人嘗議王氏《金石萃編》，端氏《陶齋金石録》、《藏石記》，出門人幕客手，故多訛誤，而已亦不免躬蹈之，蓋晚年精力苦不給矣。

大庫檔案，鄉人兩度保存，幸逃劫灰。後以整理之事殷繁，力薄寡助，不得已，以貯善果寺者作價歸李木齋，而已手所存僅編刊爲《史料叢刊初編》。僞滿時設庫籍整理處於旅順清理之，擇刊若干種，具見録中，其中滿文檔頗多，不能識，鄉人曾請恭次方正爲摘譯事由，同時捐出。近年大連市圖書館忽於滿檔中得曹頫獲罪事由，揭之報紙，爲治《紅》學者所樂道。予訝此檔何得在連館？後始悟鄉人初捐時爲滿鐵取去，某報泄露其上有「滿鐵」印識，當捐贈時，日人未敗，連館前身固滿鐵也，於是所疑涣釋。

鄉人在海東日有記，累十餘册，存四子福葆手，「文革」中被焚。晚年亦有日記數册，存長孫繼祖手，亦於「文革」中失之。鄉人所記雖甚簡，然究爲第一手，惜作此録時不獲參稽。

首爲鄉人作年譜者爲番禺莫榮宗，刊於臺灣《大陸雜誌》第廿六卷五至八期，後又附刊《羅雪堂全集初集》之後。即據鄉人撰著排比纂輯而成，於流俗讕言，不一採入，具徵莫君卓識，可稱鄉人地下知己。莫君本粵省某中學教師，近年棄教從商矣。

〔校記〕

〔一〕此篇題應爲《[illegible]父丁卣跋》。

附二　家人身歿年月名單

鄉人親族先於鄉人身歿者，具見録中，其後於鄉人身歿者，匯志於此，以代家乘，俾後人有考焉（所記年歲皆虚歲）。編者識。一九八九年四月二十日。

配丁淑人　歿於一九五九年己亥十二月七日，年八十六。

弟子經　歿於一九四四年甲申一月二十五日，年六十九。配張筠，同年生，歿於一九五八年壬戌，年八十五。

長子福成　歿於一九六〇年庚子一月十日，年七十五。

長媳何嘉森　歿於一九七九年己未十二月三十一日（類風濕關節炎），年九十五。

四子福葆　歿於一九六八年戊申十二月八日，年六十九。

四媳陳季肅　歿於一九八七年丁卯七月二十六日，年八十四。

五子福頤　歿於一九八一年辛酉十一月八日（骨癌），年七十六。

五媳商莒若　歿於一九六九年己酉十月二日（車禍），年六十四。

長女孝則　歿於一九四一年辛巳十月七日，年五十三。

三女孝純　歿於一九六九年己酉一月九日，年六十七。

長姪女莊　歿於一九四一年辛巳三月二十八日，年四十七。

三姪女守巽（原名慧）　歿於一九八九年四月五日，年八十八。

次孫律（原名承祖）　歿於一九七五年乙卯九月〇日（爲鄉民精神病者誤擊傷腦不起），年五十四。

五孫紹祖　歿於一九五九年己亥三月七日，年二十八。

六孫緒祖　歿於一九四五年乙酉〇月〇日（誤拾爆管傷腹，不救），年十一。

長孫女瑜　歿於一九七八年丁巳八月〇日（膽管癌），年六十四。

跋一

羅氏祖先原居上虞，後來旅外流仕於各地，各族中有所成就的不少，但總離不開學術官宦方面，像先高祖、先曾祖他們從浙江遷徙到江蘇蘇州、淮安、寶應，服務鹽務，從事鹽業，以及擔任州府知事或文墨事。後來我的先祖樹楨公在寶應落籍，先三伯祖樹勳在淮安置産卜居，直到一九四九年前，這一家族雖幾經轉徙，而淮安老屋仍無恙，現則不可問了。淮安與寶應原是一河之隔，是很接近的鄰縣，我們兩地羅氏，往還較勤，由於先父振宏公早年受振玉三伯及振常四伯的教導，關係較爲密切，以後先母早逝，故我承受振玉三伯照顧似乎比上虞老家的人爲甚。三伯爲了從事學術研究到上海，又因從政去到北京，我接觸三伯是在他定居旅順以後。

早年三伯勤於讀書，讀書有成，就想對當時積弱的中國，有以挽救。他主張務實，因此提倡農業，研究農學，因爲中國是個以農立國的國家。假使農事不能務實，國家便不能興盛。因此他就從根本做起，這是他書生報國第一步。在這方面他做了很多，如設法造就人才、翻譯了許多外國書籍，又設立編譯人才的養成機構，後來在學術上成就極高的王國維先生，就是他這時期的弟子。他與學報國，主張農業生産，爲當時許多友朋所重視，認定他是真正做學問而且是提倡學術的人，所以對他非常尊重而禮遇。後來當道中關心學術者，紛紛爲他推介，以此，他做了清廷的官。但從其年譜中看出：任何時期都未放棄學術研究，例如，我國佚失古籍的尋找以及核對、播印的工作，一直未曾停頓。幾乎每年都出幾部書。他自從就業以後所賺的錢，包括撰文的收入，統統買了書，從這些書籍中，瞭解了中國古代、尤其先秦的古器物和文字方面知識，也做了深入的研究工作，他研究範圍，逐漸擴大，甚至擴及考古、考證的研究。對於書法也不斷攻練，成爲書法家，他的篆書自具風貌，而對甲骨學的研究，可說是開其先河。他早年打定了踏實的治學基礎，而後又不斷學習，不斷從許多遺佚書籍中找到他做學問的素材，因此他治學有成，到了中年，就發揮得相當盡致。

他忠於國家，其時，當然是忠於清廷，目睹清政府遭外國欺凌，國力不振，民窮財困，官箴不修，他認爲應該由忠貞廉能的文人主政報國，此一志願，不久就告消失。因爲當時清廷實在相當腐敗，而民國成立後，軍閥當權，政客弄權，兩相勾結，國是日非，民不聊生，使他失望極了。而對清廷過去一統而治，又有所緬懷，希望恢復盛清的局面。這種觀念，固然屬於「愚忠」，但並非爲私人名位，他的志趣完全集中於文化，只要國家富强，文化興盛，他内心便告安愉。根據年譜所載觀其用心所在，當非一般人所可瞭解。今天，若以歷史判斷，他的一生對學術研究有極大成就，在文化上可説是位功臣，而在時代政治潮流中，是一個受淘汰者。他本身賦性恬淡，不是從事名利權位之争的人。年

譜記載得相當清楚：他只希望國家興盛、富强，中華文化纔能光大遠播，他的唯一志願，也只是如此！（下略）

一九八六年立冬羅昌霦敬跋于臺北

跋　二

我作《永豐鄉人行年録》，連續搞了好幾年，苦於資料放失，蒐求不易，銖積寸累，纔得以完稿。一九八〇年江蘇人民出版社鑒於譜主之有功於文獻，又憫作者之苦心撰輯，未加增删，即爲出版，以是内部發行，只印了兩千部，有人索購而不得。近年我又續有增訂，擬公開重印，日本京都中文出版社李迺揚先生，聞而慨然接受。一九八六年，鄉人族姪女昌霦曾以校補爲名，用繁體字重版此録於臺北，改名《羅振玉年譜》，雖僅補了兩三條，但却頗流行于海外。今東邦印中文書皆用繁體字，故以臺北本作底本。經比勘，始知中有删節四處，太璞不完，不得不補，於是重加勘校，改正其中誤字，誤標，以歸一律。又原附《永豐鄉人逸事》亦未刊入，復稍作增改，以《逸事》爲附録之一，家人身歿年月日名單爲附録之二。首揭謝國楨先生序，後附昌霦跋，作爲第二次增訂本。謝序歷舉鄉人一生功過，語無諱飾，昌霦跋指出鄉人之「愚忠」，非爲個人名位，志趣完全集中于祖國文化，在文化上可稱功臣，而在時代潮流中則爲受淘汰者，褒貶也甚得體。

一九八九年四月，甘孺敬識于大連之白雲山莊

一九九〇年庚午十一月二日手勘一過，時病漸愈，于録中含而未伸者，尚擬補作索隱也。

整理後記

《羅振玉學術論著集》第十二集，爲全書之最後一集。

《雪堂剩墨》中《讀積古齋鐘鼎彝器款識札記》、《俑廬日札拾遺》爲繼祖先生編定，先生親自録清者外，佐助先生清録者爲張中澍君、叢文俊君。《凝清室日札》爲黄中業君整理。《金文跋尾之餘》爲叢文俊君整理。附録三種中《雪堂著述總目》爲陳維禮君清録；（所附《農學叢刊七集目録》、《教育叢書三集目録》爲張中澍君清録。）《雪堂校刊羣書目録》、《雪堂文集篇目索引》繼祖先生此前編定，由張中澍君清録。以上附録資料對全面瞭解作者學術研究情況或能導夫從入之途。

特别應該提出的是，其中《篇目索引》原編係按簡化漢字編就，現在全書均排繁體，出版社認爲還是統一改爲繁體爲好，因爲繁簡筆劃相差甚大，等於另起爐竈。出版社爲此付出了艱辛勞動。是應該由衷感謝的。

爲幫助讀者深入瞭解作者，知人論世。本集另收以下四種資料：《羅雪堂先生傳略》（董作賓)、《弔上虞羅先生》(柯昌泗)、《先府君行述》(羅福成等)、《永豐鄉人行年録》(羅繼祖),繼祖先生《行年録》係據日本中文出版社本改定,其餘三種皆先生與余商洽選定。可能對青年讀者有更多幫助。

對編校中存在的各種問題與不足,熱切希望讀者諸君批評指正。

王同策二〇一〇年六月二十八日

全書後記

《羅振玉學術論著集》得能付梓問世，一宗陳年老賬終於了結，内心深處確有如釋重負之感。

一九八三年，吉林大學古籍研究所建立，所屬歷史文獻研究室即以此書爲室内集體整理研究項目，室主任羅繼祖先生總其事，予亦佐助先生奔走其間。與此役者，除本室成員陳君維禮、管君成學、張君中澍、叢君文俊外，並邀請古文字研究室何君琳儀及歷史系黄君中業參與其事。雖然因其時人手不足，課程教學任務繁重，困難不少，但就整體而言，整理工作進行還較順利；而出版問題，卻疊經坎坷，幾度中輟，其間曲折過程，難於盡述。二十多年轉瞬逝去，繼祖先生及陳、何二君先後辭世，其餘諸同仁亦均星流雲散，或退處林野，或老病索居，歲月催人，晨露夕照！此次滬瀆鋟棗，與讎校之任者，僅二三人而已。其中張君中澍出力最多。

因本書主編羅繼祖先生已於二〇〇二年仙逝，故此《全書後記》之寫作只好由予承擔。茲就有關問題，分述如後。

（一）

羅振玉（一八六六——一九四〇年）字叔藴、叔言，號雪堂、貞松，又稱永豐鄉人、仇亭老民，爲我國著名古文字學家、古文獻學家。在我國近現代學術史上貢獻巨大。

羅氏於殷墟甲骨文字之整理研究，有篳路藍縷之功。於金石刻辭，刻意搜求、廣爲傳布，視之爲雕版以前之古書，通過整理研究，用爲考史之重要史料來源。於熹平石經之整理，爲考訂甲部提供重要資料。於漢晉木簡之整理，將流落域外之資料盡力留取影本，於敦煌石室佚書及西陲石刻、各地碑誌之搜集整理，均爲考史增添甚多極爲珍貴之資料。對内閣大庫檔案之保存整理，編訂刊印多種叢書，保存衆多重要歷史文獻，對我國古代文獻之流布與研究均功不可没。因此，郭沫若在其《中國古代社會研究》一書自序中稱：「羅振玉的功勞即在爲我們提供出了無數的真實的史料。他的殷代甲骨的搜集、保藏、流傳、考釋，實是中國近三十年來文化史上所應該大書特書的一項事件。」在盛讚羅氏於金石器物、古籍佚書搜集整理「内容之豐富、甄别之謹嚴、功績之浩瀚、方法之嶄新」之後，其結論謂：「大抵在目前欲論中國的古學，欲清算中國的古代社會，我們是不能不以羅、王（國維）二家之業績爲其出發點了。」由此可見羅氏於學術史上所居地位之重要。其他方面，如注重農務、興辦教育等，對於時代發展、社會進步，亦均具積極推動作用。

關於羅氏學術成就及其有裨文苑、津逮後學之重大影響作用，書前張舜徽先生之序言已有詳盡準確之闡釋，於治羅氏之學者，實可導夫先路，昭示從入之途。讀者通過閱讀、研究實踐，定能有更加深刻之體會、豐富之收穫。

（二）

中共十一届三中全會之前相當長一段歷史時期，左傾思潮肆虐，於學術界之主要表現，即不能具體問題具體分析，以科學態度對待各類人和事。因人廢言，以偏概全。對學術界，尤其是社科界造成極大損害。知識分子長期處於被動境地，特别如羅氏這様情况較爲複雜之歷史人物，其輿論評價可以想見。

作爲歷史人物，羅振玉在學術領域貢獻巨大；但政治立場上，畢生效忠皇室，追隨末帝，觀念頑固，思想守舊。兼以喪失民族氣節，屈事東倭，僞滿甫立，出任監察院長，爲世所嗤。因受政治身份牽連影響，於政治上對其否定同時，連同其學術成就，也一併被徹底否定。

有一小事，曾給我留下深刻印象。一九五四年九月，時上海古典文學出版社出版了《大唐三藏取經詩話》一書，因係採用羅氏一九一六年於日本影印之宋槧本（此版本究竟屬宋屬元，魯迅先生曾與收藏此書之日人德富蘇峰有論争），故書後附録了王國維和羅振玉之跋語三篇，并於書前《出版者說明》中作了簡要交待。但爲時不久，一中央權威刊物於當年最末一期，即以《出版者說明什麽？》爲題，痛加批判。此後二十餘年，羅氏姓名於出版物中即寥若晨星，乃至銷聲匿跡，因實際上已視爲禁區。

正因如此，在本書出版之際，我們不能不鄭重提及已故張舜徽先生。

一九八〇年，中國歷史文獻研究會第一届年會於會長張舜徽先生工作所在地武漢召開，繼祖先生與予應邀與會，此爲繼祖先生與予初識舜徽先生。張、羅之結識，意義不凡。除了兩人治學道路酷似——均爲未上過任何學校之自學，學術理念相同——均服膺通博之外，還因爲張先生多年來對羅先生祖父羅振玉之學術成就，不避極左政治環境可能帶給自己之不利影響，始終秉承科學態度，堅持實事求是原則。他大力肯定羅氏在學術領域多方面之貢獻與成就，認爲不應以政治問題將其學術成就一筆抹殺，數數著書爲文，奔走呼號，冒險犯難，宣揚之不遺餘力。

舜徽先生的專著《中國文獻學》共十二編，第十編《近代學者整理文獻最有貢獻的人》中，僅立兩章，一爲菊生張元濟先生，另一即爲雪堂羅振玉先生。在其《文獻學論著輯要》中，收録羅氏序跋七篇，於書末《作者小傳》中謂：「論者或以其晚年依附僞滿洲國而譏斥之，遽没其傳古、印書之功，非也。」誠如他爲本書所寫序言中所說：「士有百行，足以功過相除，附和帝制之愆，固不能掩其效力學術之功。」先生之科學態度、務實精神與直率性格、豪爽氣魄，令人欽敬。

故張、羅二老之武漢會見，確爲一見如故。其後魚雁往返，交流探討學術之外，編纂出版羅振玉文集一事，當爲其中重要内容。原來擬議本書之整理，由羅繼祖先生領導之吉林大學古籍研究所文獻研究室成員與張舜徽先生領導之華中師範大學之文獻所合作進行，後因故未果。而一經主編繼祖先生提出，張舜老即慨然允諾寫作本書序言。其後多年，在與予之多次通信中，他一直熱切關注此書之出版進程，乃至辭世前不久，於致予信函中，猶殷殷寄語。今此書出版行世之日，張老對此書多方支持、始終關懷之情景，猶歷歷在目。今書名題簽即由先生序言手迹集字組成，以爲紀念。

（三）

尚有數項有關問題，亦需在此簡要説明：

（甲）羅氏著作之版本，大多爲家刻。雖有部分印刷出版後，或有續作，或加增訂，但總體觀之，依然未經重刻重印者居多。因爲本書主編繼祖先生親與作者多種書籍之編輯刻印，故對編入本書各著作底本之抉擇，細挑精選，盡取良本。個別録自作者手稿（如《扶桑再遊記》），爲首次刊發。至於當時或其後經作者子孫增補、校訂者，爲便讀者，大都於該書前後附記説明，以清就裏。

（乙）收入本書之器物藏品圖録類型作品，爲省篇幅，一般只取説明論述文字，原圖從略。

（丙）本書除影印者外，一律按整理常例標點分段，不用專名號。書中之避諱字、異體字，改爲規範繁體字，不出校記。書中舊日忠君尊親抬頭、空格書寫格式，一併改除。

（丁）如就「學術論著」而言，作者之不少函劄中揚榷切磋學術問題者甚夥，唯已有信函專集出版另行，故本書概不收録。原已編入《雪堂剩墨》中之百數通亦予剔除。

（戊）本書主編羅繼祖先生，於東北史研究同時，亦曾圍繞其祖父之廣博學術領域進行全面研究，寫作了許多論著。爲知人論世計，於本書第十二集，收入了先生手著的《永豐鄉人行年録》（此書經海内外多家出版社出版，收入本書者係據日本中文出版社本再行修訂而成）與其他有關作者之材料，以供讀者參考。

（四）

感謝上海古籍出版社社長王興康先生、編輯奚彤雲（自接手此書編輯任務至蕆事，書信、電話之外，予與其往復電子郵件計達數百通，有日即數通者）等同志，正是他們之勤懇、細緻工作，使得此書減少了許多誤漏。在此表達由衷感激。

已故顧廷龍先生曾應邀爲本書原名題簽，已故匡亞明先生，中華書局、吉林省文史研究館、東北師範大學圖書館古籍部、吉林大學圖書館有關人員及廣東人民出版社盧家明先生，在此前本書出版過程中曾做了大量工作，或爲此書整理出版提供資料查閲等各種方便，亦均與役同仁銘感不忘者。

由於整理者學殖淺陋，此書雖經大家多方努力，各類紕繆，想難盡免。尚祈讀者諸君不吝賜正。

王同策二〇一〇年六月二十日於長春